Die geheime Migrationsagenda

1. Auflage August 2016
2. Auflage September 2016
3. Auflage September 2022

Lektorat, Satz und Layout: Helmut Kunkel
Umschlaggestaltung: Stefanie Huber

ISBN: 978-3-86445-892-7

MIX
Papier | Fördert
gute Waldnutzung
FSC® C014496

Gerne senden wir Ihnen unser Verlagsverzeichnis
Kopp Verlag
Bertha-Benz-Straße 10
D-72108 Rottenburg
E-Mail: info@kopp-verlag.de
Tel.: (0 74 72) 98 06-10
Fax: (0 74 72) 98 06-11

Unser Buchprogramm finden Sie auch im Internet unter:
www.kopp-verlag.de

Friederike Beck

Die geheime Migrationsagenda

Wie elitäre Netzwerke mithilfe von EU, UNO, superreichen Stiftungen und NGOs Europa zerstören wollen

KOPP VERLAG

Inhalt

Vorwort

Wenn man Migration kritisch hinterfragt und sich erlaubt, sie nicht als ein zwangsläufiges Nebenprodukt der angeblich ebenfalls zwangsläufig ablaufenden Globalisierung zu sehen, so landet man schnell beim Vorwurf, kein Menschenfreund zu sein.

Die Autorin begreift sich jedoch als Menschenfreundin. Gerade deswegen ist eine Beschäftigung mit elitären Netzwerken in EU, UNO, superreichen Stiftungen und NGOs* geboten, die einer unbegrenzten Migration nach Europa das Wort reden und eine Art Copyright für »Menschlichkeit« und »Humanität« beanspruchen, um damit die Aufmerksamkeit von ihren eigentlichen, nicht selten höchst materiellen und eigennützigen Zielen abzulenken.

Das schmale Prozent der superreichen Weltelite, dem gerade in den letzten Jahren noch einmal eine zusätzliche ungeheure Konzentration von Vermögen gelang, setzt sein Geld ein, um unsere Welt aktiv umzugestalten bzw. zu »transformieren«. Dies selbstverständlich ohne jegliche demokratische oder sonstige Legitimation.

Dieses Buch hat es sich zur Aufgabe gemacht, sich einigen prominenten Akteuren, die sich an der Spitze von Elitenetzwerken bewegen, an die Fersen zu heften. Je einflussreicher die Protagonisten der Migrationsagenda sind, je mehr Geld sie auf den niederländischen Antillen liegen haben, desto mehr plädieren sie für die »grenzenlose Welt« ohne Nationalstaaten, die totale Migrationsgesellschaft, den »*free flow*« von Menschen und Dienstleistungen rund um den Globus.

Repräsentanten der superreichen Weltelite und zahllose Prediger des Migrationsevangeliums von Sozialverbänden bis Kirchen schreiten dabei Seite an Seite mit gewaltbereiten Aktivisten der »No-Border-No-Nation«-Bewegung, die unter Anwendung ausgefeilter Psychotechniken die Öffentlichkeit paralysieren.

Ob nun die Totenruhe gestört wird, indem Leichen von ertrunkenen Mittelmeerüberfahrten exhumiert, nach Deutschland vor den Reichstag verbracht und dort unter Anklagen gegen eine angeblich

---

* NGO = *non-governmental organisation*, Nichtregierungsorganisation, nicht staatliche Organisation.

schuldige Gesellschaft und Politik erneut bestattet werden oder ein Erzbischof ein Flüchtlingsboot vor dem Altar des Kölner Doms zum Fetisch eines neuen Evangeliums der Migration erklärt – diese und ähnliche Aktionen von sogenannten Aktivisten der Zivilgesellschaft dienen dazu, uns mit Emotionen zu übermannen, das rationale Denken zu überrennen und schließlich gewohnheitsmäßig außer Acht zu lassen.

Es ist daher höchste Zeit, einmal Fakten zusammenzutragen und ein Schlaglicht zu werfen auf wichtige Akteure und geistige Urheber der Migrationsagenda!

Über die deutsche Politik und ihre Repräsentanten wird in diesem Buch wenig zu lesen sein. Das liegt schlicht und ergreifend daran, dass sie nicht zu den elitären Urhebern der Migrationsagenda gehören, sondern deren Ziele nur Stück für Stück, selbstverständlich im Namen der Menschlichkeit und Humanität, umsetzen.

Natürlich werden in diesem Aufriss noch viele Lücken bleiben, die es in Zukunft zu füllen gilt. Zumindest jedoch liefert dieses Buch ein gut belegtes Grundgerüst, das es in Zukunft schwerer machen wird, die Fassade von »Humanität« und »Menschlichkeit« bei den Vertretern der unbegrenzten Migration aufrechtzuerhalten.

Um das Ausmaß der Scharade besser bewerten zu können, wurden an den Anfang des Buches Fakten zum Thema »Migration und Flüchtlinge« gestellt und die zahllosen, völlig ineffizienten Grenzsicherungsprojekte der EU vorgestellt.

Mögen die Masken fallen!

— FRIEDERIKE BECK
ESCHWEGE, 6. JUNI 2016

Teil 1

Das große Versagen der EU

Der erste Teil des vorliegenden Buches dokumentiert den sich über Jahre anbahnenden Kontrollverlust und die Ineffizienz sämtlicher EU-Behörden angesichts der derzeitigen Migrationskrise. 2015 mündete diese Entwicklung in einen schockierenden Kontrollverlust auch auf nationaler Ebene, den unsere Bundeskanzlerin Angela Merkel zu verantworten hat und der sich unter anderem darin äußert, dass niemand verlässlich Auskunft geben kann, wie viele »Flüchtlinge« sich in unserem Land aufhalten, woher sie kommen und wer sie sind.

In den folgenden Kapiteln werden die wahren Gründe für den totalen Kontrollverlust aufgedeckt, der 2015 einsetzte.

Kapitel 1

Rückblick 2015: Das Jahr der »Flüchtlingskrise«

Das Wort »Flüchtlingskrise« ist seit 2015 in aller Munde, allerdings findet der Begriff »Flüchtlinge« in diesem Buch kaum Verwendung. Und das hat seinen Grund. Denn die »Flüchtlinge« reisten samt und sonders aus sicheren Drittstaaten nach Deutschland ein. Sie waren bei Betreten des Schengen-Raums* sofort außer Lebensgefahr und frei von Verfolgung. Daher kann streng genommen weder der Begriff »Flüchtlinge« noch der Begriff »Asylsuchende« Anwendung finden. Folglich wird im vorliegenden Buch in den meisten Fällen der korrektere Begriff »Migranten« verwendet.

Ein Auszug aus dem Asylgesetz (AsylG), § 18, Aufgaben der Grenzbehörde:

> (1) Ein Ausländer, der bei einer mit der polizeilichen Kontrolle des grenzüberschreitenden Verkehrs beauftragten Behörde (Grenzbehörde) um

---

* **Schengen I (1985):** Das Schengener Abkommen (Schengen I) wurde von Deutschland, Frankreich, Belgien, Luxemburg und den Niederlanden im Sommer 1985 unterzeichnet, also noch während des Ost-West-Konflikts, als die osteuropäischen Staaten eine Ausreise von Menschen nicht zuließen oder erschwerten. Ziel des Abkommens war es, einen europäischen Binnenmarkt in Verbindung mit einem schrittweisen Abbau von Kontrollen des Personenverkehrs an den gemeinsamen Grenzen zu schaffen.

Schengen II (1990): Erst 5 Jahre später, als der Ost-West-Konflikt zu Ende und eine weitgehende Reisefreiheit von Ost nach West durchgesetzt war, wurde das Übereinkommen zur Durchführung des Schengener Abkommens bzw. des Schengener Durchführungsübereinkommens (SDÜ), auch Schengen II genannt, unterzeichnet. Gegenstand des Abkommens sind konkrete Verfahrensabläufe zur Bewältigung von unerwünschten Folgen der Abschaffung der Binnengrenzkontrollen in einem einheitlichen »Raum der Sicherheit und des Rechts«.

Schengen-Raum (dunkelgrau) und zukünftige Mitglieder (mittelgrau)

> Asyl nachsucht, ist unverzüglich an die zuständige oder, sofern diese nicht bekannt ist, an die nächstgelegene Aufnahmeeinrichtung zur Meldung weiterzuleiten.
> (2) Dem Ausländer ist die Einreise zu verweigern, wenn
> 1. er aus einem sicheren Drittstaat (§ 26a) einreist,
> 2. Anhaltspunkte dafür vorliegen, dass ein anderer Staat auf Grund von Rechtsvorschriften der Europäischen Gemeinschaft oder eines völkerrechtlichen Vertrages für die Durchführung des Asylverfahrens zuständig ist und ein Auf- oder Wiederaufnahmeverfahren eingeleitet wird.[1]

Da die Migranten vor ihrer Einreise nach Deutschland durch eine Vielzahl sicherer Staaten gezogen waren, handelt es sich bei ihnen nicht um Flüchtlinge. Mit viel Wohlwollen könnte man sie allenfalls noch als Kriegsvertriebene gelten lassen. Doch auch dies trifft mit Blick auf die unterschiedlichen Herkunftsländer nur bedingt zu. Nach internationalem Recht müsste man den durch Krieg vertriebenen Menschen auf begrenzte Zeit Schutz gewähren, bis sie wieder in ihre Heimatländer zurückkehren können und somit die Möglichkeit haben, beim Wiederaufbau mitzuhelfen. Keineswegs besteht eine Notwendigkeit zur dauerhaften Integration in die Gesellschaft des schutzgewährenden Staates oder ein Anlass, die Schutzsuchenden als »Neubürger« oder »Neusiedler« zu begrüßen.

Ein Großteil der angeblichen oder tatsächlichen Syrer (Passfälschungen oder fehlende Papiere erschweren die Einschätzung) reiste zum Beispiel aus der Türkei in die EU ein. In der Türkei herrscht kein Krieg, und Syrer dürfen dort bereits nach einem halben Jahr offiziell arbeiten.

Wie immer wir die Neuankömmlinge in Europa auch nennen, jedenfalls gelang im Jahre 2015 mehr als einer Million Menschen, zumeist jungen Männern, die Einwanderung über das Mittelmeer in die EU. Rund 850 000 landeten in Griechenland, ca. 155 000 »Flüchtlinge« in Italien.[2]

Bei der Bootsüberfahrt starben etwa 3735 Menschen. Insgesamt wagten viermal so viele Menschen wie 2014 die Reise über das Mittelmeer. Die meisten Migranten wählten für ihre Weiterfahrt die sogenannte Balkanroute; die Mehrzahl wählte Deutschland als ihr Ziel. Laut dem Bundesamt für Migration und Flüchtlinge (BAMF) wurden 2015 hierzulande 1 091 894 Asylsuchende erfasst.

Eine große Zahl von Migranten wurde jedoch nicht oder noch nicht erfasst, da sich viele nicht hatten registrieren lassen. Über ihre genaue Anzahl gibt es unterschiedliche Schätzungen. Sie schwanken zwischen ca. 300 000[3] und 500 000[4] Menschen.

Die Misere mit den Flüchtlingszahlen

Am 25. Januar 2016 musste sich der deutsche Innenminister den Vorwurf gefallen lassen, möglicherweise bewusst völlig falsche Flüchtlingszahlen zu verbreiten.

> Ein offizielles Dokument der Bundespolizei, das der *Huffington Post* vorliegt, legt nahe, dass Bundesinnenminister Thomas de Maizière (CDU) die Öffentlichkeit über die Kontrolle der Flüchtlinge falsch informiert hat – möglicherweise wider besseren Wissens. Das betreffe sowohl die Zahl der zurückgewiesenen Flüchtlinge als auch die der erkennungsdienstlich behandelten.
>
> De Maizière zufolge weist die Bundespolizei täglich 100 bis 200 Personen an der Grenze zurück. Dem Papier nach waren es seit dem 14. September 2015 allerdings nur 7185 Personen. In der Realität schwanken die Zahlen nach Informationen der *Huffington Post* zwischen 80 und 150 Zurückweisungen pro Tag.
>
> Außerdem werden nicht wie vom Innenministerium behauptet fast alle Neuankömmlinge erfasst. Laut dem Papier sind am 22. Januar 1917 Migranten nach Deutschland eingereist. Erkennungsdienstlich behandelt wurden aber gerade einmal knapp 700 […]
>
> »An den Grenzen haben wir schon längst die Kontrolle verloren«, kritisierte Rainer Wendt, Vorsitzender der Deutschen Polizeigewerkschaft, weiter. Die Bundespolizisten fühlten sich durch die Äußerungen des Ministers »auf den Arm genommen«.[5]
>
> »Tatsächlich wird von den allermeisten Flüchtlingen nicht einmal der Name aufgeschrieben«, kritisiert Wendt. »Derzeit werden nur rund 10 Prozent der Flüchtlinge registriert.« Der Rest werde aus Zeit- und Personalmangel mehr oder weniger durchgewunken. Einzig der Fingerabdruck werde überprüft, um zu sehen, ob die Flüchtlinge schon einmal registriert wurden, sagte Wendt.[6]

Die EU-Kommission schätzt, dass von Anfang 2016 bis Ende 2017 bis zu 3 Millionen Asylbewerber nach Europa kommen könnten.[7]

Eine Welt im Chaos: Der Global Trends Report der UNO 2015

Das Flüchtlingshilfswerk der UNO veröffentlichte am 18. Juni 2015 unter dem Titel »Die Welt im Krieg« einen erschütternden Bericht, den »Global Trends Report«. Demnach gab es weltweit noch nie dermaßen viele Flüchtlinge wie Ende 2014, nämlich fast 60 Millionen!

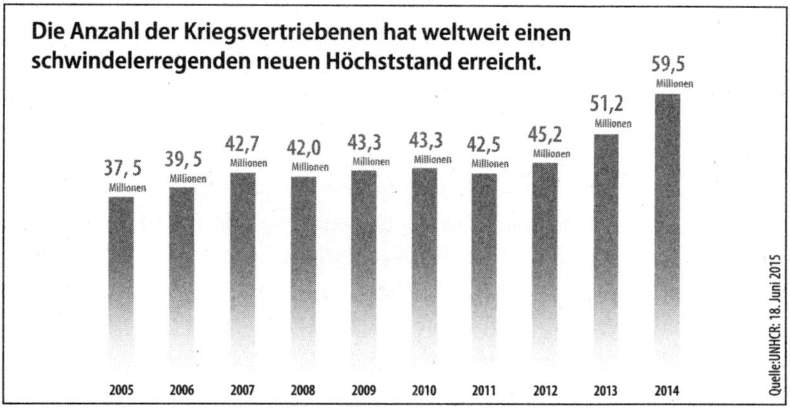

Nie in der Geschichte hatten demnach Kriege, Konflikte und Verfolgung mehr Menschen gezwungen, aus ihrer Heimat zu fliehen.

Der UN-Hochkommissar für Flüchtlinge, António Guterres, sagte:

> Wir erleben einen Paradigmenwechsel, ein unkontrolliertes Abrutschen in eine Ära, in der das Ausmaß der weltweiten erzwungenen Vertreibung und die notwendige Antwort darauf alles, was wir bisher gesehen haben, klar in den Schatten stellen.

An jedem einzelnen Tag des Jahres 2014 wurden 42 000 Menschen zu Flüchtlingen gemacht. Flucht hat aber Ursachen! Kriegs- und Krisenverursacher werden jedoch immer weniger benannt und mit ihren Taten in Verbindung gebracht, geschweige denn zur Verantwortung gezogen. Guterres fügte hinzu:

> Es ist erschreckend, dass es auf der einen Seite immer mehr Straflosigkeit für jene gibt, welche die Konflikte beginnen, während es auf der anderen

Seite anscheinend eine völlige Unfähigkeit der internationalen Gemeinschaft gibt, zusammenzuarbeiten, um die Kriege zu stoppen und den Frieden aufzubauen und zu bewahren.

Fast 20 Prozent der Flüchtlinge stammen aus dem Mittleren Osten und Nordafrika. Allein in Syrien gibt es 7,6 Millionen Vertriebene, 3,88 Millionen flüchteten in umliegende Länder, allen voran die Türkei. Dazu kommen 2,6 Millionen Vertriebene im Irak und 309 000 in Libyen, so der UNO-Bericht.[8]

Die Zerstörung der Lebensgrundlagen in Nordafrika und im Mittleren Osten

Die Zerstörung der Lebensgrundlagen in Nordafrika und dem Mittleren Osten ist nicht einer Naturkatastrophe oder sonstiger höherer Gewalt anzulasten. Sie ist die direkte Folge einer vom Hegemon USA und seinen Verbündeten geführten bzw. tolerierten aggressiven Politik mit Langzeitzielen wie der Neugestaltung des Mittleren Ostens. Beabsichtigt sind dabei die Zerschlagung des schiitischen »Halbmondes« (Libanon, Syrien und Iran) durch Herausbrechen des Mittelgliedes Syrien und neue Grenzziehungen. Diese Projekte lagen als Pläne schon lange in den Schubladen der geostrategischen Falken und werden jetzt umgesetzt.

Die Lage wird erschwert durch Machtkämpfe um die regionale Vorherrschaft in der Region, angeführt von der Türkei, aber auch Saudi-Arabien, Katar und Iran mischen mit. Zu dem verdeckten oder offenen Eingreifen der USA zugunsten bewaffneter Anti-Assad-Gruppen gesellte sich die Einflussnahme Großbritanniens, Frankreichs und auch Deutschlands. Die deutsche Bundesregierung unterstützte in vielfältiger Weise die syrische Opposition, errichtete ihr in Berlin bereits ein Büro und stimmte in den Ruf »Assad must go« ein. Leider wurden dabei nicht die Folgen für das bereits beschädigte Stabilitätsgefüge der Region (Irak und Libyen) bedacht.

Am 11. Juli 2013 weihte die Bundesregierung in Berlin ein »Verbindungsbüro« für die Nationale Koalition der syrischen Revolutions- und Oppositionskräfte ein. Diese wurde bereits von der EU und der sogenannten Gruppe der »Freunde des syrischen Volkes« als legitimer Vertreter des syrischen Volkes anerkannt:

> Deutschland will gemeinsam mit seinen internationalen Partnern den institutionellen Aufbau und den inneren Zusammenhalt der Nationalen Koalition stärken, um eine Alternative zum Assad-Regime zu fördern.

In der Gruppe der »Freunde des syrischen Volkes« (Ägypten, Frankreich, Deutschland, Italien, Jordanien, Katar, Saudi-Arabien, Türkei, Vereinigte Arabische Emirate, Großbritannien, Vereinigte Staaten) fanden sich allerdings zum Großteil Kriegsgegner Syriens, also viel eher die »Feinde des syrischen Volkes«, wieder.

Das Auswärtige Amt ließ damals verkünden:

> Deutschland unterstützt die syrische Opposition. Die Nationale Koalition der syrischen Revolutions- und Oppositionskräfte hat am 10. Juli ein Verbindungsbüro in Berlin eröffnet. Das Büro soll deutschen Nichtregierungsorganisationen helfen, ihre Unterstützung für die Opposition in Syrien besser zu koordinieren. Außerdem soll es *als erste Anlaufstelle für Neuankömmlinge aus dem Bürgerkriegsland* dienen.[9] [alle Hervorhebungen im Buch durch die Autorin]

Der deutschen Bundesregierung war offensichtlich schon im Jahr 2013 klar, dass ihr Engagement zum Umsturz in Syrien zu vielen »Neuankömmlingen« in Deutschland führen würde …

Der »Arabische Frühling« wurde uns von den Medien als demokratischer Aufbruch der arabischen Welt, insbesondere der »Generation Facebook«, verkauft. In Wirklichkeit war er – vor dem Hintergrund von sozialen Unruhen wegen gestiegener Weizenpreise* – auf das gezielte Eingreifen westlicher Staaten zurückzuführen, allen voran die USA, aber auch die EU und ihre Stellvertreter. Dazu gesellten sich deren enge Verbündete in der Region zugunsten radikalislamischer Kräfte bis hin zum Islamischen Staat.

Sichtbare Ergebnisse der Destabilisierungspolitik sind der Zerfall der Staatlichkeit Libyens. Das Land konnte sich dadurch zu ei-

---

* Weizen ist für Nordafrika und Nahost ein Grundnahrungsmittel. Die Weizenpreise waren 2010 stark gestiegen. Grund: Spekulation – nach der Bankenkrise von 2008 ging das internationale Finanzkapital auf der Suche nach profitablen Anlagen verstärkt in reale Werte (Rohstoffe, sog. *commodities*). Weiterhin: Trockenheit in Weizenexportländern wie Russland, der Ukraine und Kirgistan.

ner Hochburg des Menschenhandels- bzw. -schmuggels entwickeln. Libyen ist nunmehr erneut eine Anlaufstelle für Migranten aus Afrika, vor allem dem Sudan, Äthiopien, Eritrea und sogar aus Syrien.

Der Stellvertreterkrieg in Syrien – mit offener Unterstützung jeweils genehmer Rebellenmilizen durch die umliegenden Staaten und die Supermacht USA – führte zu einer umfassenden Zerstörung der Infrastruktur Syriens und zu einer seit 2011 immer schlimmer werdenden Flüchtlingskatastrophe.

Diese völlig verantwortungslose Politik vor der Haustüre Europas wurde von den europäischen Eliten mitgetragen. Gewiss, es gab ein paar Irritationen, so die Enthaltung Deutschlands bei der Abstimmung im UNO-Sicherheitsrat 2011. Doch auch die dann folgende Nichtbeteiligung Deutschlands an dem elfmonatigen NATO-Bombardement Libyens änderte nichts am Endergebnis, einer zerstörten Region, die zuvor der reichste und bestorganiserte Staat Afrikas gewesen war.

Eine lemminghafte europäische Politik an der Seite der USA von »Gaddafi must go« bis »Assad must go« stürzte bis dato säkulare Staaten ins völlige Chaos, überantwortete staatliche Autorität an islamistische Banden, Clans, Menschenhändler- und -schmugglerstrukturen und an den Islamischen Staat.

Selbst die drohende Übernahme eines großen Teils des syrischen Staatsgebietes durch den IS und dessen Völkermord-Gräueltaten im Nordirak und in Syrien 2015 konnten die EU nicht von ihrer Strangulationspolitik gegenüber Syrien abbringen. Die harschen Wirtschaftssanktionen wurden 2015 verlängert, obwohl ein Großteil des syrischen Volkes bereits unter der Armutsgrenze vegetierte und als Vertriebene im eigenen Land oder in Flüchtlingslagern im Libanon oder in der Türkei lebte.

Das letzte Buch des 2015 verstorbenen Peter Scholl-Latour trägt vor diesem Hintergrund und angesichts der Folgen solcher »Politik« der sogenannten Wertegemeinschaft nicht umsonst den Titel *Der Fluch der bösen Tat.*

Ja, es herrscht Straflosigkeit gegenüber den Verantwortlichen dieser katastrophalen, gegen die Menschen der betroffenen Staaten und gegen die Interessen Europas gerichteten Außenpolitik.

Mögen die Verantwortlichen sich in naher Zukunft vor einem Internationalen Gerichtshof zu verantworten haben!

Kapitel 2

Der stetige Anstieg der Migranten- bzw. Asylbewerberzahlen seit 2008

> Wir haben das nicht vorhergesehen. Auch die Griechen haben das nicht vorhergesehen. Die Serben nicht. Die Mazedonier haben es nicht vorhergesehen. Die Ungarn haben es nicht vorhergesehen. Niemand. Hinterher gibt es natürlich viele Schlaumeier, die sagen, jeder hätte es wissen müssen. Okay.
>
> — INNENMINISTER THOMAS DE MAIZIÈRE, BUNDESPRESSEKONFERENZ AM 30. AUGUST 2015

> Es musste früher oder später passieren. Alle Experten, das UNHCR, all die anderen Institutionen, zahlreihe NGOs sagten es seit mindestens anderthalb Jahren: »Hört zu Leute, dies wird ab einem Punkt überkochen, und die Menschen werden nach Europa kommen.«
>
> — FRANZ TIMMERMANS, VIZEPRÄSIDENT DER EU-KOMMISSION, IM OKTOBER 2015 AUF DEM EU-GRUNDRECHTEKOLLOQUIUM ZUM THEMA »MIGRATION, KULTUR UND DIVERSITÄT«

Steigende Flüchtlings- bzw. Asylbewerberzahlen in der EU sind kein Problem von heute oder gestern. Bei genauem Hinsehen findet man jährlich steigende Zahlen bereits seit 2008. Eine signifikante Steigerung tritt 2013 auf, eine sprunghafte Steigerung dann 2014. Die Migrationswelle vom Sommer 2015, auch »Flüchtlingskrise« genannt, hatte eine jahrelange Vorlaufzeit!

Am 20. März 2015 veröffentlichte das statistische Amt der Europäischen Union, Eurostat, eine Pressemitteilung. Darin heißt es:

> Asyl in der EU. Zahl der Asylbewerber in der EU im Jahr 2014 sprunghaft auf mehr als 625 000 gestiegen. 20 Prozent waren Syrer.
>
> Im Laufe eines Jahres ist die Zahl der registrierten Asylbewerber in der Europäischen Union (EU) um 191 000 (+44 Prozent) auf einen Spitzenwert von 626 000 im Jahr 2014 gestiegen. Insbesondere stieg die Zahl der Syrer von 50 000 im Jahr 2013 um 72 000 auf nahezu 123 000 im Jahr 2014.

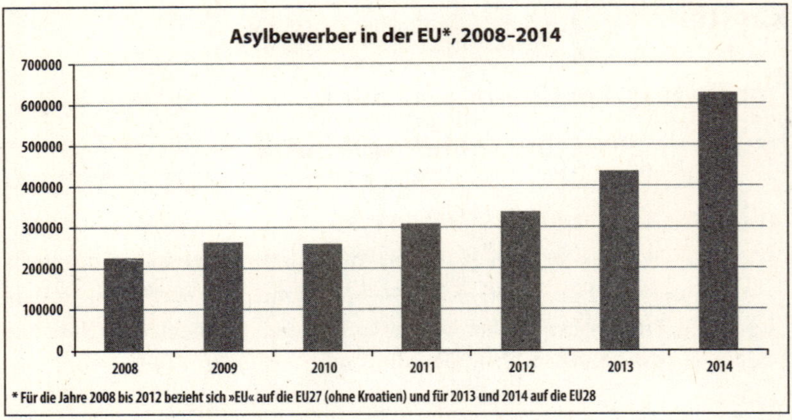

Bereits 2014 verzeichnete die Europäische Union also einen sprunghaften Anstieg der Asylbewerberzahlen um rund ein Drittel auf 625 000 Personen. Die Antragszahlen erhöhten sich zum Beispiel in Italien (+143 Prozent), Ungarn (+126 Prozent), Deutschland (+60 Prozent) und Schweden (+50 Prozent). Die Antragszahlen verringerten sich gegen den Trend in Frankreich (–5 Prozent), Kroatien (–58 Prozent), Malta (–40 Prozent), Polen (–47 Prozent), Portugal (–12 Prozent) und der Slowakei (–25 Prozent). Auch Dublin-Staaten, die nicht Teil der Union sind, hatten deutlich mehr Anträge zu verzeichnen: die Schweiz (+11 Prozent), Island (+36 Prozent), Norwegen (+11 Prozent) und Liechtenstein (+18 Prozent). Hauptherkunftsländer der Asylsuchenden waren an erster Stelle Syrien, gefolgt von Afghanistan und dem Kosovo.[10]

Die Prognosen über die Zahl der noch zu Erwartenden sind bereits mit ihrer Veröffentlichung wieder Makulatur. Von Millionen auf dem Weg nach Europa ist die Rede. Der deutsche Entwicklungsminister Gerd Müller (CSU) warnte Ende Januar 2016 vor noch größeren Fluchtbewegungen nach Deutschland und Europa.

> »Erst 10 Prozent der in Syrien und im Irak ausgelösten Fluchtwelle ist bei uns angekommen. Acht bis zehn Millionen sind noch unterwegs«, sagte Müller gegenüber der *Bild am Sonntag*. Hinzu komme die Situation in Afrika: »Die größten Fluchtbewegungen stehen uns noch bevor: Afrikas Bevölkerung wird sich in den nächsten Jahrzehnten verdoppeln […] In der Sahara sollen bis zu einer Million Menschen auf der Flucht gestorben

> sein. Das zeigt die ganze Dramatik.« Es brauche deshalb eine »vollkommen neue Dimension der internationalen Zusammenarbeit«.[11]

Die Politik verweist auf einen gewissen Rückgang der Zahlen, doch dieser ist trügerisch. Deutschland verzeichnete in den beiden ersten Januarwochen rund 52 000 Asylgesuche, was 3000 bis 4000 Einreisenden am Tag entspricht. Hochgerechnet auf 12 Monate entspräche dieser niedrige Winterwert erneut einer Million Einreisen für 2016.

Seit dem Sommerbeginn 2016 gerät Italien wieder verstärkt in den Fokus von aus Nordafrika kommenden Überfahrern, es werden bereits Anfang Juni verstärkte Einreisen über den Brenner gemeldet.

Kapitel 3

Das gewollte Chaos von Lampedusa

Ständig steigende Zahlen von Mittelmeerüberfahrten

Seit den 2000er-Jahren steigt die Zahl der versuchten Überfahrten von Nordafrika nach Europa ständig: Waren es 2003 noch 8000 »Bootsflüchtlinge«, 2004 dann 13 000, so registrierte man 2005 schon über 20 000 Einwanderer auf Lampedusa, einer zwischen Nordafrika und Sizilien gelegenen Insel.

2014 waren es dann mehr als 250 000 Migranten, die versuchten, diesen Teil des Mittelmeers zu überqueren, 3702 starben bei diesem Versuch. Für 2015 richtete sich die Europäische Union auf 500 000 Überfahrer ein, es wurde dann knapp eine Million im gesamten Mittelmeer.

Laut Internationaler Organisation für Migration (IOM) waren es mit Stichtag 28. Dezember 2015 nicht weniger als 996 645 Überfahrten, davon erreichten 839 561 Menschen Griechenland und 152 864 Italien. 3771 Migranten starben beim Versuch der Mittelmeerüberquerung.

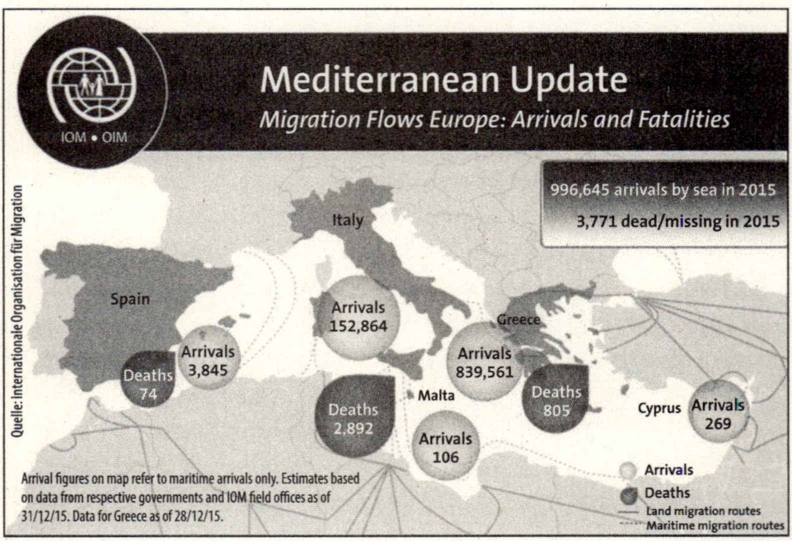

Quelle: Internationale Organisation für Migration

Die fünf führenden Herkunftsländer

	Italien		Griechenland	
	Ankunft in			
Herkunftsland	Eritrea	37 882	Syrien	455 363
	Nigeria	20 171	Afghanistan	186 500
	Somalia	11 242	Irak	63 421
	Sudan	8766	Pakistan	23 318
	Syrien	7387	Iran	19 612

Die Hauptherkunftsländer der Migranten 2015: In Italien kamen vorwiegend Menschen aus afrikanischen Herkunftsländern an, in Griechenland vorwiegend Menschen aus dem Mittleren Osten. (Informationsquelle: Internationale Organisation für Migration)

Das Unglück »Lampedusa I«: Oktober 2013 – Beginn von Ermittlungen

Am 3. Oktober 2013 kam es zu einem schweren Bootsunglück vor Lampedusa: Ein mit 545 Flüchtlingen völlig überladener, 20 Meter langer Kutter kenterte, ca. 390 Menschen starben. Es war nicht das erste Unglück, aber eines der schwersten.

Daraufhin wurde in Palermo ein erfahrener Mafia-Ermittler, Staatsanwalt Calogero Ferrara, mit der Aufdeckung der Menschenhändler- bzw. Menschenschmugglerstrukturen betraut, welche für die zunehmende Zahl fatal endender Schleusungen verantwortlich waren. Ferrara und seine Familie stehen seither rund um die Uhr unter Polizeischutz. Richter Fabio Licata schätzte die Qualität der Ermittlungseinheit wie folgt ein:

> Wir haben die bestorganisierten Verbrechensermittler in Europa, sogar besser als in den USA. Andere europäische Länder behandeln Menschenschmuggler als Polizeiproblem oder ein Problem der öffentlichen Ordnung. Aber es geht hier um Verbrechen gegen die Menschlichkeit, Schmuggel, Geldwäsche und sogar Terrorismus. Wir kennen diese Phänomene. Wir wissen, wie man wie bekämpft. Wir erzielen Ergebnisse.[12]

Ferrara und sein Ermittlerteam deckte nichts weniger als ein hochorganisiertes internationales Verbrechernetzwerk auf. Der Staatsanwalt hatte begonnen, die Telefondaten der Überlebenden zu den Schleusernetzen abzufragen und zusammenzustellen. Nach der Auswertung von ca. 30 000 Telefonverbindungen ergab sich ein Netzwerk, dessen

Zweige von Afrika, dem Mittleren Osten und Asien bis nach Europa und – interessanterweise – bis in die USA reichten. Letzteres wohl kaum deswegen, weil so viele der Überfahrer in die USA immigrierten!

Mehrere völlig neue, multinational organisierte Verbrechenssyndikate

Ferrara konnte die Existenz von »mehreren völlig neuen multinational organisierten Verbrechenssyndikaten« beweisen, die »zusammen pro Jahr rund 6 Milliarden Euro umsetzen«.[13]

Im Zuge der Ermittlungen und Festnahmen in Palermo, Rom und Mailand kam heraus, dass es mehrere Schleuserorganisationen gibt, deren aktivste ein äthiopischer Schleuserring ist. Sein Chef, der Äthiopier Ermias Ghermay, war auch der Verantwortliche für die Unglücksfahrt nach Lampedusa im Oktober 2013: Seine »Kunden« stammen hauptsächlich aus Somalia und Nordafrika. Ghermay soll für mindestens 8000 Schleusungen verantwortlich sein und damit ca. 95 Millionen Euro verdient haben. Ghermays Kompagnon ist ein Eritreer namens Redae Medhane Yehdego. Seit Sommer 2014 werden die beiden per internationalem Haftbefehl gesucht – bisher vergeblich.

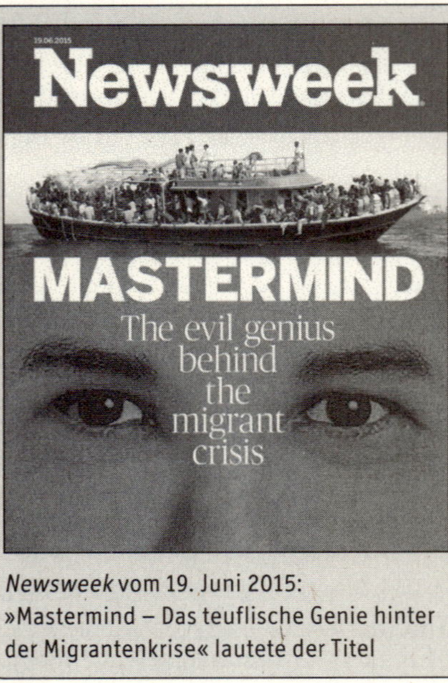

Newsweek vom 19. Juni 2015: »Mastermind – Das teuflische Genie hinter der Migrantenkrise« lautete der Titel

Das US-amerikanische Nachrichtenmagazin möchte seinen Lesern vermitteln, dass die Migrantenkrise (zumindest auf der libyschen Route) ganz allein von einem einzelnen teuflischen Bösewicht inszeniert worden sei.

Offensichtlich wird damit beabsichtigt, von den Geldströmen abzulenken, die auch in die USA führen. Ob man einige äthiopische Bandidos wirklich ungestört mit einem Milliardenvermögen herumlaufen lässt? Die äthiopischen Menschenhändler sind das einzige Gesicht, das der Öffentlichkeit sichtbar gemacht wird. Alles andere vollzieht sich in dunklen, weit verzweigten internationalen Finanzkanälen.

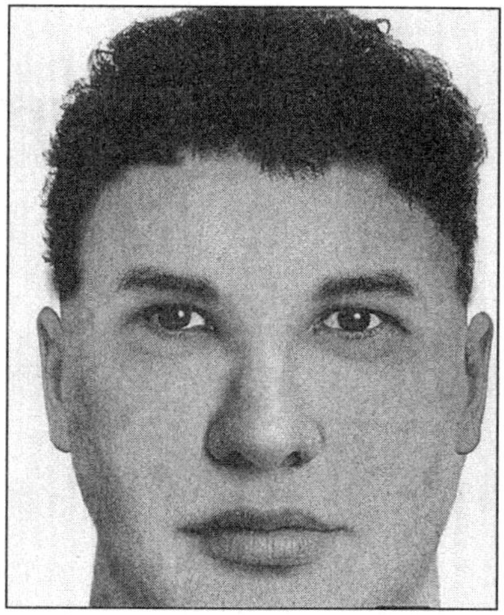

Ermias Ghermay – allein verantwortlicher »genialer Bösewicht«?

Calogero Ferrara beschreibt Ghermay als gnadenlosen Kriminellen. Seine äthiopische Organisation liefere einen kompletten Service für Migranten »inklusive alle Unterbringungen, den Transport und das Essen«. Der Staatsanwalt charakterisiert die Menschenschmuggelei als eine kriminelle Operation, die mit keiner anderen vergleichbar sei. Keine Namen, keine festen Stützpunkte, eine fließende Mitgliedschaft und, besonders bemerkenswert, »völlig risikolos«: »Bei Drogen verlieren sie ihr Geld, wenn sie die Drogen verlieren. Aber in diesem Fall bezahlt man im Voraus. Sogar wenn die Migranten ertrinken, wurde Ermias schon bezahlt.«

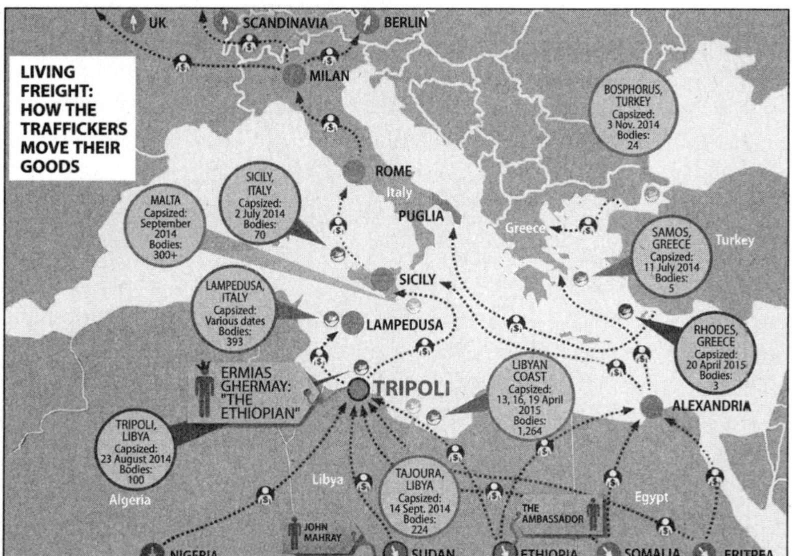

Die verschiedenen Schleuserkönige, ihre Schleuserwerke und ihre Routen nach Europa

Die italienische Anti-Mafia-Einheit hatte herausgefunden, dass eine Schleusung aus einem afrikanischen Land wie zum Beispiel Äthiopien an die libysche Küste ca. 5000 Dollar kostet. Die Überfahrt von Libyen nach Italien auf einem seeuntüchtigen Boot kostet nochmals ca. 1500 Dollar. Für einen Aufpreis von 400 Dollar organisieren die Schleuser die Flucht aus den Aufnahmezentren in Sizilien und organisieren die Reise in andere europäische Länder für einen weiteren Aufpreis von ca. 1500 Dollar.[14]

Die Reaktion der EU auf das Unglück vor Lampedusa im Oktober 2013: die Task Force Mediterranean

Unter ausdrücklicher Bezugnahme auf das Unglück vor Lampedusa verkündete die EU-Kommission im Dezember 2013 »konkrete Maßnahmen«, um »den Verlust von Leben im Mittelmeer zu verhindern und die Bewältigung der Migrations- und Asylströme zu verbessern«.[15] Die vorgeschlagenen Maßnahmen waren das Ergebnis der Arbeit der sogenannten Task Force Mediterranean, also der Einsatzgruppe Mittelmeer, unter der Ägide der EU-Kommission.

Am 4. Dezember 2013 erging ein Bericht über die Arbeit dieser Task Force von der EU-Kommission an das EU-Parlament und den Europäischen Rat.[16] Als Ausgangspunkt ihrer Arbeit führt die Kommission Druck vonseiten europäischer Politiker und Bürger an: »Wegen des Verlusts von Menschenleben signalisierten die Politiker und Bürger Europas lautstark ein dringendes Handlungsbedürfnis.«

Die durch Medien und furchtbare Bilder emotionalisierte europäische Öffentlichkeit wurde freilich nur über den humanitären Teil der Katastrophe informiert, nicht jedoch über die politischen Hintergründe von Staatenzerfall und Krieg und das Ausmaß der kriminellen Schleusernetzwerke, die es dringender denn je zu bekämpfen galt. Es wird bis heute vermieden, die Migrationskrise auch als Ergebnis der Taten politischer Entscheider in einen größeren Zusammenhang zu stellen. Einzig das humanitäre Element, die moralisch-ethischen und menschlichen »Verpflichtungen« der Aufnahmeländer werden in den Fokus des öffentlichen Diskurses gerückt.

Das EU-Papier gesteht allerdings ein, dass die tragischen Ereignisse Teil eines *»umfangreichen und seit Langem bestehenden Problems sind«* – eines Problems, das die EU nicht transparent machte und dem sie auch ganz offensichtlich bisher nichts entgegenzusetzen hatte oder nichts entgegensetzen wollte. Laut dem Bericht sollten die zukünftigen Maßnahmen zur Verhinderung solcher Tragödien im Sinne des Europäischen Rats und des EU-Parlaments vor allem »auf die Bereitstellung von Schutz abzielen«.

Die EU kündigte daher im Dezember 2013 in einem Fünf-Punkte-Plan an, die drei von Frontex koordinierten Einsätze in Griechenland und Italien für die Überwachung und Rettung aus der Luft und auf See zu verstärken, um mehr Migranten in Seenot retten zu können, wofür 2014 zusätzlich 14 Millionen Euro zur Verfügung gestellt werden sollten. Eine Maßnahme, über die sich Ermias Ghermay & Co sicherlich freuten!

Frontex – das ist die sogenannte Europäische Agentur für die operative Zusammenarbeit an den Außengrenzen der Mitgliedstaaten der Europäischen Union. Sie ist eine Gemeinschaftsagentur der Europäischen Union mit Sitz in Warschau. Im Rahmen einer Soforthilfemaßnahme stellte die Kommission damals allein Italien 30 Millionen Euro für seine Grenzüberwachungsmaßnahmen bzw. die Flüchtlingsrettung im Rahmen der Frontex-Operation zur Verfügung. EU-Staaten unter besonderem Migrationsdruck wurden 20 Millionen Euro zur Verbesserung der Asylverfahren zugewiesen. Für konkrete Maßnahmen gegen die Menschenschmuggler wurden jedoch lediglich »bis zu 400 000 Euro pro Jahr« bereitgehalten.

Punkt vier des Aktionsplans fordert die EU-Mitgliedstaaten ausdrücklich dazu auf, mehr für »*Neuansiedlung und Möglichkeiten der legalen Einreise* nach Europa« zu tun. Die EU-Kommission kündigte sogar *Stimuli für die Neuansiedlung von Migranten* in der EU an:

> Um Anreize für Neuansiedlungen zu schaffen, werden im Zeitraum 2014-2020 EU-Mittel für die Unterstützung weiterer Bemühungen und zusätzlichen Engagements in diesem Bereich zur Verfügung stehen. Die Europäische Kommission plant, einen Pauschalbetrag von 6000 Euro je neu angesiedeltem Flüchtling bereitzustellen.

Weiterhin kündigte die EU-Kommission an, »Möglichkeiten für eine geschützte Einreise in die EU zu prüfen«. Zusätzlich appellierte sie an die Mitgliedstaaten, sich darum zu bemühen, »neue legale Wege nach Europa zu öffnen«.

Anhand dieser Zitate aus dem Fünf-Punkte-Plan vom Dezember 2013 wird sehr deutlich, dass die EU nicht erst seit 2015 eine Migrationsagenda hat. Weder ging es ihr in der Realität um das Bekämpfen der Ursachen von Migration, was unter anderem eine Neuorientierung der Außen- und Wirtschaftspolitik zur Voraussetzung haben würde, noch um eine entschlossene Unterbindung der Schleuseraktivitäten. Für die Existenz einer Migrationsagenda der EU wird im Weiteren noch eine Vielzahl von Beweisen präsentiert werden.

Die Migrationsagenda der EU – das Programm »für Migration und Mobilität«

Was hat es nun aber mit dem »EU-Gesamtansatz für Migration und Mobilität« auf sich, den das Papier der Task Force als seine Grundlage erwähnt?

Die EU beschreibt ihren 2005 (das Jahr ist bedeutsam, wie wir im weiteren Verlauf des Buches noch sehen werden) ins Werk gesetzten *Global Approach to Migration and Mobility* (GAMM), also den Gesamtansatz in Sachen Migration und Mobilität, salbungsvoll und voll des Eigenlobs als einen …

> großen Schritt hin zur Errichtung einer *wahrhaft umfassenden Migrations- und Asylpolitik*. Das Rahmenwerk definiert, wie die EU ihren politischen Dialog und ihre Kooperation mit Nicht-EU-Ländern führt, die auf klar definierten Prioritäten basieren und eingebettet sind in die umfassende externe Aktion der EU einschließlich Entwicklungszusammenarbeit.[17]

Die EU legte für den *Gesamtansatz für Migration und Mobilität* diverse Schwerpunkte fest. Die Prioritäten erfahren vorher aber noch eine – lobende – Einleitung:

> GAMM ist ein Beispiel internationaler Kooperation vom Feinsten, welche die Interessen und Ziele aller Beteiligten berücksichtigt: der EU, der Partnerländer und der Migranten selbst. Die Agenda ist ausgewogen und umfassend und zielt auf vier gleichermaßen wichtige Ziele ab.

Bei den angeführten Zielen rangiert auf Position 1: »Die bessere Organisation der legalen Migration und die Förderung einer gut organisierten Mobilität.« Unter Punkt 2 folgt das logisch auf Punkt 1 basierende Vorhaben, »irreguläre Migration zu verhindern und zu bekämpfen«.

Auf den Gesamtansatz Bezug nehmend, fordert der Maßnahmenkatalog der Task-Force Mediterranean im typischen EU-Sprech:

> Zu den mit dem Auftrag der Task Force in Einklang stehenden Maßnahmen zählen unter anderem die Unterstützung der Herkunfts- und Transitländer und entsprechend dem *EU-Gesamtansatz für Migration und Mobilität* der verstärkte Dialog mit diesen Ländern, eine erneute Konzentration auf die *Bemühungen um Neuansiedlung* und regionalen Schutz, die Prüfung der Schaffung rechtlicher Möglichkeiten für eine legale Einreise in die Europäische Union sowie eine allgemeine *Konzentration auf verstärkte Neuansiedlungsanstrengungen,* die Bekämpfung von Menschenhandel, Schleuserkriminalität und kriminellen Netzen, die Gewährleistung einer zügigen, dauerhaften und zugleich menschenwürdigen Rückkehr von Migranten, eine Stärkung der Verwaltung der EU-Außengrenzen, die Anwendung der unlängst verabschiedeten Eurosur-Verordnung und die Unterstützung von Mitgliedstaaten, deren Migrations- und Asylsysteme unter Druck stehen.

Es wird deutlich, dass die EU eine umfangreiche Einwanderungs- bzw. Neuansiedlungsagenda tatsächlich als Lösung der massenhaften Überfahrten illegaler Migranten sieht, »Neuansiedlung« soll Abhilfe schaffen, bisher illegale Migration soll anders etikettiert und legalisiert werden. Vollkommen unklar bleibt allerdings, wie »verstärkte Neuansiedlungsanstrengungen« zu einem Rückgang von Schleuserkriminalität führen sollte. Hier bleibt das Papier jeden Beweis oder Verweis schuldig. Faktisch ist es genau umgekehrt: Je mehr Migranten nach dem Willen der EU zukünftig legal in Europa Fuß fassen, desto mehr wird die Nachfrage nach Europa steigen.

Das zeigt nicht nur die menschliche Realität des Familiennachzugs, sondern auch die Tatsache, dass eine zunehmende Zahl von Anlaufstellen in Europa (Familienangehörige, Freunde, Angehörige derselben Ethnie) die Migration nach Europa erleichtern wird. Und das Migrationspotenzial ist beinahe grenzenlos, wenn man den Statistiken Glauben schenkt.

Im Rahmen ihres Gesamtansatzes unterhält die EU »Mobilitätsdialoge« mit Nicht-EU-Staaten:

> Diplomatische Maßnahmen sollen darauf ausgerichtet werden, in unseren Mobilitätsdialogen mit Drittländern weitere Ergebnisse zu erzielen. So sollten beispielsweise neue Dialoge über Migration, Mobilität und Sicherheit mit weiteren Ländern des südlichen Mittelmeerraums, insbesondere mit Ägypten, Libyen, Algerien und dem Libanon, eingeleitet werden.[18]

Die Europäische Union unterzeichnete beispielsweise mit Äthiopien am 11. November 2015 eine gemeinsame Agenda »für Migration und Mobilität«. Das Land wird in mehrfacher Hinsicht als Schlüsselland für illegale Migration bzw. Flüchtlinge angesehen – sowohl als Entsende- als auch als Ziel- und Transitland. Aus dem EU-Notfallfonds Afrika bekam Äthiopien 1,8 Milliarden Euro als Sofortmaßnahme zugesprochen.

Die sogenannte Mobilitätspartnerschaft, die bisher mit Äthiopien, Marokko und Tunesien abgeschlossen wurde, beinhaltet Vereinbarungen zur Rückübernahme von Migranten, verspricht aber auch Visaerleichterungen und Möglichkeiten der legalen Migration. Gleichzeitig kündigen die Vertragspartner an, die illegale Migration und die Menschenhändler- und -schmugglernetzwerke zu bekämpfen.[19]

Dies soll mit einer verstärkten Zusammenarbeit zum Beispiel der marokkanischen Behörden mit Behörden in EU-Ländern und verschiedenen Trainingsprogrammen der Grenzschutzagentur Frontex erreicht werden. Die Stichworte lauten:

> … verbesserter Informationsaustausch, verbesserte behördliche Fähigkeiten und verbesserte technische Zusammenarbeit beim Grenzmanagement und bei der Aufdeckung von Netzwerken, die aktiv sind beim Menschenschmuggel, dem grenzüberschreitenden Verbrechen und illegaler Migration.

Nun ist nicht recht ersichtlich, wie Frontex, die 2004 gegründete Europäische Agentur für die operative Zusammenarbeit an den Außengrenzen der EU, durch eine Zusammenarbeit mit nordafrikanischen Staaten in ihren Arbeitsergebnissen effizienter werden kann. Denn Frontex soll lediglich die Zusammenarbeit der EU-Staaten koordinieren und war bisher völlig ineffizient, allein schon deshalb, weil sie keine hoheitlichen Befugnisse hat.

Die EU-Verträge und Programme umweht alle eine gewisse Verblasenheit, die sich Europa angesichts der massiven Probleme an seinen Grenzen eigentlich schon lange nicht mehr leisten kann.

In einem Papier an das EU-Parlament und den EU-Rat äußert sich die Task Force zur Bekämpfung des Schleuserunwesens wie folgt:

> Es sollten Diskussionen mit den tunesischen Behörden über Maßnahmen geführt werden, welche die Lieferung tunesischer Boote an Schmuggler in Libyen unterbinden, einschließlich Schiffsregistrierungen und Tracking für den Datenaustausch.[20]

Diskussionen also. Und weiter:

> Ähnliche Maßnahmen sollten in anderen nordafrikanischen Staaten angeregt werden. Insbesondere sollte den ägyptischen Behörden empfohlen werden, ein stärkeres Augenmerk auf die wirksamere Bekämpfung der Aktivitäten von Menschenhändlern auf dem Sinai zu legen. Den sudanesischen Behörden sollte nahegelegt werden, die kriminellen Organisationen zu bekämpfen, die auf ihrem Territorium operieren und die den Handel und das Schmuggeln von Migranten und Flüchtlingen vom Horn von Afrika aus in den Mittelmeerraum befördern. Die nigerianischen Behörden sollten ebenfalls einbezogen und darin unterstützt werden, ihren am meisten gefährdeten Staatsangehörigen besseren Schutz vor Menschenhändlern zu gewähren.

Anregen, empfehlen, nahelegen, einbeziehen …

Der Schutz der EU-Außengrenzen wird seit Jahren von unzähligen Grenzschutzprojekten angekündigt, die bisher jegliche Effizienz haben vermissen lassen. Weitere Projekte werden im Folgenden vorgestellt.

Die EU steht für eine Politik der Doppelbödigkeit, die einerseits Migration grundsätzlich fördern will, ja sie legalisiert sehen möchte, aber gleichzeitig seit Langem ihre Ankündigungen nicht einlösen kann, die EU-Außengrenzen mit irgendeiner Maßnahme wirksam zu schützen und das Schleuserunwesen zu reduzieren. Die EU ist Teil des Problems:

Die seit Jahren unter anderem auch im Papier der Task Force Mediterranean angekündigte Bekämpfung von »Menschenhandel, Schleuserkriminalität und kriminellen Netzen« ist nie vorangekommen. Im

Gegenteil: Die Probleme verschärfen sich zunehmend, das Schleuserunwesen nimmt historische Ausmaße an. Von einer »zügigen, dauerhaften und zugleich menschenwürdigen Rückkehr von Migranten« konnten EU-Bürger bisher ebenfalls nichts bemerken. Sie könnte nur durch die einzelnen Mitgliedstaaten durchgeführt werden, was kaum der Fall war und ist, da die Mehrheit der EU-Staaten die Migrationsagenda umsetzt.

Die wiederholt angekündigte »Stärkung der Verwaltung der EU-Außengrenzen« bleibt ebenso eine Fata Morgana, das ist spätestens 2015 jedem klar geworden.

Es ist daher nach dem Stand der Dinge naiv, für die Sicherung der EU-Außengrenzen auf eine »Kooperation« der Behörden diverser Mittelmeeranrainerstaaten zu warten. Es ist letztlich nicht ihr Problem. Wieso sollten sie ihre Ressourcen einsetzen, um unsere Außengrenzen zu schützen? Vielleicht wegen eines »Migrations- und Mobilitätsabkommens« mit der EU?

Wirkt Entwicklungshilfe gegen Migration?

In der politischen Diskussion über die Suche nach geeigneten Mitteln, um das große »Weggehen« abzustellen oder wenigstens abzumildern, wird oft auf das Bekämpfen der Ursachen vor Ort und verstärkte Entwicklungshilfeanstrengungen gesetzt.

Folglich lautet auch ein Punkt der *Gesamtagenda für Migration und Mobilität* (GAMM), auf den sich auch das Papier der Task Force Mittelmeer beruft, die »Maximierung des Entwicklungseffekts von Migration und Mobilität«. Was kann damit wohl gemeint sein?

GAMM geht von einer positiven Auswirkung von Migration auf die Entwicklung der Herkunftsländer der Migranten aus, unter anderem in Form von »Einbeziehung von Flüchtlingen und Vertriebenen in langfristige Entwicklungshilfeplanungen«.

Die Hoffnungen auf eine solche Entwicklung durch Migration dürften allerdings trügerisch sein. Denn dazu wäre die Heimkehr einer Mehrheit von Migranten mit neu gewonnenen Kenntnissen, Fähigkeiten und einem Startkapital nach einer gewissen Zeit vorauszusetzen. Für einen solchen Trend gibt es aber keinen Beweis.

Grundsätzlich heizt Entwicklung die Auswanderung sogar an. Das ist unter sogenannten Migrationsforschern unstrittig.

So stellt der Migrationsforscher und Soziologieprofessor Hein de Haas, der an Universitäten in Amsterdam, Oxford und Maastricht lehrt, klar: »Entwicklung führt zu mehr Migration.«[21]

Während die Auswanderungsquote in den weniger entwickelten Ländern noch recht niedrig ist, steigt sie bei Ländern, die auf dem Index für humane Entwicklung der Vereinten Nationen einen mittleren Wert als Wohlstandsindikator aufweisen, sprunghaft an. Erst bei entwickelten und hochentwickelten Gesellschaften überwiegt die Einwanderung die Auswanderung stark.

Daher muss die Hoffnung, dass Entwicklungshilfe zu weniger Migration führe, sehr kritisch gesehen werden. Entwicklungshilfe steigert aller Erfahrung nach die versuchte oder tatsächliche Einwanderung nach Europa.

De Haas' Vorhersage für die Zukunft lautet: »Deswegen kommen zukünftig Einwanderer nach Europa zunehmend eher aus Ländern der Subsahara-Region als aus Nordafrika.« Hierbei setzt er natürlich eine zunehmend positive Entwicklung in Nordafrika voraus, was derzeit nicht der Realität entspricht.

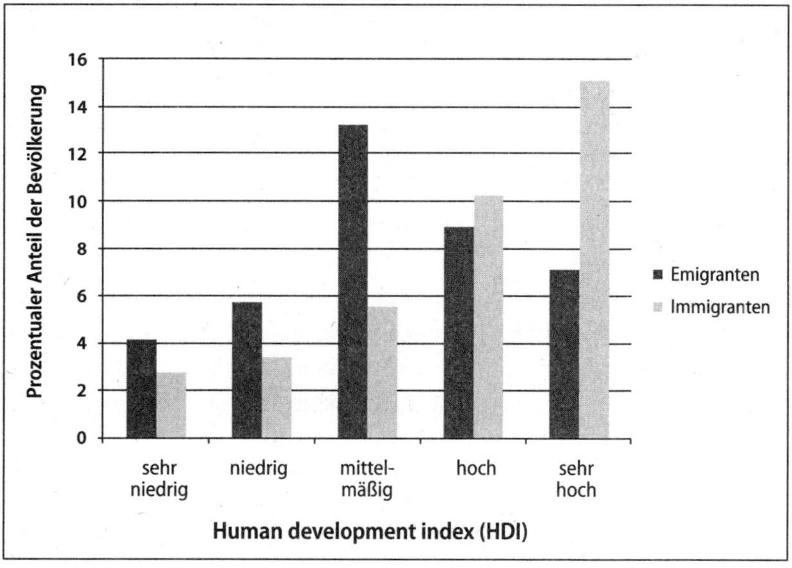

Nach einer Grafik von Hein de Haas: »Entwicklung führt zu mehr Migration« (28.Mai 2011). Gerade ein mittlerer Entwicklungsindex eines Landes und nicht ein sehr niedriger oder niedriger führt zu Abwanderung.

Im Rahmen des *Gesamtansatzes für Migration und Mobilität* vergab die EU-Kommission zwischen 2004 und 2013 eine Milliarde Euro an 400 Migrationsprojekte vor allem im Gebiet des südlichen Mittelmeers und in Subsahara-Afrika. (Mit dem »südlichen Mittelmeer« sind die nordafrikanischen Länder gemeint, die an die Mittelmeersüdküste grenzen, also Marokko, Algerien, Tunesien, Libyen und Ägypten.)

Im Rahmen ihres Programms für Migration und Mobilität hat die EU bereits mit mehreren Ländern Kooperationspartnerschaften abgeschlossen,[22] darunter Marokko, Tunesien und Äthiopien. Die Abkommen verleihen dem Willen zum Management der Migrationsströme nach Europa Ausdruck und verschreiben sich Entwicklungsprojekten in den Herkunftsländern der Migranten, welche, wie bereits angesprochen, eben ihrerseits Auslöser für mehr Migration sein können.

Mare Nostrum und Triton: Reaktion auf die Unglücksfälle vor Lampedusa

Nach dem schrecklichen Bootsunglück vor der Insel Lampedusa 2013 begann Italien in Eigenregie ab dem 18. Oktober 2013 mit Mare Nostrum, einer Operation der italienischen Marine und Küstenwache zur Seenotrettung von Bootsflüchtlingen. Gleichzeitig sollte damit auch versucht werden, Schleuser dingfest zu machen. Die italienische Marine war mit vier Schiffen im Einsatz, aber auch das italienische Heer, die Luftwaffe, Carabinieri, Zoll und die Küstenwache beteiligten sich an der Operation. Sie kostete Italien 110 Millionen Euro jährlich.

In der Realität entwickelt sich Mare Nostrum zu einer der größten Rettungsoperationen der Geschichte zugunsten illegaler Einwanderung. Ein Jahr später hatte die Operation ca. 150 000 Flüchtlinge gerettet, wie die Internationale Organisation für Migration (IOM) meldete.

Mare Nostrum konnte dem Schleuserunwesen nicht beikommen, sondern setzte im Gegenteil falsche Anreize: Die Flüchtlinge würden in ihrer großen Mehrzahl sowieso gerettet, egal wie schäbig die Nussschale war, in welche man sie gesetzt hatte. Gleichzeitig war aber auch nicht nachvollziehbar, warum Italien allein gelassen wurde bei der (versuchten) Überwachung der EU-Außengrenze.

Die EU sah sich angesichts dieser Situation aufgerufen, selbst eine Mission auf die Beine zu stellen. Im August 2014 beschlossen die damalige EU-Kommissarin für Innenpolitik Cecilia Malmström und der italienische Innenminister Angelino Alfano die europäische Weiterführung des Projekts unter der Ägide der europäischen Grenzschutzagentur Frontex, die sich bis dahin jedoch als weitgehend ineffizient gezeigt hatte. Anders als bei Mare Nostrum sollte es bei der Frontex-Mission aber keine Rettung auf hoher See geben, sondern nur im küstennahen Bereich. Dafür sollten monatlich 3 Millionen Euro bereitgestellt werden, was von Anfang an absurd war, denn Mare Nostrum hatte pro Monat bereits 9,3 Millionen Euro gekostet, ohne dass man dem Schleuserproblem Abhilfe geschaffen hatte.

Triton

Mare Nostrum endete am 31. Oktober 2014. Am folgenden Tag begann die Operation Triton zur Sicherung der europäischen Grenzen in Italien unter Führung der EU-Grenzagentur Frontex. Triton sollte nur bis Ende 2015 laufen – Stückwerk war also von Anfang an kennzeichnend für jenes fabelhafte Mischwesen aus Fleisch und Fisch.

Ursprünglich sollte Triton nur in italienischen Hoheitsgewässern aktiv werden, ab April 2015 wurde der Aktionsradius zur Rettung von Flüchtlingen jedoch erweitert. Die Mission nahm aber zur Seerettung ausdrücklich auch alle anderen zivilen Schiffe in die Pflicht. Auf einem EU-Sondergipfel im April 2015 schossen die Staats- und Regierungschefs 26,25 Millionen Euro nach. Menschenrechtsgruppen, Asylfunktionäre und Vertreter politischer Parteien hatten seit Langem eine Ausweitung der Rettungseinsätze im Mittelmeer gefordert. Mit der Einführung von Triton begannen sie Sturm zu laufen gegen diese »Schande Europas«. PRO ASYL erklärte am 17. Oktober 2014:

> Die aktuell diskutierten Pläne lassen das Schlimmste befürchten: Statt mehr Seenotrettung droht ein starker Fokus auf Grenzkontrolle und Abwehr. Frontex-Interimsdirektor Gil Arias bestätigte bereits bei seiner Präsentation der neuen Operation vor dem Europaparlament am 4. September 2014: »Weder die Mission noch die Ressourcen erlauben ein Ersetzen.«[23]

PRO ASYL forderte den Aufbau einer zivilen europäischen Seenotrettung. In einem Appell an den Präsidenten des Europäischen Parlaments forderte die Asyl-Lobbyorganisation, die dafür benötigten finanziellen Mittel sofort bereitzustellen. Mare Nostrum müsse weitergeführt, verstärkt und vor allem von der Europäischen Union und ihren Mitgliedstaaten voll finanziert werden. Die Rettung von Bootsflüchtlingen sei eine gesamteuropäische Aufgabe.

Wie es dem selbst gesteckten Auftrag entspricht, fokussierte PRO ASYL ausschließlich den humanitären Aspekt der illegalen Migration über das Mittelmeer. Die Organisation forderte einen »innereuropäischen Solidarmechanismus«, der den Flüchtlingen von Italien, Malta oder Griechenland aus ermögliche, legal in das Land ihrer Wahl weiterzureisen. Der Lösungsvorschlag von PRO ASYL sah vor:

> Das Sterben an den EU-Außengrenzen kann letztlich nur durch die Öffnung legaler und gefahrenfreier Wege für Schutzsuchende beendet werden.

Eine Analyse für das italienische Militär schreibt am 30. November 2014 bitter:

> Wie vorhergesehen, hat der Beginn der Operation Triton der europäischen Agentur Frontex nichts an der schwachsinnigen Behandlung der Migrationsströme aus Libyen geändert, die Italien und die EU gemeinsam abwickelten und die von einer passiven Akzeptanz begleitet ist. Dadurch werden die nordafrikanischen Schleuser bloß gemästet, während die vorhandenen militärischen Mittel ein Programm der konzertierten Zurückweisung mit allen notwendigen Sicherheitsgarantien ermöglichen würde.[24]

Eine konzertierte Aktion der Marine verschiedener europäischer Staaten zur Unterstützung Italiens (und natürlich auch Griechenlands) als Zeichen der Stärke, dass die EU keine wilde Einwanderung und kein Schleuserunwesen mehr duldet, wäre schon immer eine Option gewesen. Es lag also nicht an den Möglichkeiten, sondern am Fehlen eines politischen Willens!

Dem oben genannten Artikel ist die nebenstehende bezeichnende Karikatur vorangestellt, die bitter spottet: »Triton ... nichts hat sich geändert«

EUNAVFOR MED – Operation Sophia

Parallel zu Triton läuft seit Mai 2015 auf Initiative des Europäischen Rates die Militäroperation European Union Naval Force – Mediterranean, kurz EUNAVFOR MED.

An dieser beteiligen sich fünfzehn europäische Nationen mit Kriegsschiffen, darunter auch Deutschland. Neben der Seenotrettung von Flüchtlingen will die Operation Menschenschmuggler- und Menschenhändlernetze bekämpfen. Operationsgebiet ist das südliche Mittelmeer zwischen den Küsten Italiens, Tunesiens und Libyens. Stufe 1 der Operation ist die Aufklärung der Schlepperstrukturen. Das ist seltsam, da diese bereits als aufgeklärt gelten können. Man weiß sehr genau, wo die Schmugglerrouten entlanglaufen und wo die Hauptablegeplätze der Boote an den Küsten sind. Denn die Mission Eurosur war und ist ja mit Drohnen und Hubschraubern unterwegs. Und sie verarbeitet schon seit Jahren auch die Informationen aus Satellitenbildern. So wurde beispielsweise bereits 2008 die Frontex-Operation Hera vor der mauretanischen Küste durchgeführt, woraufhin der Regierung Mauretaniens als Beweis illegaler Migration entsprechende Satellitenbilder mit Booten illegaler Migranten vorgelegt wurden, die von der dortigen Küste ablegten.[25]

Denn Frontex hat einen Dienst namens Eurosur Fusion Services, der eine Kooperation zwischen Frontex-Experten, der Europäischen Agentur für die Sicherheit des Seeverkehrs (EMSA), dem EU Satellite Centre (SatCen), italienischen Behörden und EUNAVFOR MED darstellt. Die Eurosur Fusion Services beinhalten das automatisierte Aufspüren von großen Booten mit Spezialsoftware, welche in der Lage ist, nahezu in Echtzeit komplexe Berechnungen zur Prognose der Position von Schiffen einschließlich präziser ozeanografischer und meteorologischer Vorhersagen zu tätigen:

> Die Fusion Services nutzen optische wie auch radarbasierte Satellitentechniken, um Boote auf See zu lokalisieren. Jüngste Nachrüstungen der technischen Fähigkeiten machten es auch möglich, kleinere Schiffe auszumachen.[26]

Es scheint sich bei Triton und EUNAVFOR MED also erneut um Fälle von typischer Selbstsabotage der EU zu handeln, die wieder und wieder »Dummpulver« nimmt, das Rad ständig neu erfindet und die vorhandenen Erkenntnisse nicht in lösungsorientiertes Handeln umsetzt.

Stufe 2 der Operation Sophia soll Schlepperboote schon in libyschen Hoheitsgewässern aufspüren (von dort kommen 80 Prozent der Flüchtlinge), die Bootsinsassen retten und die Schlepper verhaften. Das ist ebenfalls seltsam, da die Schlepper meist überhaupt nicht im Boot sitzen, sondern nach jüngsten Berichten größere Boote einfach auf Autopilot stellen und Richtung Italien schippern lassen. Ermias Ghermay sitzt mit Sicherheit in keinem der Gummiboote, so sehr man Sophia auch den Erfolg gönnen mag.

Ein kleines Beispiel zum Thema Schleusung auf Booten, die auf Autopilot gestellt werden, liefert der Lagebericht des Bundesministeriums des Inneren, Berichtszeitraum: 16. Januar 2016, 8:00 Uhr bis 17. Januar 2016, 8:00 Uhr. Unter »2. Sonstige öffentlichkeitswirksame Straftaten« heißt es:

> Bundesgebiet, Türkei, 20.01.2016, Exekutivmaßnahmen in Deutschland und in der Türkei wegen des gewerbsmäßigen bzw. des banden- und gewerbsmäßigen Einschleusens von Ausländern.
>
> Am 20. Januar 2016 haben Beamte der Bundespolizei unter Beteiligung der GSG9 sowie BFE+ 16 Wohnungen und einen Geschäftsraum in Schleswig-Holstein, Niedersachsen, Nordrhein-Westfalen, Berlin, Brandenburg sowie Bayern durchsucht und fünf Haftbefehle vollstreckt. Zeitgleich wurden zehn Wohnungen in den türkischen Städten Istanbul, Mersin, lzmir und Hatay durchsucht und zehn Personen festgenommen. Im Zuge der Maßnahmen konnten die Beamten neben Bargeld und Auftragsbüchern auch Smartphones und Computer in Deutschland sicherstellen.
>
> In der Türkei wurde die unerlaubte Weiterreise von 380 Migranten nach Europa verhindert. Ferner konnten durch den Informationsaustausch der türkischen Polizei mit den griechischen Behörden 204 Migranten durch die griechische Küstenwache festgestellt werden. Ausgangspunkt der gemeinsamen Ermittlungen waren die Feststellungen der drei zur Schleusung zweckentfremdeten Frachtschiffe Merkur I, Blue Sky M und Ezadeen. *Die ursprünglich zur Verschrottung vorgesehenen Schiffe waren Ende 2014 mit zusammen 1766 Migranten an Bord von ihren Besatzungen zum Teil mittels Autopilot auf Kurs Italien gesetzt und anschließend im Stich gelassen worden.* In einem Fall war der Autopilot des Schiffes auf das italienische Festland programmiert. Die italienische Küstenwache konnte die größten-

teils führerlosen »Geisterschiffe« nur durch lebensgefährliche maritime Rettungsmanöver unter Kontrolle bringen. Bereits im August 2015 wurden durch die Bundespolizei gemeinsam mit italienischen Behörden zwei Tatverdächtige in Deutschland festgenommen.[27]

So weit zur Möglichkeit, Schlepper aus dem Schleusungsgeschehen in der Ägäis zu verhaften … Die diesbezügliche zweite Stufe der Sophia-Mission, die eigentlich ab September 2015 anlaufen sollte, blieb denn auch in der Planung stecken. Die libysche Regierung verweigerte einfach ihre Zustimmung! Libysche Regierung? Davon gibt es gleich zwei, die sich gegenseitig bekämpfen, was die Sache nicht eben vereinfacht. Da bereits diese Phase nicht erreicht wurde, steht es für die geplante 3. Stufe der Operation wohl eher schlecht: Darin sollte die Infrastruktur von Schleusern und deren Booten schon bei den Ablegeplätzen auf libyschem Territorium zerstört werden. Ob es jemals dazu kommt, darf bezweifelt werden, zumal die beiden letzteren Stufen von der Zustimmung des UNO-Sicherheitsrates abhängig gemacht werden.

Es spricht sich bereits herum, dass die Operation Sophia nur eine weitere aus der Buchstabensuppe der EU-Operationen ist, die allenfalls begrenzte Wirksamkeit aufweisen. Der französische Verteidigungsminister Jean-Yves Le Drian wies am 21. Januar 2016 darauf hin, dass die Zeit drängt, Sophia effektiv zu machen:

»Wir müssen schnell handeln, um sobald wie möglich in libyschen Gewässern einzuschreiten«, forderte der Minister. Es wird befürchtet, dass Schleuser im Frühjahr wieder vermehrt Flüchtlinge auf die gefährliche Überfahrt über das Mittelmeer nach Europa schicken.

> Wir müssen daran arbeiten, den Einsatz Navfor Med Sophia schnell weiterzuentwickeln, der derzeit seine Grenzen offenbart, weil er ausschließlich in internationalen Gewässern agiert.[28]

Nach Angaben der UNO-Hilfsorganisation UNHCR flüchteten im Januar 2016 bereits rund 54500 Flüchtlinge über das Mittelmeer nach Europa. Während sich die EU auf die italienische Küste konzentriert, war der Brennpunkt 2015 bekanntlich das östliche Mittelmeer, für das überhaupt keine Konzepte gegen die Schleusungen per Boot vorliegen, einmal abgesehen vom sogenannten Merkel-Plan, der noch vorgestellt wird und der auch etwas anderes im Fokus hat.

Im Endergebnis steht eine weitere vorsätzlich gescheiterte EU-Operation, welche die Gesamtlage nicht verändern konnte. Schlepperstrukturen bestehen nach wie vor, Migrantenzahlen steigen mit Stand Sommer 2016 wieder, und sowohl Triton als auch EUNAVFOR MED beenden nur die Arbeit der Schleppernetze erfolgreich, indem sie deren »Flüchtlingskunden« aus Seenot retten.

Zu den Rettungsoperationen der EU gesellen sich mittlerweile auch »zivilgesellschaftliche Initiativen zur nachhaltigen, dauerhaften Rettung aller Flüchtlinge aus dem Mittelmeer«. Am 4. Februar 2016 verließ die Aquarius Bremerhaven in Richtung Marseille, wo am 20. Februar ein medizinisches Team von Médecins du Monde (Ärzte der Welt) an Bord ging. Médecins du Monde ist Partnerorganisation der am 9. Mai 2015 in Berlin unter anderem von Handelsschiffskapitän Klaus Vogel und der französischen Aktivistin Sophie Beau gegründeten Hilfsorganisation SOS Mediterranee. Laut eigenem Bekunden soll …

> das Rettungsgebiet schrittweise auf alle wichtigen Fluchtrouten über das Mittelmeer bis hin zur Atlantikküste ausgeweitet werden. Das erste Rettungsschiff wird zwischen Sizilien, Lampedusa und Libyen – der gefährlichsten Mittelmeerroute – eingesetzt.[29]

Ein ähnliches Projekt betreibt Sea-Watch. Die Organisation will mit einem Fischkutter ab Frühjahr wieder zwischen Libyen und Lampedusa sowie zwischen Lesbos und der Türkei patrouillieren, um Flüchtlinge aus Seenot zu retten.[30] In den Medien ließen sich die Betreiber der Seenotrettungsmissionen als Helden feiern. Wer allerdings weiß, dass sich an der libyschen Küste Hunderttausende, möglicherweise (nach Schließung der sogenannten Balkanroute) sogar eine Millionenzahl von Migranten massieren,[31] die auf besseres Wetter zur Überfahrt warten, und wer einmal überschlagsmäßig zusammenrechnet, welche Geldsummen für die Schleuser, allen voran den IS, hier zusammenkommen, der kann nicht mehr uneingeschränkt applaudieren.

Eurosur

Die Pressemitteilung der EU-Kommission »Lampedusa und die Folgen: Konkrete Maßnahmen sollen Verlust von Leben im Mittelmeer verhindern und Bewältigung von Migrations- und Asylströmen verbessern« vom 4. Dezember 2013[32] spricht von einem »seit Kurzem betriebsfähigen Europäischen Grenzüberwachungssystem (Eurosur)« (kurz für *European border surveillance system*). Seit 2013 gibt es also ein einsatzfähiges Überwachungssystem für die EU-Außengrenzen. Warum waren trotzdem alle angeblich so überrascht von den Flüchtlingsströmen zu Land und zu Wasser im Verlauf des Jahres 2015?

Was hat es mit Eurosur auf sich?

Das Grenzüberwachungssystem Eurosur ist ein Überwachungssystem der EU, bei dem Drohnen, Aufklärungsgeräte, Offshore-Sensoren, hochauflösende Kameras und Satellitensuchsysteme eingesetzt werden, um grenzüberschreitende Kriminalität und die illegale Einwanderung in die EU-Mitgliedsländer zu überwachen sowie den Verlust von Leben auf See bei Migranten zu verhindern.[33] Der Beginn des Programms wurde vom Europaparlament am 10. Oktober 2013 beschlossen. Am 2. Dezember 2013 wurde das System zunächst in achtzehn EU-Staaten und Norwegen gestartet. Eurosur ist eine Entwicklung von Frontex. In erster Linie ist es ein Programm zum Informationsaustausch, welches die Kooperation nationaler Grenzbehörden unterstützt. Ziel ist es, möglichst früh Erkenntnisse über aktuelle Flüchtlingsbewegungen und sogenannte Schlepperorganisationen zu erhalten.

Das »Rückgrat« von Eurosur ist ein Netzwerk aus sogenannten National Coordination Centres (NCCs). Jedes Mitgliedsland muss ein nationales Koordinationszentrum einrichten, welches die Behörden zusammenführt, die in dem betreffenden Staat für Grenzkontrolle zuständig sind. Das NCC soll die Grenzüberwachungsmaßnahmen auf nationaler Ebene koordinieren und zusammenführen, um diese dann an das Netzwerk weiterleiten zu können.[34] So weit, so gut, in der Theorie zumindest.

Von Beginn an wurde die »Rettung von in Not geratenen Menschen« in die Eurosur-Verordnung aufgenommen.[35] Damit war die Zweigleisigkeit des Eurosur-Programms von Anfang an festgeschrieben. Die angekündigte Bekämpfung des Schleuserunwesens und die Überwachung der Küste blieben aber in der Realität hinter der Seenotrettung von Flüchtlingen aus havarierten oder überfüllten Booten zurück. Ab Oktober 2013 stellte die EU 244 Millionen Euro (andere Quellen sprechen von bis zu 340 Millionen[36]) für Installation und Betrieb des Systems bis 2020 zur Verfügung.

Eurosur erntete trotz seiner fast rein humanitären Ausrichtung bittere Kritik von Links-Grün bis zu Migrationsexperten und PRO-ASYL-Funktionären. Ska Keller, die migrationspolitische Sprecherin der Grünen im EU-Parlament, kommentierte durchaus zu Recht, dass man künftig wissen werde, »wie viele Flüchtlinge auf dem Weg nach Europa in Lebensgefahr sind«[37]. Aber nicht einmal das konnte Eurosur leisten, wie wir mit Stand 2016 wissen!

Das von Anfang an nur im selbst gestellten Aufgabenbereich der Rettung von Überfahrern effiziente Eurosur-Projekt sah sich in den Medien einer konzertierten Verleumdung ausgesetzt, die an Falschinformation der Öffentlichkeit grenzte: Die *Tagesschau* titelte am 10. Oktober 2013: »Neue Mauern um die Festung Europa?« – und suggerierte dem Publikum die martialische Sicherung der EU-Außengrenzen durch Eurosur, die es in Wirklichkeit nie gab. Man sprach von »dichten Grenzen« und »verhärteten Fronten« und unterstellte, Eurosur richte sich in Wahrheit gegen illegale Einwanderer: »Nur eine Woche nach der Tragödie von Lampedusa erweckt dies natürlich den Eindruck, dass Europa noch rücksichtsloser gegen Bootsflüchtlinge vorgehen will.« Was die ARD nicht erklärte, war, dass es noch nie eine »Festung Europa« gegeben hatte und auch nie und nirgends »rücksichtslos« gegen Flüchtlinge vorgegangen wurde. Im Gegenteil. Rund 430 000 Asylanträge in der EU im Jahr 2013 sprechen eine eigene Sprache.

»Lampedusa II«, April 2015

Zwei Jahre nach dem ersten großen Bootsunglück vor Lampedusa kenterte in der Nacht vom 18. auf den 19. April 2015 erneut ein völlig überfülltes Boot vor Lampedusa, ca. 500 Menschen starben diesmal.

Es war ein Weckruf, der zeigte, dass weder die einzelnen europäischen Staaten noch die EU und ihre Grenzschutzprojekte in der Lage waren, der illegalen Migration nach Europa Herr zu werden oder sie, wie so oft angekündigt, in geordnete, legale Bahnen zu lenken.

Der Polizei von Palermo gelang es im Rahmen der »Operation Glauco II« einen Tag nach dem erneuten schrecklichen Bootsunglück 24 Personen eines Menschenschmugglerrings festzunehmen, dem immer noch Ermias Ghermay vorstand.

Schon 2014 waren im Mittelmeer ca. 5000 Flüchtlinge ums Leben gekommen, ein Großteil der Todesopfer ging auf das Konto des Schlepperkönigs. Seit Januar 2014 hatte die italienische Polizei ihr Vorgehen gegen das Schleppernetzwerk intensiviert und 900 Personen verhaftet. Die meisten Mitglieder der Bande kamen aus Ägypten und Tunesien.

Der *Schweizer Blick* schrieb über die Menschenschleuser am 17. August 2015:

> Zusammen haben sie sich an etwa 270 000 Flüchtlingen bereichert, die für die Überfahrt jeweils bis 7000 Franken zahlen müssen. Doch der dickste Fisch Ghermay ist der Polizei noch nicht ins Netz gegangen. Er operiert meistens in Libyen und wird per Phantombild gesucht. Die Polizei hört seine Telefonate ab, ist aber machtlos.[38]

Das heißt, man weiß sehr wohl, wo sich die Köpfe der Schmugglermafia aufhalten, es existieren jedoch keine staatlichen Strukturen mehr in Libyen als Ansprechpartner für europäische Behörden …

Nach Erkenntnissen der italienischen Ermittler generiert das Netzwerk Hunderttausende von Euro, die quer durch Europa transferiert werden, da die »Boatpeople« nicht nur die Überfahrt übers Mittelmeer bezahlen, sondern auch ihre Weiterreise nach Nordeuropa, um dort Angehörige oder Freunde zu treffen.

Staatsanwalt Maurizio Scalia konnte mittels abgehörter Telefongespräche auch einiges über die finanziellen Gepflogenheiten der Schleuser in Erfahrung bringen. Sie kassieren im Voraus, doch es kommt auch

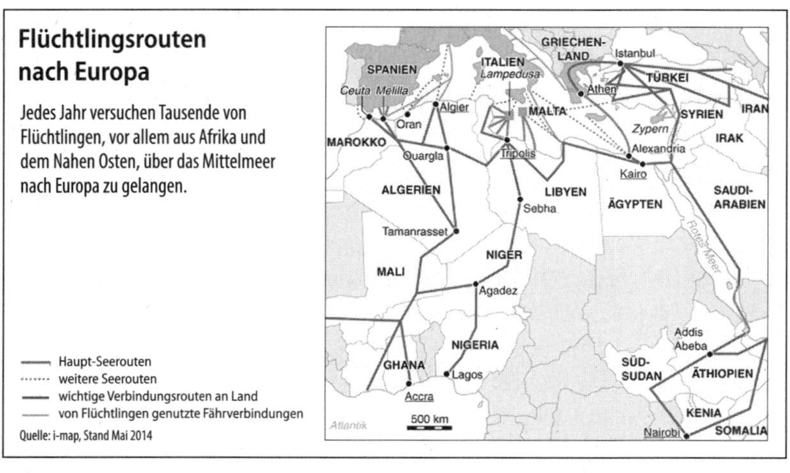

Von Afrika nach Europa: Hauptseerouten und Landwege der Migration

das islamische Hawala-Banksystem zum Einsatz. Letzteres beruht auf einem Ehrenkodex, wonach ein Verwandter des Migranten zum Beispiel in Deutschland einen lokalen Broker des Schmugglernetzwerkes des entsprechenden Landes bezahlen muss. Sobald der Verwandte bezahlt hat, geht die Information darüber an den eigentlichen Schleuser, und die »Reise« kann beginnen.

Die italienischen Behörden wurden über die abgehörten Telefonate der Menschenschmuggler auch Zeuge, wie sich Ermias Ghermay und Mered Medhanie (der Frau und Kind in Schweden haben soll) unter anderem über die Flüchtlinge lustig machten und mit ihren Taten prahlten. Beinahe noch interessanter ist jedoch, was die Abhöraktion von Medhanie und seinen Geschäftspartnern in Italien über ihr Geschäftsmodell herausbrachte: Man besprach die Möglichkeit der Einrichtung von Konten in den Vereinigten Arabischen Emiraten, entschied sich dann aber doch für US-amerikanische und kanadische Banken, denn »sie fragen nicht, woher das Geld kommt«.

Merkwürdigerweise war die öffentliche Diskussion in Deutschland weder von den bestürzenden Machenschaften der Schlepper und Menschenhändler geprägt noch vom fortgesetzten Versagen der europäischen Behörden sowohl gegenüber deren kriminellem Tun als auch beim Grenzschutz, sondern sie stand ganz im Zeichen der Selbstanklage: Es sei »eine Schande für Europa«; Menschenrechtler, Kirchen und Migrationsexperten forderten ein Ende der angeblichen Politik des Sterbenlassens und der Abschottung Europas.

Und die europäische Politik forderte neue Einwanderungsgesetze, damit die Menschen, die bisher illegal kamen, nun völlig legal einreisen konnten.

> Maltas Ministerpräsident Muscat kündigte an, sein Land werde in der EU auf eine Änderung der Einwanderungsbestimmungen drängen. »Ich weiß nicht, wie viele Menschen noch sterben müssen, bevor etwas geschieht. Wie die Dinge im Moment stehen, machen wir unser eigenes Mittelmeer zum Friedhof«, sagte Muscat.[39]

Die Kritik ging im Wesentlichen gegen die europäischen Asylbestimmungen, ja die Tatsache von Staatsgrenzen an sich. Auch die Kirchen mischten sich ein. Der Münchner Erzbischof Reinhard Marx kritisierte die hartherzigen EU-Gesetze:

> »Hinter der Tragödie von Lampedusa steckt der Gedanke, möglichst zu verhindern, dass jemand europäischen Boden betritt«, sagte er [...] »Auch wenn Europa nicht jeden aufnehmen kann, dürfen wir niemanden an den Grenzen zu Tode kommen lassen.«[40]

Auch die SPD-Bundestagsfraktion sprach von einer »Schande für Europa«. Ihr Parlamentarischer Geschäftsführer Thomas Oppermann sah in der Lampedusa-Tragödie vor allem ein Scheitern Europas an »seinen eigenen Ansprüchen von Freiheit und Menschenrechten«. Gemeint war offensichtlich die Bewegungsfreiheit für alle im Schengen-Raum, die den Neuankömmlingen so harsch verwehrt wird. Die unkontrollierte Einwanderung von Flüchtlingen müsse durch eine kontrollierte gemeinsame Einwanderungspolitik der EU ersetzt werden. »Es ist falsch, dass die Bundesregierung dies bislang verhindert hat«, bemängelte Oppermann bereits 2013.[41]

Auch die *Tagesschau* kritisierte die italienische Politik, die »Bootsflüchtlinge« wie Verbrecher zu behandeln und sie wegen illegaler Einwanderung anzuklagen. Die aus dem Kongo stammende italienische Integrationsministerin (bis 2014) Cécile Kyenge forderte nach der Tragödie eine schnellstmögliche Änderung der Einwanderungsgesetze: »In den nächsten Tagen müssen die Gesetze zur Einwanderung auf den Prüfstand, vor allem die illegale Einwanderung.« Die Idee war, die illegale Einwanderung abzuschaffen, indem man sie weitgehend legalisierte. Da Kyenges Demokratische Partei jedoch in einer großen Koalition mit den Konservativen stand, konnte sie sich nicht durchsetzen. Der konservative Innenminister Angelino Alfano plädierte angesichts des Unglücks im Gegenteil für eine effizientere Abschottung Italiens. Im Endergebnis geschah nichts, man reichte das Problem auf die EU-Ebene weiter und forderte von dort »neue Gesetze«.[42]

Das Netz der Menschenschmuggler – der Islamische Staat kassiert mit

Ermias Ghermay hat in Libyen ein straff organisiertes Regime vor der Überfahrt nach Europa eingerichtet. Mithilfe libyscher islamistischer Milizen werden die Flüchtlinge bis zur Abfahrt in Lagern zusammengepfercht. Schleuser greifen die Menschen teilweise schon in der libyschen Wüste auf.

Ein Bruder Ghermays war auf Sizilien stationiert und kümmerte sich dort um das Geschäft der Bande. Italienische Behörden verhafteten ihn zwar, seine Position wurde jedoch sofort von anderen Schleppern eingenommen. Nach dem Menschenhändler Ermias Ghermay sucht Europol bis heute vergebens, heißt es in den Medien:

> Ghermay und Medhanie leben zurzeit unbehelligt in Tripolis und nutzen die Gesetzlosigkeit in dem zusammengebrochenen Staat aus, die es Schmugglern erlaubt hat, seit dem Fall Gaddafis straflos zu operieren.

Ghermay und Medhanie genießen den Schutz der örtlichen Behörden in der libyschen Hauptstadt, nachdem diese von einer islamistischen Gruppierung eingenommen wurde.[43]

»Migranten bezahlen tausende Dollars an bewaffnete Gruppen in Afrika und dem Mittleren Osten auf ihrer Reise nach Europa« titelte *Time* am 13. Mai 2015. Und das ist auch gar nicht anders möglich. Immerhin geht es um ein Milliardengeschäft, und natürlich wird dieses Geschäft auch mit Waffen geschützt. In den deutschsprachigen Medien werden nur sehr verschämte Andeutungen über den »Charakter« der Menschenhändler und -schmuggler sowie der sie schützenden bewaffneten Milizen gemacht, während man in englischsprachigen Medien schon länger deutliche Hinweise findet, dass der Menschenschmuggel bzw. -handel längst straff vom Islamischen Staat organisiert wird und zu einer großartigen Einnahmequelle geworden ist. *Time* schreibt:

> Die Bewegung von Migranten vom Mittleren Osten und Afrika nach Europa hat bis zu 323 Millionen Dollar für den Islamischen Staat im Irak und in Syrien (ISIS) und andere dschihadistische Gruppen erbracht.[44]

Und das »Kaninchenloch« geht sogar noch tiefer: Internationale Kriminalexperten nehmen an, dass das immens profitable Geschäft mit Migranten den IS sogar dazu veranlasste, einige Angriffe auf Ortschaften speziell dafür zu lancieren, um Menschen zur Flucht zu treiben und anschließend Kasse zu machen.

Christian Nelleman, Direktor des Norwegischen Center for Global Analysis (Rhipto)[45], schrieb einen Beitrag[46] über dieses Thema für die »Global Initiative Against Transnational Organized Crime« (Globale Initiative gegen das organisierte transnationale Verbrechen) in Genf.

Die Organisation ist ein internationaler Zusammenschluss von Kriminologen. Nelleman:

> Im Vergleich zu al-Qaida braucht der Islamische Staat ein vollkommen anderes Finanzbudget, denn er unterhält eine Armee und bietet soziale Dienstleitungen an.

Nellemans Report zufolge hat der IS seine Finanzierung umgestellt. 2015 war die vornehmliche Einnahmequelle der Ölschmuggel, daher besetzte der IS in Syrien und im Irak mit Vorliebe Erdölanlagen. Die UNO schätzt die Einnahmen aus diesem illegalen Ölhandel auf 3 Millionen Dollar pro Tag. Diese Einnahmen wurden im Verlauf des Jahres 2015 jedoch geschmälert, insbesondere durch die Bombardierungen der russischen Luftwaffe, welche Tausende von Öltanklastwagen, die bis dahin illegal gefördertes Öl in die Türkei gebracht hatten, vernichtete.

Time berichtete über eine Geheimdienstschätzung, die dem Magazin vorliege, wonach der jährliche Finanzbedarf des IS, um Waffen und Munition kaufen und seine Soldaten und Sozialleistungen zahlen zu können, zwischen 523,5 und 815,3 Millionen Dollar liege.[47] In dieser Situation gewann das Schleuserwesen immer mehr an Bedeutung.

Das Büro der Vereinten Nationen für Drogen- und Verbrechensbekämpfung (United Nations Office on Drugs and Crime, UNODC) bestätigt, dass Menschenschmuggel und Schleusung von Migranten aufgrund der hohen Profite immer mehr zum Problem wird. Für das organisierte Verbrechen ist diese Betätigung nach dem Drogen- und Waffenhandel mittlerweile zur drittstärksten Einnahmequelle geworden!

Kapitel 4

Warum die EU Teil des Problems ist

EPA: Wie Freihandelsabkommen der EU mit afrikanischen Staaten dort wirtschaftlichen Schaden anrichten

Die EU hat seit Jahren eine offen neoliberale Agenda zum Wohle europäischer Großunternehmen, die sich in verschiedenen Freihandelsabkommen unter anderem mit afrikanischen Ländern äußert. So legen zum Beispiel zahlreiche Abkommen im Rahmen von EPA (Economic Partnership Agreement), also einer Wirtschaftspartnerschaft, fest, dass die afrikanischen Länder ihre Märkte bis zu 83 Prozent für europäische Importe öffnen und hierbei schrittweise Zölle und Gebühren abschaffen müssen.

Im Gegenzug wird ihnen ein weitgehend zollfreier Zugang zum EU-Markt gewährt. Viele afrikanische Regierungen weigerten sich, das Abkommen zu unterzeichnen. Darauf begann die EU einen Wirtschaftskrieg gegen die jeweiligen Staaten Afrikas und verhängte am 1. Oktober 2014 Einfuhrzölle auf viele afrikanische Produkte. Nachfolgend knickten einige afrikanische Staaten ein und unterschrieben doch, darunter auch Kenia. Nach Meinung von Wirtschaftsexperten gefährden das Freihandelsabkommen und die Importe aus der EU einheimische Industrien in Afrika und verhindern eine Entwicklung, da sie dem Wettbewerb mit EU-Ländern nicht standhalten können.

Die Exporte von Hähnchenfleisch aus der EU in afrikanische Länder haben sich zum Beispiel seit 2009 fast verdreifacht. Billige Fleischimporte treiben afrikanische Landwirte nicht selten in die Pleite, da ihre Produktionskosten höher liegen. Westafrika ist laut Brot für die Welt von den Auswirkungen besonders betroffen.

> Gerade hat die EU ein Handelsabkommen mit Westafrika unterzeichnet – Brot für die Welt fürchtet, dass der Druck auf die Bauern nun noch mehr zunimmt. »Seit Jahresbeginn dürfen die Staaten (dort) nur noch einen Zoll von höchstens 35 Prozent erheben. Auch das reicht nicht, um die einheimische Geflügelproduktion zu erhalten«, erklärt die Organisation.[48]

Das Wegbrechen von kleinbäuerlicher Landwirtschaft ist mit ein Grund für Migration. Und die westafrikanischen Staaten Ghana und Mali gehören zu den Herkunftsstaaten von Migranten, die den Weg nach Europa suchen…

Oder die Fischereipolitik der EU. Sie zahlt afrikanischen Staaten Geld, damit sie in deren Fanggründen fischen darf, denn die heimischen Bestände vor Europas Küsten sind zu mehr als drei Vierteln überfischt. Die ZEIT schrieb am 2. April 2012 zu diesem Thema:

> Mit 13 Staaten unterhält die EU zurzeit die genannten Partnerschaftsabkommen. Sie sind Millionen wert. Allein die Verträge mit Mauretanien hatten im Jahr 2006, als das jüngste Abkommen mit dem Land in Kraft trat, einen Wert von 86 Millionen Euro. *Rund 90 Prozent der Summe zahlen die europäischen Steuerzahler.* Die Reeder beteiligen sich kaum an den Kosten. Im Gegenteil: Sie erhalten in der Regel sogar Subventionen für Schiffsneubauten und profitieren vom steuerfreien Treibstoff.

In der Praxis sorgt diese Politik der EU in Afrika dafür, dass in Somalia oder im Senegal Fischer ohne Fisch im Netz bleiben. Mangelnde Kontrollen und korrupte Behörden vor Ort tun ein Übriges, dass Menschen die Lebensgrundlage genommen wird. Kann verstärkte und legalisierte Migration nach Europa hier eine Lösung sein? Oder die Bekämpfung somalischer Piraten, die früher Fischer waren?

All diese Zusammenhänge sind seit Langem bekannt. Auch in der Bundesregierung.

Angela Merkels Afrika-Beauftragter Günter Nooke kritisierte im November 2014, das EU-Freihandelsabkommen EPA mache Entwicklungshilfe zunichte. Deutschland und Europa brächten viel Steuergeld nach Afrika. Doch die Wirtschaftsabkommen mit afrikanischen Staaten konterkarierten diese Bemühungen: »Man sollte mit Wirtschaftsverhandlungen nicht kaputtmachen, was man auf der anderen Seite als Entwicklungsministerium versucht aufzubauen«, kritisierte Nooke.[49]

Kapitel 5

Imperialer Impetus?

> Zweitausend Jahre europäischer Geschichte sind geprägt von den wiederholten Versuchen, Europa unter einer einzigen Regierung zu vereinen und das »goldene Zeitalter« der Römer wiederzuerrichten. Napoleon, Hitler und andere haben es versucht, doch stets mit einem tragischen Ende. Die EU ist ein Versuch, das Gleiche mit anderen Methoden zu tun.
>
> — BORIS JOHNSON, BRITISCHER PARLAMENTARIER (TORY) UND BREXIT-BEFÜRWORTER IM *SUNDAY TELEGRAPH* (15. MAI 2016)

Das Projekt »Mittelmeerunion« bzw. EU-Mittelmeer-Partnerschaft, auch Euro-mediterrane Partnerschaft (Euromed)

Um die Migrationskrise, die Migrationsagenda sowie den geforderten Import und die Neuansiedlung von Menschen in die EU angemessen bewerten zu können, muss man sich mit dem EU-Projekt »Mittelmeerunion« bzw. »Mittelmeerpartnerschaft« (englisch: Euro-Mediterranean Union bzw. Euro-Mediterranean Partnership, Euromed) näher auseinandersetzen.

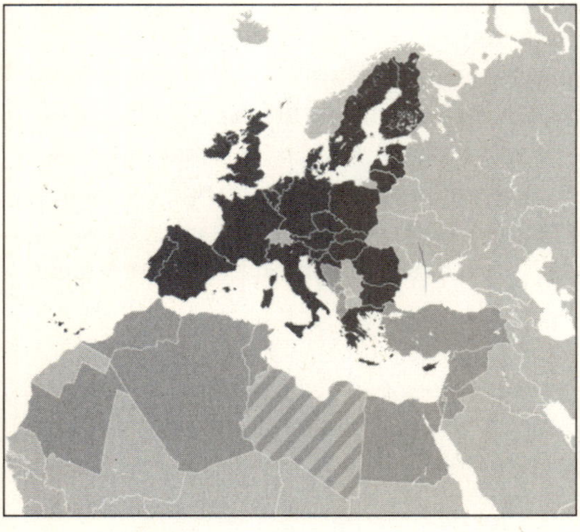

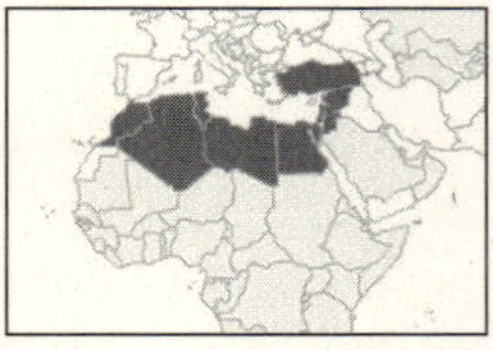

Euro-Mediterrane Partnerschaft (oben)

Ausdehnung der geplanten »Mittelmeerunion« (links)

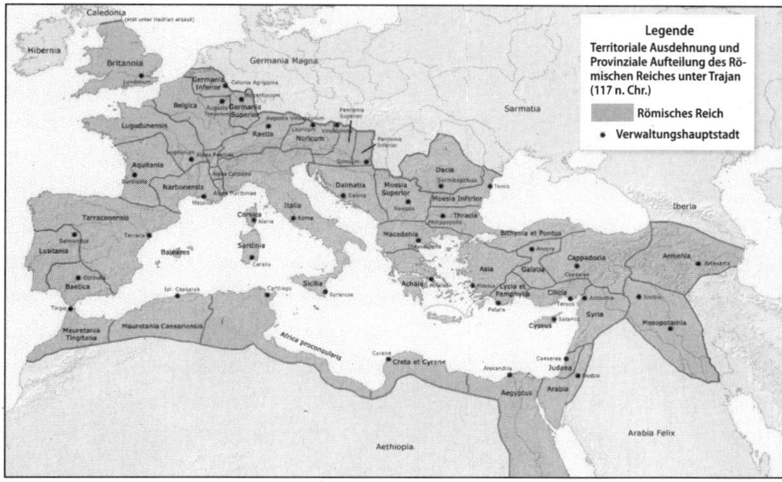

Das Römische Reich und seine Provinzen zur Zeit seiner größten Ausdehnung unter Kaiser Trajan in den Jahren 115–117 n. Chr.

Seit Langem bemüht sich die EU, ihre Macht und ihren Einfluss zu erweitern. Dafür werden an erster Stelle Handelsverträge als Mittel der Wahl angesehen, bevor es auch zu einer zunehmenden politischen Einflussnahme und dann einer Integration kommen soll.

Die EU hat mit einer Reihe von Anrainerstaaten des Mittelmeers Freihandelsabkommen abgeschlossen. Ihr erklärtes Ziel besteht in der »Schaffung einer vertieften Freihandelszone«. Diese soll Handels- und Investitionsbarrieren zwischen den Unterzeichnerstaaten beiseiteräumen.

Freihandelsabkommen im Rahmen der EU-Mittelmeer-Partnerschaft wurden bereits abgeschlossen mit Algerien, Ägypten, Israel, Jordanien, dem Libanon, Libyen, Marokko, Palästina, Syrien, Tunesien und der Türkei.

Die EU verhandelt unablässig weiter über eine Vertiefung des Abkommens.

Die laufenden oder zukünftigen Verhandlungen beziehen sich auf zukünftige Liberalisierung des Handels mit Agrarerzeugnissen, die Liberalisierung des Handels mit Dienstleistungen und die Akkreditierung und Anerkennung von Industrieerzeugnissen und der Angleichung von Vorschriften.

Eine »Liberalisierung des Handels mit Dienstleistungen« (man beachte den Ausdruck, heißt er doch nichts anderes als ein Handel mit Menschen!) setzt natürlich eine hohe Mobilität von Menschen voraus, denn diese sind es, die Dienstleistungen liefern. Die »Flüchtlingskrise« seit Sommer 2015 bedeutet mit ihrem Migrationsschub automatisch besonders hohe Mobilität, welche die EU ja ausdrücklich fördern will. Im Weiteren werden wir uns noch die seitens der EU geforderten jährlichen Einwanderungszahlen ansehen. Diese liefen auf die faktische Errichtung eines eurabisch-nordafrikanischen Großreichs, wie es geografisch von der Mittelmeerunion schon vorgegeben ist, hinaus. Starke Familienbande zwischen Nordafrika und Europa (zum Beispiel zwischen Marokko, Frankreich, den Niederlanden und Belgien) durch Einwanderung waren schon vor der Migrationskrise gegeben. Sie werden nun ergänzt durch Einwanderung aus dem Nahen und Mittleren Osten nach Europa. Damit hat die EU Fakten geschaffen, die ihre Bemühungen um einen noch größeren gemeinsamen Wirtschaftsraum ergänzen.

Der Gedanke der Mittelmeerunion war bereits 2007 im Präsidentschaftswahlkampf von Nicolas Sarkozy beworben worden.[50] Die starken Bande zu Frankreichs ehemaligem, noch heute französischsprachigem Kolonialbesitz in Nordafrika mögen eine Rolle gespielt haben.

Doch auch Ex-Bundesaußenminister Joschka Fischer ist seinerseits werbend für die euro-mediterrane Partnerschaft Euromed unterwegs, die ja ganz ähnliche Ziele verfolgt.

Das Handels-, Kooperations- oder Europa-Mittelmeer-Abkommen Euromed ist nicht etwa nur ein vager Plan. Nein, die Partnerschaft wurde bereits 1995 auf der euro-mediterranen Konferenz der Außenminister der EU und der Partnerländer in Barcelona ins Leben gerufen, (weswegen sie auch als »Barcelona-Prozess« bezeichnet wird). Im selben Jahr wurde der Mittelmeerraum von der EU zum »Gebiet von strategischer Bedeutung« erklärt!

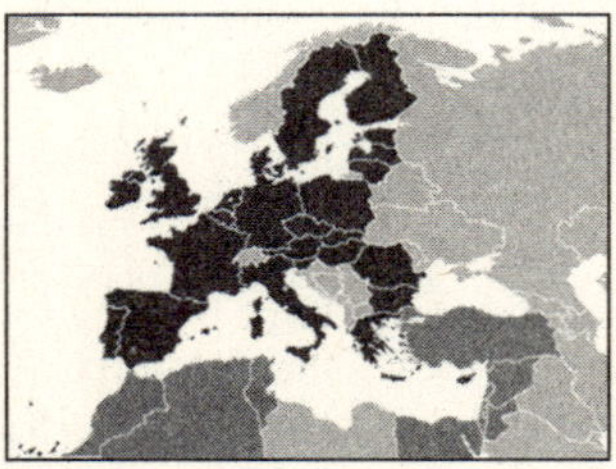

Unterzeichnete Verträge: Staaten der euro-mediterranen Partnerschaft (dunkel- und mittelgrau)

Die Parlamentarische Versammlung der »Union für den Mittelmeerraum« konstituierte sich im März 2004 unter dem Namen »Euromediterrane Parlamentarische Versammlung« in Athen als parlamentarisches Kontrollgremium im Rahmen der euro-mediterranen Partnerschaft.

Die parlamentarische Versammlung setzt sich wie folgt zusammen:

- 45 Abgeordnete des EU-Parlaments,
- je 3 Abgeordnete der EU-Mitgliedstaaten,
- maximal je zwölf Abgeordnete der südlichen Anrainerstaaten (Marokko, Algerien, Tunesien, Ägypten, Israel, Libanon, Jordanien, Syrien, die palästinensischen Autonomiegebiete und die Türkei – Libyen hat seit 1999 Beobachterstatus).

Sie tagt einmal jährlich abwechselnd in den verschiedenen Mitgliedstaaten. Ihr Präsident ist Josep Borrell Fontelles vom Europäischen Parlament. Die parlamentarische Versammlung der Union für den Mittelmeerraum unterhält drei Ausschüsse:

- den Politischen Ausschuss für Sicherheit und Menschenrechte,
- den Wirtschaftlichen Ausschuss für Finanzen, soziale Angelegenheiten und Bildung,
- und den Ausschuss für die Förderung der Lebensqualität durch den Austausch von Menschen und Kultur.

Die Ausschüsse tagen entweder in Brüssel oder in einem anderen Mitgliedstaat. Amtssprachen sind Arabisch, Hebräisch, Türkisch und alle Amtssprachen der EU. Die Arbeitssprachen sind Englisch, Französisch und Arabisch.[51]

Das oberste Ziel der EU ist im Rahmen dieser Partnerschaft die Errichtung einer umfassenden euro-mediterranen Freihandelszone EMFZ, welche mit zahlreichen Verträgen zwischen EU und Ländern der Mittelmeerzone schon weit vorangeschritten ist. Durch Kooperation in wirtschaftlichen, politischen und sozialen Bereichen soll Demokratisierung, aber auch eine langfristige Transformation der Partnerländer erreicht werden, wodurch eine *zunehmende Integration der Euro-Mediterranen Region* erreicht werden soll.

Diese Idee spiegelt auch ein Artikel von Peter Sutherland – Pate des WTO*-Abkommens, damals noch Vorstand von Goldman Sachs,

* WTO = World Trade Organization (Welthandelsorganisation)

derzeit Sondergesandter für Migration und Entwicklung beim UNO-Generalsekretär – vom März 2015 wider:

> … die EU-Außenminister sollten Gespräche mit afrikanischen Ländern intensivieren, um neue, legale und sichere Wege für die, welche in Gefahr sind und das Mittelmeer überqueren wollen, zu etablieren. Das könnte die Ausweitung von humanitären Arbeits- und Familienzusammenführungsvisa beinhalten, deren Anträge im Heimatland gestellt werden. Die EU sollte *Langzeitziele wie die Schaffung eines gemeinsamen Mittelmeermarkts* verfolgen, die den nordafrikanischen Wirtschaften erlauben zu wachsen und schließlich *die Region in eine Zielregion für Migration* transformiert anstelle einer Transitzone.[52]

Die »Chancen«, von denen die EU, aber auch viele Regierungen von EU-Mitgliedstaaten angesichts der Migrationskrise sprechen, müssen vor dem Hintergrund dieser Langzeitplanungen gewertet werden. Im Prinzip befürworten sie die derzeit stattfindende Migration als Chance zunehmender Integration des angestrebten eurabisch-nordafrikanischen »Freihandelsgroßreichs«.

Ein Beweis für EU-Planungen in dieser Richtung lieferte ein gemeinsamer Artikel mit der Überschrift »Europas Herausforderung durch die Immigration« von Peter Sutherland und der EU-Kommissarin für Innere Angelegenheiten Cecilia Malmström, in dem die beiden bereits im Juli 2012 ganz deutlich schreiben:

> Letztes Jahr während der Arabischen Revolution verpasste die EU eine historische Chance, damit anzufangen, die beiden Seiten des Mittelmeers zusammenzuweben.[53]

Die EU hätte damals Nordafrikanern ihre Türen öffnen müssen, so die beiden Autoren.

Kapitel 6

Der Zusammenbruch Libyens und die ungehinderte Migrationsbewegung nach Europa

Gaddafi must go

Die heutige Situation einer historischen Migrationswelle nach Europa hat die Zerstörung Libyens regelrecht zur Vorbedingung. Der einst säkulare Staat mit hohem Wirtschaftswachstum, dem höchsten Lebensstandard (vergleichbar mit Portugal oder Polen) und dem höchsten Pro-Kopf-Einkommen Afrikas, mit staatlich finanzierter Schulbildung und medizinischer Gratis-Versorgung, der auch schwarzafrikanischen Arbeitsmigranten eine bescheidene Perspektive bot, verwandelte sich 2011 binnen Monaten in einen »*failed state*« in der Hand islamistischer Banden bis hin zum IS.

Libyen war über Jahrzehnte zu einem wirtschaftlichen Stabilitätsanker für umliegende Staaten und darüber hinaus geworden: Nach der Revolution von 1969 zog es für den Wiederaufbau Bauarbeiter aus Tunesien, Lehrer aus Ägypten und Palästina sowie medizinische Kräfte aus Jugoslawien und Bulgarien an. Rund 2 Jahrzehnte später folgten aufgrund des relativ hohen Durchschnittslohns von fast 300 Dollar pro Monat Arbeiter aus Subsahara-Afrika, Westafrika und Asien. Deren monatliche Rücksendungen wurden zu einem bedeutenden, stabilisierenden Wirtschaftsfaktor für ihre jeweiligen Heimatländer.

Im Jahre 2008 kam Libyens Oberst Muammar al-Gaddafi zu einem wichtigen Aussöhnungspakt mit der ehemaligen Kolonialmacht Italien: Ende August 2008 erklärte sich Premierminister Silvio Berlusconi bereit, 5 Milliarden Euro Wiedergutmachung für die dreißigjährige italienische Besetzung Libyens (bis 1943) und die damaligen Zerstörungen zu zahlen.

Das Kompensationspaket war gleichzeitig ein Förderprogramm für die italienisch-libyschen Wirtschaftsbeziehungen, das Bauprojekte, Studentenstipendien und Renten für libysche Soldaten, die an der Seite Italiens im Zweiten Weltkrieg gekämpft hatten, enthielt, aber auch noch etwas anderes Wichtiges: Das Abkommen sollte illegale

Migration eindämmen helfen. Dafür wurde Libyen elektronische Überwachungstechnik im Wert von einer halben Milliarde Euro zur Verfügung gestellt, um die Menschenschmuggelaktivitäten an der libyschen Küste zu unterbinden.[54]

Das Geld für Gaddafi war verständlicherweise nach einiger Zeit aufgebraucht, das Problem der illegalen Migration über das Mittelmeer aber weiterhin aktuell. Gaddafi begann folglich, mit der EU für eine dauerhaftere Lösung zu verhandeln:

Im Mai 2010 gab er dem *Spiegel* ein Interview:

> ***Spiegel:*** In zurückliegenden Jahren sind Tausende ertrunken beim Versuch, von Afrika aus das Mittelmeer nach Europa zu überqueren. Was können Sie tun, um diese Tragödie zu beenden?
> **Gaddafi:** Die Europäische Union sollte jährlich über einen Spezialfond 5 Milliarden Euro an Libyen zahlen, um illegale Migration zu bekämpfen. Wir haben einen genau kalkulierten Plan, um dieses Problem zu lösen.
> ***Spiegel:*** Was für eine Art von Plan ist das?
> **Gaddafi:** Wir werden Wohnungs- und Beschäftigungsprojekte in den afrikanischen Herkunftsländern der Flüchtlinge organisieren, damit sie zu Hause bleiben. Dasselbe werden wir tun für diejenigen, die bereits in Libyen sind, ihnen einen Platz zum Leben geben und ihnen eine Arbeit beschaffen. Darüber hinaus bauen wir unseren Grenzschutz zu Lande und zu Wasser mit modernen Radargeräten und Fahrzeugen aus.[55]

Ein wahrhaft sinnvoller Vorschlag – und preiswert! Die EU-Kommission zierte sich jedoch, wich aus. Sie wollte schlicht das libysche Angebot herunterhandeln. Nur der italienische Außenminister Franco Frattini drängte darauf, anzunehmen.

Daraufhin wurde Oberst Gaddafi etwas deutlicher: Bei einem Besuch in Italien im September 2010 warnte er, Europa würde »schwarz«, falls es nicht rigoroser darin werde, schwarze Migranten abzulehnen. Der britische *Guardian* erinnerte daran, dass Libyen ein Schlüsselland für den Transit (*key transit point*) von Afrika nach Europa sei.[56]

Bis dato hatte Libyen im Rahmen eines Pilotprojektes von EU und Italien nur rund 20 Millionen Euro erhalten, und man meinte, Gaddafis Warnungen als hysterisch abtun zu müssen.

Auf dem Italien-Libyen-Gipfel in Rom im August 2010 mahnte Gaddafi eindringlich:

> Wir wissen nicht, was die Reaktion der weißen und christlichen Europäer sein wird, wenn sie sich einem Ansturm von hungernden und ungebildeten Afrikanern gegenübersehen. Wir wissen nicht, ob Europa ein fortschrittlicher und vereinigter Kontinent bleiben oder ob es zerstört wird, wie es bei den barbarischen Invasionen geschehen ist.[57]

Der damalige italienische Außenminister Frattini erkannte die Dringlichkeit einer Lösung sehr klar: Die EU müsse, so meinte er, eine Migrationspolitik zustande bringen, die Herkunftsländer der Migranten finanziell stark unterstützen und den Transitländern helfen, die große Bürde zu tragen.

Der Rom-Tripolis-Pakt von 2008 hatte die Migrantenzahl auf 7300 pro Jahr fallen lassen – und damit seine Wirksamkeit längst unter Beweis gestellt. Das änderte jedoch nichts am Handlungsbedarf im Blick auf die Zukunft.

Die geleakte Analyse von Europol, Eurojust und Frontex: 900 000 illegale Migranten kommen jedes Jahr in die EU

Libyen ist Fokus der zentralen Mittelmeerroute

Eine vertrauliche interne Analyse, »The Joint Report by Europol, Eurojust and Frontex on the State of Internal Security in the EU« der EU-Polizei- und Grenzagenturen, Europol, Eurojust* und Frontex,[58] die der Statewatch-Plattform zugespielt wurde, schreibt am 7. Mai 2010 von 900 000 (!) illegalen Migranten, die jedes Jahr insgesamt (nicht nur über die libysche Route) in die EU kommen.

Im Dokument heißt es erläuternd:

> Die Sicherheit der Grenzen wird gefährdet durch Gruppen, die die Schwächen des Transportsektors ausnutzen, auch durch Korruption und den Gebrauch nachgemachter, gefälschter und betrügerisch erworbener Dokumente, die ein unerlässliches Mittel für illegale Migration, Menschenhandel, die Angabe falscher Identitäten und Terrorismus sind.

Zum Thema innere Sicherheit in der EU heißt es weiter:

---

* Eurojust = Einheit für justizielle Zusammenarbeit der Europäischen Union; die Justizbehörde der Europäischen Union mit Sitz in Den Haag.

> Die meisten Bedrohungen für die innere Sicherheit in der EU kommen von außerhalb Europas oder haben eine klare Verbindung zu anderen Teilen der Welt. Das gesamte Heroin und Kokain zum Beispiel, das in Europa konsumiert wird, wird von einem anderen Kontinent hierher verbracht. *Dasselbe gilt für die 900 000 illegalen Migranten, welche die EU jedes Jahr betreten.* […]
>
> Das Risiko illegaler Migration von nord-, ost- und westafrikanischen Staatsangehörigen in die EU bleibt hoch aufgrund geografischer Nähe, großer wirtschaftlicher Ungleichheit im Vergleich mit der EU und beträchtlicher Gemeinschaften, die bereits in verschiedenen Mitgliedstaaten etabliert sind. Die westafrikanische Seeroute nach Spanien vom Senegal und von Mauretanien über die Kanarischen Inseln wird weiterhin von Westafrikanern genutzt.

Diese Einwanderungszahlen werden im Prinzip bestätigt durch ein Dokument der EU-Kommission, das im August 2014 unter dem Titel *The 2015 Ageing Report* erarbeitet wurde.[59] Darin heißt es im Kapitel zur Prognose von Netto-Migrationsströmen (nach Abzug der Fortzüge) in die EU:

> Der Nettozustrom fiel signifikant zwischen den Jahren 1992 und 1997, zum Teil wegen strengerer Kontrollen der Migrationsströme in den Hauptzielländern; aber er wuchs wieder mit Ende der 1990er-Jahre. Insgesamt hat sich die durchschnittliche jährliche Netto-Einwanderung in die EU mehr als verdreifacht; von ca. 198 000 pro Jahr während der 1980er-Jahre auf ca. 750 000 pro Jahr während der 1990er-Jahre. Eine hohe heimliche Migration markiert ebenfalls die Dekade der 1990er-Jahre. *Zu Beginn der 2000er-Jahre stiegen die Netto-Migrationsströme nach Europa deutlich an und erreichten im Jahr 2003 1,8 Millionen. Auf diesem Niveau blieben sie daraufhin.*

Interessanterweise prognostiziert der »Ageing Report« bis 2060 ebenfalls eine Gesamt-Nettoeinwanderung in die EU von 55 Millionen Menschen.

Diese statistischen Angaben sind allerdings etwas verwirrend. Während laut Bericht der EU-Kommission ab 2003 jährlich 1,8 Millionen Menschen in die EU einwanderten, sollen davon über Jahre nur einige Zehntausend in Deutschland gelandet sein?

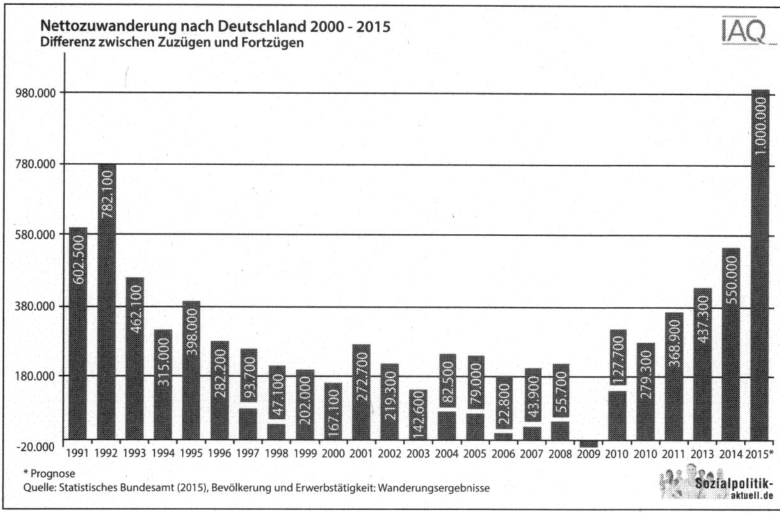

Zum Thema Libyen sagt der geleakte »Joint Report«:

> *Libyen bleibt ein Fokus der zentralen Mittelmeerroute nach Italien und Malta* trotz jüngster Erfolge bei der Unterbrechung dieser Eintrittsroute in die EU. Eine nachhaltige Unterbrechung dieser Routen könnte zu einer Verlagerung der Ströme anderswohin führen, zum Beispiel ins westliche Mittelmeer. Beweise dafür sind bereits augenfällig.
>
> Al-Qaida-assoziierte Gruppen wie al-Qaida im Islamischen Maghreb (AQIM) und al-Qaida auf der arabischen Halbinsel (AQAP) stellen keine direkte Bedrohung für die EU dar. Aber sie nutzen doch die EU als Plattform, um Terrorangriffe anderswo vorzubereiten und zu initiieren. Europol-Daten zeigen, dass 40 Prozent der Personen, die in der EU wegen des Verdachts islamistischer terroristischer Aktivitäten verhaftet wurden, in Nordafrika geboren sind.
>
> Schwache Staaten mit regierungsfreien Räumen, großer muslimischer Bevölkerung und sozioökonomischen Schwächen sind ein potenziell fruchtbarer Boden für islamistischen Terrorismus in der ganzen Region.[60]

Es ist an dieser Stelle festzuhalten, dass bereits im Mai 2010 EU-intern ganz andere Zahlen illegaler Migration in die EU vorlagen, als der europäischen Öffentlichkeit zugänglich gemacht wurden! Des Weiteren sind Polizei und Grenzagenturen die Gefahren der illegalen Migration wie der Import von islamistischem Terrorismus vollkommen bekannt. Auch die zentrale Rolle Libyens und sein Erfolg bei der Unterbrechung von Eintrittsrouten in die EU sind mit Stand 2010 unstrittig.

Libyen: ein wachsendes Zentrum für kriminelle Wirtschaft und Terroristenfinanzierung in der Trans-Sahara

Die Instabilität Libyens schuf eine noch nie da gewesene Gelegenheit für afrikanische Wirtschaftsmigranten, nach Europa zu gelangen, so eine Analyse des Norwegian Center for Global Analysis (»Libya: Criminal economies and terrorist financing in the trans-Sahara«[61]):

> Dieses lukrative Geschäft bewirkte eine dramatische Zunahme der Zahl der Gruppen, die in diesen Schmuggel verwickelt sind, wie die alteingesessenen nomadischen Stämme der Tuareg und Tebu, die momentan den Transit von rund 5000-20 000 Migranten pro Jahr von der Trans-Sahara nach Libyen organisieren.

Der Zerfall Libyens bewirkte laut UNO-Flüchtlingshilfswerk unter anderem auch die Flucht von 140 000 Ausländern aus dem immer chaotischer werdenden Land. Darunter waren viele Schwarzafrikaner, die sich unter den neuen islamistischen Machthabern rassistischer Verfolgung ausgesetzt sahen. Diese nunmehr heimatlos gewordenen Afrikaner trugen nach dem Sturz Gaddafis nicht unerheblich zum Anstieg der Migration nach Europa bei.

Die vom Westen unterstützten libyschen Rebellen veranstalteten unter anderem in der Stadt Tawergha Pogrome gegen schwarze Libyer, brandschatzten ihre Häuser, steckten sie in Käfige usw. Während Schwarzafrikaner den neuen Machthabern schutzlos ausgeliefert waren, hatten die europäischen Staaten ihre Staatsangehörigen rechtzeitig vor dem Umsturz aus dem Land geholt.[62]

Der gemeinsame Bericht des Norwegian Center for Global Analysis und der Global Initiative against Transnational Organized Crime mit dem Titel »Libya: A Growing Hub for Criminal Economies and Terrorist Financing in the Trans-Sahara«[63] (Libyen: ein wachsendes Zentrum für kriminelle Wirtschaft und Terroristenfinanzierung in der Trans-Sahara) vom 11. Mai 2015 wartet noch mit einigen anderen schlimmen Details zur Situation in Libyen auf:

Libyen sei zunehmend auch ein Anlaufpunkt für Migranten aus Syrien geworden, die über den Libanon und Ägypten nach Libyen geschleust werden. Es gebe aber auch wachsende Zahlen von Schleusungen von Afrikanern aus der Subsahara-Region.

> Dieses wachsende Geschäft bietet nun die wahrscheinlich größte und am leichtesten zugängliche Gelegenheit für kriminelle Geldgeschäfte sowohl für Netzwerke des organisierten Verbrechens als auch für bewaffnete Gruppen, um Waffen zu erwerben, um größere und regulärere Armeen zu unterhalten und Abgaben einzutreiben.

Die Einschätzung des Berichts über die Lage Libyens nach dem Sturz Gaddafis ist desillusionierend:

> Der Schmuggel von Migranten ist dramatisch angestiegen – sowohl von Libyen als auch von Tunesien aus. Das Gaddafi-Regime hatte mit verschiedenen Mitteln inklusive Abmachungen mit Italien den Strom von geschleusten Migranten und geschmuggelten Individuen zwischen beiden Ländern stark eingeschränkt: 2010 wurden nur 4500 Flüchtlinge aus dem Meer aufgegriffen. 2014 war ihre Anzahl auf mindestens 170 000 gestiegen, trotz der vorherrschenden Unsicherheit in ganz Libyen und den Gefahren der Mittelmeerüberquerung.

Von 4500 auf 170 000. Das sind die Ergebnisse einer gegen die Interessen Europas und überhaupt aller betroffenen Menschen gerichteten Politik der westlichen Wertegemeinschaft.

Erzwungene Migration

Leider ist das aber noch nicht alles. Der zitierte Bericht beschreibt eine noch üblere Sparte der Migration neben der illegalen (aber freiwilligen): die erzwungene Migration. Danach betreiben im Nach-Gaddafi-Libyen islamistische Milizen Gefängnisse für Migranten. Um ihre »*detention camps*« zu füllen, treiben sie »Migranten« zusammen und erpressen von den Familien ein Lösegeld für die Freilassung ihrer Angehörigen. Wenn diese das Geld nicht aufbringen können, müssen die Betroffenen oft monatelang arbeiten und sind schwerer körperlicher und nicht selten auch sexueller Ausbeutung ausgesetzt.

Danach verkaufen dann die Milizen die »Migranten« weiter an Schmuggler.

> Jedem, der über ein Boot verfügt, winkt ein beträchtlicher Profit, indem er damit Migranten hinaus aufs Meer schafft. Schmuggler kassieren üblicherweise zwischen 800 und 1000 Dollar pro Person für die Anreise durch Libyen und dann weitere 1500–1900 Dollar für die Bootsfahrt über das Mittelmeer. Oft erpressen sie das Geld mit Gewalt. Je nach Typ des Bootes kann eine Überquerung mit mehreren hundert Migranten gemacht werden. Sobald sie auf dem Meer sind, interessiert sich niemand mehr für die Migranten oder ihr Reiseziel, denn man geht davon aus, dass sie ohnehin an irgendeinem Punkt der Überfahrt gerettet werden.[64]

Nichts könnte klarer demonstrieren, dass ein vermeintlich humanitäres Handeln mit der Rettung möglichst aller Flüchtlinge im Mittelmeer ohne Augenmaß und Sinn für die Gesamtproblematik nicht nur nichts an dem Migrantenstrom ändern wird, sondern im Gegenteil nur die kriminellen Schmugglernetzwerke stärkt, ihre Kassen füllt und die Gier nach noch mehr Migranten und mehr Überfahrten und mehr ausgebeutete Menschen steigert. Besonders beunruhigend ist, dass mit dem vermeintlich humanitären Handeln auch noch die Kassen des Islamischen Staates gefüllt werden!

Ägypten schottete sich vermehrt gegen syrische Migranten ab, sodass diese sich seit 2015 für den Grenzübertritt mehr auf den Sinai verlegen, wo der IS im »Flüchtlingsgeschäft« aktiv ist.

> Das schafft Anreize, wodurch der IS seine Profite steigern kann, indem er den Migrationsstrom verschärft durch gezielte Angriffe auf Zivilisten und ihre Hauptwohngebiete oder auf Flüchtlingslager in Syriens Nachbarländern Jordanien und dem Libanon. Diese Methode wurde ausgiebig von kongolesischen Rebellen genutzt. Sie schufen eine Flüchtlingspopulation und organisierten dann anschließend die Flüchtlingslager. Das Steigern der Flüchtlingszahlen in Syrien und das Ermöglichen eines Systems des Handels mit Migranten kann so effektiv die Fähigkeit des IS steigern, sich stärker in Libyen zu etablieren.[65]

Die Schlussfolgerung, die der Lagebericht (»Policy Brief«) vom 11. Mai 2015 zum Problem der Migration und der besonderen Rolle Libyens zieht, sind eindeutig und hätten eine Richtschnur für politisches Handeln sein können. Der Bericht liefert aber ebenso für das Nichthandeln eine Bewertungsgrundlage:

> Von all den kriminellen Wirtschaftssystemen muss am dringendsten auf den Strom der Flüchtlinge über das Mittelmeer reagiert werden, denn zunehmende Ströme könnten ihrerseits zu einer weiteren finanziellen Etablierung radikaler Gruppen führen, die auf dem Sinai und in Ägypten in den Menschenhandel involviert sind und Verbindungen zu Libyen, Syrien und dem Irak haben einschließlich des IS. Eine weitere Zunahme organisierter krimineller Schmugglernetzwerke ist möglich einschließlich Routen nach und aus Jordanien sowie Transitrouten nach Libyen und Ägypten. Das Steigern der Zahlen der Flüchtlinge, die aus Syrien kommen, besonders aufgrund von Angriffen des IS bei Damaskus (wie wir es um Flüchtlingslager herum beobachtet haben), kann so das System des Migrantenschmuggels und Menschenhandels fördern. Das steigert in beträchtlichem Umfang die Fähigkeit bewaffneter Gruppen, sich nachhaltiger in Libyen festzusetzen und über den Irak und Syrien hinaus Einkommensquellen zu gewinnen.[66]

Das hier eingehend zitierte Dokument ist seit Mai 2015 öffentlich zugänglich und hat besonderes Gewicht. Der »Policy Brief«, also eine Kurzanweisung für politisches Handeln, wurde gemeinschaftlich vom Norwegian Center for Global Analysis (Rhipto) und der Global Initiative against Transnational Organized Crime verfasst. Das norwegische Center wurde seinerzeit gegründet, um der UNO schnelle Handlungsfähigkeit zu ermöglichen, indem man sie mit raschen und rechtzeitigen Informationen und Analysen über aufgetretene Risiken in den Bereichen Umwelt, Entwicklung, Frieden und Sicherheit belieferte.

Die Global Initiative against Transnational Organized Crime ihrerseits ist ein Zusammenschluss prominenter Vertreter von Strafverfolgungsbehörden, Kriminologen, Regierungsbehörden und Entwicklungsfachleuten.

Im Hinblick auf die Geschehnisse im Verlauf des Jahres 2015 stellt sich die Frage, ob Analysen wie die oben vorgestellte von Regierungsverantwortlichen oder ihren Beraterstäben überhaupt gelesen werden, und wenn ja, warum die Handlungsempfehlungen vorsätzlich missachtet wurden und weiterhin werden.

Am 4. Februar 2016 warnte das Europäische Parlament in einer Entschließung vor einer weiteren Ausbreitung der Dschihadistenmiliz in Libyen. Die Aktivitäten des IS seien eine Bedrohung nicht nur für die Nachbarländer Libyens und die Sahel-Zone, sondern auch für die Europäische Union.[67] Was für ein merkwürdiges Verständnis von Politik! Die EU weiß seit Jahren von einem dringenden Handlungsbedarf. Warnungen in der Öffentlichkeit auszustoßen ersetzt offensichtlich zunehmend konkretes politisches Handeln sowohl auf europäischer als auch auf nationaler Ebene.

Kapitel 7

EU-Pläne zur Lösung des »demografischen Problems«: Massiver Import von Menschen

Das Europäische Parlament widmete sich in einer Serie von Hintergrunddossiers 2008 intensiv dem Thema »Demografie in der EU«. Ausgangspunkt waren Statistiken und Prognosen der statistischen Behörde Eurostat. Im Beitrag »Europas demografisches Defizit« ist zu lesen:

> Die EU zählt heute fast eine halbe Milliarde Menschen und ist eine führende Wirtschaftsmacht. Doch Europas Position ist gefährdet, wenn sich die aktuellen Geburtenraten in den nächsten Jahrzehnten fortschreiben. *Eine Bevölkerungsabnahme dürfte auch ein Stagnieren der Wirtschaft mit sich bringen. Europas Wirtschaft ist auf Arbeitskräfte und Verbraucher angewiesen* und unsere Sozialsysteme auf ein ungefähres Gleichgewicht zwischen arbeitender Bevölkerung und Rentnern.
>
> Vor einem Jahrhundert lebte über 15 Prozent der Weltbevölkerung in den Ländern der heutigen EU. Aktuell sind es noch gut 7 Prozent, aber bis 2050 dürfte der Anteil nur noch 5 Prozent betragen.[68]

Es wird deutlich, was die EU umtreibt: Ein gewisser langsamer Bevölkerungsrückgang würde den Fetisch Wirtschaftswachstum infrage stellen und die Absätze und Gewinne der Konzerne schmälern.

> Absehbar ist auch, dass Wirtschaftswachstum und Innovationsfähigkeit gefährdet sind, wenn Nachwuchs fehlt und die Bevölkerung schrumpft, also weniger Menschen zur Wertschöpfung beitragen. Weniger Menschen bedeuten fast schon automatisch auch ein Schrumpfen der Volkswirtschaft.[69]

Die EU sieht als großes Problem an, was normal ist: dass hochentwickelte Volkswirtschaften ab irgendeinem Punkt einen gewissen Sättigungsgrad erreichen und auf hohem Niveau, aber ohne nennenswertes Wachstum wirtschaften. Die Welt ist endlich, unendliches Wachstum ließe sich nur mit einem massiven Import von Konsumenten fortschreiben.

Das EU-Hintergrunddossier blendet aus, dass es zum Beispiel in Japan, wo bereits Jahrzehnte früher als in Deutschland und anderen europäischen Ländern ein Bevölkerungsrückgang eintrat, trotzdem zu Innovationen und stetiger Steigerung der Produktivität und Effizienz in der Wirtschaft kam. Gerade Letzteres muss und kann auch zur Finanzierung der Renten und Pflegekosten herangezogen werden.

Der Bericht erklärt furchtsam:

> Auch die Gesundheits- und Pflegekosten könnten zu Problemen führen, wenn immer weniger aktive junge Arbeitnehmer das Gesundheitssystem für immer mehr ältere Menschen finanzieren müssen.[70]

Das geopolitische Gewicht Europas in der Welt würde in Zukunft relativ gesehen – so die Befürchtung der EU-Eliten – durch einen Bevölkerungsschwund sinken. Ganz abgesehen von sinkenden Steuereinnahmen. Ein Problem, das wohl kaum die allgemeine Bevölkerung umtreibt! Der Schrumpfungsprozess ist seit Jahrzehnten bekannt. Nicht jedoch, dass die EU Programme zu einer wirksamen Bevölkerungspolitik angeregt hätten. Daher sind die vorgebrachten Argumente für den geplanten und angeblich unumgänglichen Menschenimport in die EU auch leicht als vorgeschoben zu entlarven!

In dem Dossier »Zuwanderung als Lösung?« wird geraten, das hohe Zuwanderungsniveau zur EU der Jahre 2004/2005 von 2 Millionen Menschen pro Jahr zu halten. »Millionen von Zuwanderern integrieren?« fragt der Bericht, dies ist jedoch mehr rhetorisch gemeint:

> Laut einer Veröffentlichung der EU-Kommission wären *bis zum Jahr 2050 rund 56 Millionen Arbeitsimmigranten notwendig*, um den Rückgang der »einheimischen« Bevölkerung innerhalb der EU zu kompensieren. Dies würde besonders große Länder mit niedriger Geburtenrate wie Deutschland, Spanien, Italien und Polen betreffen.

Nun ist der Bericht für das EU-Parlament aber nicht so realitätsblind anzunehmen, dass solche Zahlen ohne Widerspruch der Bevölkerung hingenommen würden. Verstärkte Integrationsanstrengungen müssen daher Teil der Politik sein:

> Allerdings stellen sich in den meisten Staaten auch deutliche Probleme hinsichtlich der Integration von Zuwanderern und den damit verbundenen Ängsten der Bevölkerung. Laut Eurobarometer-Umfragen sehen nur rund 40 Prozent der EU-Bevölkerung die Zuwanderung als etwas Positives an. Verstärkte Anstrengungen zur Eingliederung der Zuwanderer seien daher notwendig, so Françoise Castex in ihrem Berichtsentwurf.

Die Französin Castex ist Mitglied des Europaparlaments (Parti socialiste) und bereitete einen Bericht zur demografischen Zukunft Europas für das Parlament vor. Ihrer Ansicht nach ist …

> Zuwanderung aus wirtschaftlichen aber auch gesellschaftlichen und kulturellen Gesichtspunkten positiv zu bewerten.[71]

Interessanterweise heißt es in der deutschen Version des Berichts für das EU-Parlament von Mme Castex, 56 Millionen »Gastarbeiter« müssten bis 2050 in die EU kommen, im englischsprachigen Bericht ist von »*immigrant workers*« die Rede. Die zugrunde gelegte Studie »Europe's demographic future: Facts and figures on challenges and opportunities«[72] der Europäischen Kommission vom Oktober 2007 spricht dagegen von »*persons*«.

> Ungefähr 56 Millionen Personen, die ins Land kommen und einen Job finden, würden gebraucht, um die prognostizierte Schrumpfung der Bevölkerung der EU-27 im arbeitsfähigen Alter auszugleichen.

Länder, in denen eine höhere Geburtenrate typisch sei, zum Beispiel Irland, benötigten keine Arbeitsmigranten. Andere Mitgliedsländer wie Deutschland, Spanien, Italien und Polen benötigten »*ganz dramatische Zahlen von Einwanderern*«. Alles in allem müsse die Nettoimmigration deutlich über dem Niveau der vergangenen Jahrzehnte liegen, um den Rückgang der arbeitenden Bevölkerung wettzumachen. Da die EU eine Migrationsagenda hat, ist sie auch über illegale Zuwanderung nicht sonderlich beunruhigt oder darüber, dass man nicht weiß, wie viele »irreguläre« Einwanderer genau sich überhaupt auf europäischem Boden aufhalten. Schon 2008 heißt es in dem Papier: »Wie können wir angesichts der Alterung Europas seinen demografischen Abstieg bekämpfen?«:

> Das andauernde Problem illegaler Einwanderung in EU-Länder überschattet weiterhin die Versuche, den Zustrom zu managen. Die Anzahl von Staatsangehörigen aus Drittstaaten in einer »irregulären Situation« in der EU scheint nach sich etwas widersprechenden Schätzungen zwischen 4,8 und 8 Millionen zu liegen. Zurzeit sucht die EU nach einer einheitlichen Einwanderungspolitik.[73]

Ist der gefühlte Kontrollverlust des Jahres 2015 also eigentlich der Normalfall in Ländern der Europäischen Union? Und sind die Ereignisse der unkontrollierten Flüchtlingsströme von 2015 in Wirklichkeit der Versuch der EU, zu einer »einheitlichen Einwanderungspolitik«, einem gemeinsamen »Management«, zu gelangen?

Die Zukunftsprognosen der EU bis 2050 und die geforderte Anzahl von Einwanderern sind insgesamt seltsam, gehen sie doch davon aus, dass so etwas wie ein technischer Fortschritt, der bisher langsam, aber sicher zum Verlust von Arbeitsplätzen führte, offenbar zum Stillstand kommen wird. Die Länder der EU würden nach dieser Zukunftssicht auf immer gleichem technischem Niveau wirtschaften, eine Robotisierung und eine zunehmende Automatisierung kämen zum Erliegen.

Doch wenn wir diese Tendenzen zu mehr Automatisierung und Effizienz fortschrieben, wäre ein gewisser Schrumpfungsprozess der Bevölkerung nicht unbedingt dramatisch. Andernfalls wären die Mitgliedstaaten der EU wie Fässer, die immer denselben Füllgehalt an Menschen haben müssen, da ein immer gleiches Wirtschaften auf demselben technischen Niveau auch in den nächsten Jahrzehnten erwartet wird. Kann das eine realistische Vorstellung sein? In jedem Fall scheint für die Migrationsagenda der EU ein Mix aus unterschiedlichen Motiven vorzuliegen:

- Machtpolitik
- Angst vor geopolitischem Bedeutungsverlust
- Gier nach Steigerung und Fortschreiben der Profite von Konzernen

Und wenn es der EU wirklich um Demografie ginge: Warum setzte sie sich nicht schon vor Jahrzehnten EU-weit für eine Bevölkerungspolitik mit Steuerbefreiung von Familien, günstigen Familiendarlehen etc. ein? Worum geht es der EU wirklich? Hier müssen wir noch weiter nachhaken.

Kapitel 8

Die Abschaffung der europäischen Nationalstaaten durch Errichtung eines europäischen Einheitsstaats

> Ohne ein Vereinigtes Europa gibt es keine sichere Aussicht auf eine Weltregierung. Die Vereinigung Europas ist ein dringender und unverzichtbarer erster Schritt zur Verwirklichung dieses Zieles.[74]
>
> — WINSTON S. CHURCHILL

Schon länger arbeiten selbst ernannte Vordenker aus Denkfabriken und Stiftungen an einem schönen, neuen Europa, einem Einheitsstaat, in dem es keine nationalen Besonderheiten mehr gibt, sondern überall dieselben Gesetze und Regeln durchgesetzt wurden. Lediglich regionale Eigenheiten werden noch geduldet, jedoch gibt es in dieser Vision keine nationalen Interessen mehr. Nichts weniger als die Europäische Republik soll das Endprodukt sein.

Das Postulat, keine nationalen Interessen mehr zu kennen, ist dabei ein wenig komisch und auch sehr deutsch. Denn es ist die spezifische deutsche Lehre aus der deutschen Geschichte mit zwei verlorenen Weltkriegen, die einige Intellektuelle ziehen mögen. Wenn man in umliegenden Ländern von der völligen Aufgabe nationaler Interessen spräche, etwa in Polen, so würde dies als deutsche Anmaßung und als wirklichkeitsfern gelten.

Dabei sprach es schon der erste Präsident der Europäischen Kommission, Walter Hallstein, ein Deutscher, sehr deutlich aus, hier zitiert in der FAZ vom 28. März 2013:

> »Die Abschaffung der Nation ist die europäische Idee!« – ein Satz, den weder der heutige Kommissionspräsident noch die gegenwärtige deutsche Kanzlerin wagen würde auszusprechen. Und doch: Dieser Satz ist die Wahrheit.[75]

Die EU ist jedoch in einer Dauerkrise und weit davon entfernt, für ihre Politik Begeisterungsstürme zu entfachen. Die Währungsunion funktioniert nicht, eine allgemeine Aufbruchstimmung ist nicht in Sicht. Bundespräsident Joachim Gauck benannte das Problem in einer Grundsatzrede im Februar 2013 folgendermaßen:

> Die Krise hat mehr als nur eine ökonomische Dimension. Sie ist auch eine Krise des Vertrauens in das politische Projekt Europa.[76]

Als Heilmittel der Probleme wird ein Vereinheitlichungsprozess auf allen Ebenen gefordert, einschließlich einer gemeinsamen Migrations- bzw. Einwanderungspolitik: Gauck weiter:

> Wir brauchen eine weitere innere Vereinheitlichung. Denn ohne gemeinsame Finanz- und Wirtschaftspolitik kann eine gemeinsame Währung nur schwer überleben. Wir brauchen auch eine weitere Vereinheitlichung unserer Außen-, Sicherheits- und Verteidigungspolitik, um gegen neue Bedrohungen gewappnet zu sein und einheitlich und effektiver auftreten zu können. Wir brauchen auch gemeinsame Konzepte auf ökologischer, gesellschaftspolitischer – Stichwort Migration – und nicht zuletzt demografischer Ebene.[77]

Was Gauck einfordert, wäre nichts anderes, als die verbliebene Restsouveränität der europäischen Staaten aufzulösen und mit der total vereinheitlichten Europäischen Republik Ernst zu machen. Gauck ruft in der besagten Rede den austrittswilligen Briten zu:

> Ihr habt mit eurem Einsatz im Zweiten Weltkrieg geholfen, unser Europa zu retten – es ist auch euer Europa. Lasst uns weiter gemeinsam um den Weg zur europäischen Res publica streiten, denn nur gemeinsam sind wir den künftigen Herausforderungen gewachsen.

Eine europäische Res publica – da war er, der elitäre Plan einiger EU-Visionäre. Zu diesen elitären Vordenkern gehört maßgeblich auch Ulrike Guérot vom European Council on Foreign Relations, welche unseren Bundespräsidenten auch schon mal auf Staatsbesuchen begleitet.*

---

* Sie schrieb das Buch *Warum Europa eine Republik werden muss! Eine politische Utopie* (2016).

Ulrike Guérot bewegt sich seit vielen Jahren in US-amerikanischen oder transatlantischen Einrichtungen. Nach einem Politikwissenschaftsstudium war sie 1998 bis 2000 Juniorprofessorin an der Paul H. Hitze School for Advanced International Studies im Fachbereich European Studies an der Johns Hopkins University, Washington, D.C. Anschließend hatte Guérot eine Funktion in der Deutschen Gesellschaft für Auswärtige Politik (DGAP) in Berlin.

Ab 2004 wirkte Guérot 3 Jahre lang als wissenschaftliche Mitarbeiterin beim German Marshall Fund of the United States, einer US-amerikanischen Stiftung, die sich der Förderung der transatlantischen Beziehungen in Politik, Wirtschaft und Gesellschaft verschrieben hat. Die Stiftung wurde 1972 aufgrund einer Geldschenkung durch die Bundesrepublik Deutschland als Dank für den sogenannten Marshall-Plan der Nachkriegszeit errichtet.

Von 2007 bis 2013 leitete Ulrike Guérot das Berliner Büro des European Council on Foreign Relations (ECFR), einer Denkfabrik, die eng an den Council on Foreign Relations der Vereinigten Staaten angelehnt ist. Dort erforschte sie unter anderem den europäischen Integrationsprozess und das deutsch-amerikanische Verhältnis. 2014 gründete sie mit einer weiteren Forscherin das European Democracy Lab, deren Direktorin sie auch ist.

Ihr Büro in Berlin befindet sich direkt neben dem Büro der radikalen Aktivistengruppe um Philipp Ruch, dem »Zentrum für Politische Schönheit«, worauf Guérot eigens hinweist.[78]

> Die »aggressiven Humanisten« und Aktivisten im Sinne einer uneingeschränkten Migration nach Deutschland machten 2015 mit der Aushebung von Gräbern vor dem Berliner Reichstagsgebäude auf sich aufmerksam und bestatteten vor Ort die Leichen von ertrunkenen Mittelmeerüberfahrern, die sie andernorts exhumiert hatten. Mit dieser Schockaktion versuchten Ruch und Mitstreiter Schuld zuzuweisen und Schuldgefühle in der deutschen Öffentlichkeit zu verankern.

Im April 2016 wurde die Visionärin auf einen Lehrstuhl für Europa-Politik und Demokratieforschung an die Donau-Universität Krems berufen.

Für die Verlautbarungen Guérots, welche die Migrationspolitik betreffen, ist auch bedeutsam, dass sie als »Seniorpartnerin Deutschland« mit der Open Society Initiative for Europe zusammenarbeitet, welche durch den vorbestraften Multimilliardär George Soros finanziert wird, dessen wichtige Rolle beim Themenkomplex »Migration« im Weiteren noch ausführlich dargelegt wird.

Kompletter Umbau Europas hin zu einer nachnationalen globalen Demokratie mithilfe der Migrationsagenda

Bei einem Auftritt bei re:publica im Mai 2015 unterbreitet Guérot forsch die weiteren Pläne, die sie für uns alle hat:

> Wir haben uns etwas ganz Großes vorgenommen – nämlich den kompletten Umbau von Europa. Die Vereinigten Staaten von Europa – das war gestern. Europäische Republik – das ist morgen![79]

Wer ist »wir«?, so fragt man sich. Spricht die Dame im Pluralis Majestatis, oder spricht sie eher von einer elitären Gruppe von EU-Strategen und »Visionären«, welche das Leben von einer halben Milliarde Menschen ungefragt und ohne demokratische Legitimierung auf immer zu verändern trachtet?

Und wer oder was ist re:publica? Offensichtlich einfach nur eine öffentlich wirksam agierende Plattform, wo Vertretern der Migrationsagenda eine Bühne geboten wird. Gesponsert wird das Ganze von zumeist international agierenden Unternehmen:

> Die re:publica pflegt zudem enge Partnerschaften mit ihren Sponsoren. Eine Auswahl der letzten Jahre: Daimler AG, comdirect bank AG, *Spiegel Online,* Medienboard Berlin-Brandenburg, Microsoft Deutschland GmbH, IBM Deutschland, Sony, Deutsche Bank, Konrad-Adenauer-Stiftung, Deutsche Telekom, Google Deutschland GmbH, WWF, Hewlett-Packard GmbH, sipgate, ARD, Vodafone und viele mehr.[80]

Gleich zu Anfang ihrer Rede bei re:publica wird Guérot gehässig:

> Im Gegensatz zu denen also, die auf der anderen Seite von Unter den Linden das Schloss der Hohenzollern nachbauen wollen, haben wir uns vorgenommen, die erste wirkliche *nachnationale globale Demokratie* zu bauen. [Beifall brandet auf.] Es ist mir darum eine große Ehre, zur Lage Europas sprechen zu dürfen.

Guérot attestiert korrekt eine völlige Reformunfähigkeit der EU: Europa sei eine Technokratie geworden, man habe sich auf dem Weg »nach Europa« verlaufen, das gegenwärtige System könne nicht mehr reformiert werden.

»Dieses Europa ist erschöpft, es ist reformunfähig, es ist nicht mehr mehrheitsfähig.« Das Modell der sogenannten Vereinigten Staaten von Europa werde in Deutschland, Frankreich und Großbritannien nur noch von 30 Prozent der Bürger unterstützt. Mehr als die Hälfte der Europäer seien mit der bestehenden Demokratie der europäischen Staaten nicht mehr zufrieden. Daher taugten die Vereinigten Staaten von Europa nicht mehr als politische Idee. Das System sei in der »populistischen Schockstarre«.

Die EU-Eliten haben gemerkt, dass ihr Projekt erheblich ins Stocken geraten ist. Jetzt versuchen sie, nicht mit in den Strudel der Probleme gerissen zu werden, die sie selbst zu verantworten haben, sondern schnell ein alternatives Projekt zu bewerben und zu beklatschen, um das Heft des Handelns in der Hand zu behalten.

Guérot zitiert die Diagnose Antonio Gramscis, eines italienischen marxistischen Philosophen:

> »Die alte Welt liegt im Sterben, die neue ist noch nicht geboren. Es ist die Zeit der Monster.« Genau das ist die Situation, in der sich Europa heute befindet.

Auch der kürzlich verstorbene Soziologe Ulrich Beck wird mit seiner Diagnose zum Zustand der EU beipflichtend wiedergegeben:

> Solange wir den Staaten die Autorität über die europäische Integration überlassen, so lange kann Europa nicht werden.

Nur wie kann man den europäischen Nationalstaaten ihre Autorität wegnehmen? Ein äußerst wirksames Mittel ist Migration. Auch dazu hat Guérot im Auftrag ihrer Sponsoren schon Großes angedacht.

Immerhin, Ulrike Guérot setzt für den Prozess des völligen Abdankens der europäischen Nationalstaaten noch ca. 30 Jahre an. Die Konzepte eines Richard Coudenhove-Kalergi, eines der Väter »Europas«, Begründer der Pan-Europa-Union und Visionär einer »eurasisch-negroiden« Zukunftsrasse, oder eines Aristide Briand hätten sich schließlich auch erst nach ca. 30 Jahren verwirklicht, sinniert sie.

In einer Videobotschaft als Direktorin des »European Democracy Lab«, die sie Anfang Mai 2016 ins Netz stellte, beklagt die Professorin, dass in der EU die Gleichheit der Bürger »vor den Steuern, vor dem Recht und vor dem Wahlrecht« noch nicht hergestellt sei, weswegen das Projekt Europäische Republik behindert werde. Sie erkennt die Restsouveränität europäischer Staaten als eigentlichen Feind des Fortschreitens der Vereinheitlichung innerhalb der EU und als eigentlichen Schuldigen von Euro- bis Migrationskrise:

> Und deswegen funktioniert auch die EU als Politische Einheit nicht. Das kriegen wir gerade allenthalben vorgeführt: Brexit, Grexit, Flüchtlingskrise usw. Insofern steht die Souveränität der Nationalstaaten gegen das Projekt Europa. […]
>
> Im Übrigen darf man daran erinnern, dass schon zu der Gründungszeit in den Fünfzigerjahren, als der europäische Gedanke von Walter Hallstein und Robert Schuman begründet wurde, *die Überwindung der Nationalstaaten das eigentliche Ziel der europäischen Integration gewesen ist.* Und in der augenblicklichen Dystopie, wo wir Populismus, Nationalismus in Europa sehen, war es mir ein Anliegen, nochmal daran zu erinnern, dass die Europa, die Frau, die auf dem Stier geritten ist, ein Zeichen der Grenzenlosigkeit ist und dass wir uns dieser Grenzenlosigkeit wieder erinnern und *dass wir uns organisieren nicht in souveränen Nationalstaaten,* sondern als europäische Bürger in einer europäischen Republik, damit Europa dem Gemeinwohl dienen kann.[81]

Der Stier, so werden manch belesene Leser vermutlich wissen, war eigentlich der Göttervater Zeus, der seine Gattin Hera betrügen wollte und deshalb die Gestalt eines Stiers annahm, um nicht erkannt zu werden. Er entführte Europa auf seinem Rücken, um sie in Ruhe vernaschen zu können – wohl eher ein Symbol göttlicher moralischer Grenzüberschreitungen denn »Grenzenlosigkeit« …

Ulrike Guérot ist auch noch Urheberin für andere Ideen. 2015 überraschten Vorschläge deutscher Architekten, für Migranten in Deutschland ein Neu-Aleppo aufzubauen. Auch hier handelte es sich ursprünglich offensichtlich um Visionen aus dem Laboratorium von Madame Guérot:

Sie anerkennt gegenüber dem *Deutschlandfunk* am 25. Februar 2016 (in der Sendung »Lassen wir Flüchtlinge eigene Städte nachbauen«)[82] durchaus realitätsnah, dass die große Zahl der Neuankömmlinge für »Probleme und Unruhe« sorgten. Sie fährt damit fort, das Integrationskonzept der Politik anzuzweifeln und …

> dass wir einfach nicht jeden innerhalb von 3 Jahren zum fließend alphabetisierten Deutschen machen. Wenn ich jetzt nach Arabien gehen müsste und innerhalb von 3 Jahren Arabisch lernen müsste, Schrift, Sprache und da arbeiten müsste, und dann würde man mir nach 3 Jahren sagen, du hast das jetzt aber nicht toll gelernt …

Gewiss, Frau Guérot ist beizupflichten, so wäre es vermutlich. Wer jetzt aber Bodenständigkeit bei ihr vermutet, wird erstaunt durch die Zukunftsvision, welche sie für die nicht so schnell zu Integrierenden bereithält: Segregation statt Integration! Segregation als eine Form von Toleranz unter dem Dach des gleichen Rechts. Als historisches Beispiel dient ihr die Auswanderung von Europäern nach Amerika. Dort hätten Migranten auch ihre alten Städte nachgebaut.

Das ist richtig. Nur war und ist Amerika ein Land der unendlichen Weiten, das die Ureinwohner ausgerottet hatte, keinerlei Wohlfahrtssystem bot, außer vielleicht Quaker-Speisungen im Notfall – eben nicht ein äußerst dicht besiedelter Kontinent, auf dem die Ureinwohner zumeist noch vorhanden sind, die auf tausendjährige, gewachsene Strukturen zurückblicken können, mit einem hoch entwickelten Sozialstaat, insbesondere in einem Hochtechnologiestandort namens Deutschland.

Das ficht die Demokratieforscherin jedoch nicht an. In einem Manifest, das sie mit dem österreichischen Schriftsteller Robert Menasse verfasste, schrieben die beiden:

> »Weg mit den Grenzen. Her mit den Flüchtlingen, egal wie viele, egal wie viele, egal woher sie stammen.« Und: »Jeder Mensch muss in Zukunft das Recht haben, nationale Grenzen zu durchwandern, und sich dort niederlassen können, wo er will.«

Dem Interviewer der erwähnten Sendung im *Deutschlandfunk* wird etwas bang ums Herz. Er fragt die tollkühne Dame:

Interviewer: Wie viele Millionen Menschen würden denn wohl dieses Gastrecht in Europa in Anspruch nehmen?
Guérot: Das wissen wir nicht. Was wir wissen, ist, dass wir Zahlen haben, dass im Moment 60 Millionen Flüchtlinge unterwegs sind. [...] es gibt ja viele Leute, die gar nicht mehr von Flüchtlingen sprechen, sondern wir haben natürlich Weltwanderungsbewegungen oder Völkerwanderungen, wie wir das alle in den Geschichtsbüchern gelernt haben, damals im 6. Jahrhundert nach Christus, wo die große Völkerwanderung war. Erinnern wir uns übrigens auch, dass der Europäer schlechthin natürlich aus Afrika kam. In Urzeiten der Menschheitsgeschichte ist es so: Jeder Europäer hat afrikanische Wurzeln. Das müssen wir schon immer noch mal mitdenken, dass die Welt immer mobil war für die Menschen.

Aber selbst wenn wir alle eigentlich unterpigmentierte Afrikaner wären, wie soll uns diese »Erkenntnis« nebst der Tatsache einer Völkerwanderung vor vielen Jahrhunderten zur Entscheidungshilfe bei der Behandlung der aktuellen Migrationsbewegung werden? Offensichtlich mag sich Guérot lieber nicht genauer mit den Zerfallserscheinungen des untergehenden Roms während der Völkerwanderungszeit beschäftigen oder sich gar die Folgen zum Beispiel für den Sozialstaat ausmalen, wenn die 60 Millionen der derzeitigen Völkerwanderung sich hauptsächlich Deutschland als Zielland auserkiesen würden – sie stellt lieber ein völlig neues Konzept vor.

Statt die vielen Teilnehmer der »Weltwanderbewegung« zu integrieren, Anpassung einzufordern und einer Leitkultur zu unterwerfen, was die Aufnahmegesellschaften zu sehr »stressen« würde, sollen diese einfach ihre zurückgelassene Welt in Europa neu errichten dürfen. Dieses Konzept einer neuen Toleranz ist für Guérot ganz einfach die faktische Segregation, die Einrichtung von Parallelgesellschaften!

Dem Interviewer des *Deutschlandfunks* wird es ob der geistigen Kühnheit Guérots erneut blümerant. Er fragt ungläubig:

Interviewer: Also [man] schafft ein, zwei, viele Parallelgesellschaften?
Guérot: Das könnte man so behaupten. Aber wir haben einfach mal geguckt, was denn in der Geschichte passiert ist, wenn es um Flüchtlinge ging. Als zum Beispiel die Europäer geflohen sind im 18., 19. Jahrhundert nach Amerika, aus politischen Gründen oder auch wegen Hungersnöten, dann haben die ihre Städte nachgebaut.

Die Politikwissenschaftlerin zählt auf, welche Städte in der neuen Welt nach dem Vorbild der Alten wieder errichtet wurden, vergisst aber dabei, dass es bei den Auswanderern um Menschen desselben Kulturkreises ging, was auch dem Interviewer auffällt. Er fragt nach, und die Befragte muss zugeben: »Ja, das stimmt. Da habe ich auch keine Antwort darauf.« Und daher müsse man eben das alte Konzept erweitern und übertragen und nun eben Neu-Aleppo und Neu-Damaskus bauen.

Wir erinnern uns: Die Eliten der Denkfabriken und der europäischen Demokratie-Laboratorien haben für die Durchsetzung ihrer Projekte die nationale Souveränität und den Nationalstaat als erklärten Feind ausgemacht. Was könnte diese effektiver über die Klippe stoßen als die Freigabe der nationalen Territorien zur Neubesiedelung durch Teilnehmer der »Weltwanderbewegung«, die sich in multiplen Parallelgesellschaften zum Beispiel in Deutschland organisieren?

Wer die Visionen Ulrike Guérots für intellektuelle Fieberfantasien und verantwortungslose Menschenexperimente hält, irrt. Denn zum einen findet Segregation und damit eine Aufsplitterung des Nationalstaates in Europa und auch in Deutschland längst statt, und zum anderen können wir eine Beschleunigung des offensichtlich erwünschten und geförderten Prozesses zukünftig erwarten. Der Deutsche Architektentag jedenfalls stellte seine Jahreskonferenz unter das Motto »Städte für Flüchtlinge«.

Angela Merkels politische Entscheidung, während der Migrationskrise 2015 keine Entscheidung zu treffen, die möglicherweise deutsche nationalstaatliche Interessen im Blick gehabt hätte, erhebt sie im Wissen um die Bedeutung des Keine-nationalen-Interessen-Habens für die Weiterentwicklung des Projektes EU zu einer Ikone sowohl der »Wanderbewegung« als auch der europäischen Integrationsbewegung. Beide Bewegungen sind aufs Engste miteinander verknüpft. Wir sollten Merkels Nichthandeln daher nicht als Unfähigkeit oder Passivität interpretieren, sondern im Gegenteil als aktive Förderung der Migrationsagenda, welche der EU für ihre weiteren Vorhaben und Projekte so wichtig ist.

Ulrike Guérot liefert uns dankenswerterweise aber auch noch einen weiteren Schlüssel für die Politik Angela Merkels, die vielen ganz zu Unrecht bisher etwas kryptisch erschien, insbesondere was die völlige Öffnung der Grenzen im September 2015 betrifft. Guérot schrieb in einem Artikel für den britischen *Telegraph* (»Angela Merkel bezahlt einen hohen Preis dafür, ihren Willen zu bekommen«) eine Interpretation ihrer Politik, welche sehr schlüssig im transatlantischen Argumentationskontext erscheint.

Dabei geht es nämlich stets darum, Deutschland davon zu überzeugen, mehr »Verantwortung« zu übernehmen in der Welt. Mit »Verantwortung« ist letztlich stets militärisches Engagement in fernen Weltgegenden gemeint, die plötzlich als im deutschen Interesse liegend bezeichnet werden, obwohl es – andererseits – doch ein solches nicht mehr geben kann bzw. darf. Wahlweise betreffen diese Gegenden auch die Interessen der sogenannten westlichen Wertegemeinschaft.

Die Interpretation Guérots ist sehr aufschlussreich. Folgte man ihr, hätte Angela Merkel im Sommer 2015 vor allem US-Interessen bedient. Ja, wir hätten dem Prélude zu einer verstärkten Übernahme von Verantwortung in der Welt durch die Deutschen beigewohnt, sprich dem Vorlauf zu einem Engagement bzw. militärischen Eingreifen in Nahost.

Guérot:

> Es gibt da auch noch einen größeren Zusammenhang. Merkel versucht, Deutschland dazu zu bewegen, eine größere Verantwortung in und für internationale Angelegenheiten zu übernehmen.

Allmählich setze sich in der Regierung die Erkenntnis durch, dass sich eine riesige politische und wirtschaftliche Macht wie Deutschland nicht verstecken könne wie eine riesengroße Schweiz; dass es nicht ausreiche, sich mit dem Export von Autos zufriedenzugeben.

> Es gibt greifbare Anzeichen dieser neuen Realität. Das Außenministerium wurde umstrukturiert, um es für neue globale Herausforderungen fit zu machen. Das gleiche geht im Verteidigungsministerium vonstatten.

Wir können davon ausgehen, dass Ulrike Guérot im britischen *Telegraph* von Krieg spricht, für den die deutsche Gesellschaft mit der »Flüchtlingskrise« vorbereitet werden solle.

Der deutsche Bundespräsident Joachim Gauck sei »eine von verschiedenen führenden Figuren, der große Reden zu diesem Thema gemacht hat«.

In der Tat, viele erinnern sich noch an seine Rede zur Eröffnung der Münchner Sicherheitskonferenz 2014, wo er ebenfalls mit dem Codewort »Verantwortung« hantierte:

> Denn wir Deutschen sind auf dem Weg zu einer Form von Verantwortung, die wir noch wenig eingeübt haben.

Gauck sah »Verantwortung« auf Deutschland zukommen, zum Beispiel in Nahost, wo er die Gefahr eines Flächenbrandes erkannte, den seltsamerweise niemand gelegt hatte, schon gar nicht die einzige Supermacht.

> Im Nahen Osten drohen sich einzelne Feuer zu einem Flächenbrand zu verbinden. Just in dem Moment überdenkt die einzige Supermacht [gemeint sind die USA] Ausmaß und Form ihres globalen Engagements. Ihr Partner Europa ist mit sich selbst beschäftigt. Im Zuge dieser Entwicklung zu glauben, man könne in Deutschland einfach so weitermachen wie bisher – das überzeugt mich nicht.

Mit Sicherheit ist Guérots Urteil richtig, dass wir es bei Gauck mit einer führenden Figur zu tun haben, die Deutschland in Verantwortung – das Codewort für Kriege – hineinreden will. Damit übernehmen beide ein langjähriges US-Anliegen, dass sich die deutsche Wirtschaftskraft für »Unternehmen der Verantwortung« nutzbar machen solle. Der evangelische Pastor musste sich den Vorwurf der Kriegshetze gefallen lassen, wohl nicht ganz von ungefähr:

> Manche im Inland und Ausland haben eine schnelle und etwas grobschlächtige Antwort parat: Sie sehen Deutschland schlicht als Drückeberger in der Weltgemeinschaft. Bei schwierigen Fragen ducke sich Deutschland allzu oft weg. […] Und wenn wir überzeugende Gründe dafür gefunden haben, *uns zusammen mit unseren Verbündeten auch militärisch zu engagieren*, sind wir dann bereit, die Risiken fair mit ihnen zu teilen? […] Ich meine: Die Bundesrepublik sollte sich als guter Partner früher, entschiedener und substanzieller einbringen […] *Manchmal kann auch der Einsatz von Soldaten erforderlich sein.* Eines haben wir gerade in Afghanistan gelernt: Der Einsatz der Bundeswehr war notwendig, konnte aber nur ein Element einer Gesamtstrategie sein. Deutschland wird nie

rein militärische Lösungen unterstützen, es wird politisch besonnen vorgehen und alle diplomatischen Möglichkeiten ausschöpfen. Aber wenn schließlich der äußerste Fall diskutiert wird – der Einsatz der Bundeswehr –, dann gilt: Deutschland darf weder aus Prinzip »nein« noch reflexhaft »ja« sagen.[83]

Angela Merkels Nichthandeln während der »Flüchtlingskrise« ist vor dem Hintergrund dieser transatlantischen Ambitionen als ein quasi erpresserischer Akt zu sehen, Deutschland aus seiner Rolle als »Drückeberger« in die Verantwortungsübernahme zu zwingen – Verantwortung immer gesehen als Codewort für militärisches Engagement. Das simple Motto scheint zu lauten: Wenn Deutschland draußen in der Welt keine militärische »Verantwortung« übernimmt, landen die Probleme direkt vor eurer Haustüre …

Diese Interpretation des Nichthandelns unserer Bundeskanzlerin wird gestützt durch eine Bemerkung Wolfgang Schäubles gegenüber der *Passauer Neuen Presse* am 2. April 2016: Wie es scheint, war auch ihm wohl bewusst, dass mit dem unkontrollierten Migrantenansturm »Druck« aufgebaut werden sollte, den man für die »Transformation« Europas nutzen konnte:

Wir müssen den Druck aufrechterhalten, damit wir schneller vorankommen und zu einer gemeinsamen europäischen Lösung in der Flüchtlingspolitik kommen. Wenn jetzt einige Mitgliedsländer zögern, machen wir es trotzdem, dann bilden wir eine Koalition der Willigen und gehen gemeinsam mit der Türkei voran. Die anderen werden nachziehen …

Während gegenüber der Bevölkerung mit »Mitleid« und »Menschlichkeit« argumentiert wird, benennt Schäuble ganz offen die politischen Ziele, welche mithilfe des Migrationsdrucks vorangebracht werden sollen – eine noch stärkere Vereinheitlichung der EU mit einer zentralen Asylagentur und einem Verteilungsmechanismus von Migranten auf alle EU-Staaten.

Auf die Bemerkung: »Experten haben seit Jahren vor den Flüchtlingsbewegungen gewarnt …«, antwortet Schäuble:

Wir wussten, dass es vielen Menschen auf der Welt viel schlechter geht als uns. Uns war auch klar, dass sie wissen, wie man zu uns kommt. Jetzt haben sich viele auf den Weg gemacht. Unser Interesse muss jetzt sein, die Krisenregionen im Nahen und Mittleren Osten und in Afrika zu stabilisieren, damit die Welt nicht noch mehr aus den Fugen gerät. *Das ist unser Rendezvous mit der Globalisierung – ob uns diese Begegnung nun gefällt oder nicht.* Davor können wir uns nicht im warmen Stübchen verstecken.

Hier findet sich dasselbe Leitmotiv, das schon Ulrike Guérot als eigentlichen Grund für Merkels Totalöffnung der Grenzen im Sommer 2015 vorgebracht hatte. Deutschland sollte die Globalisierung vor der Haustüre nachdrücklich erleben, um sich vor der weltweiten Übernahme von Verantwortung nicht mehr »verstecken« zu können.

Schäuble macht dies auch im weiteren Interview deutlich:

Wir werden unsere *Ausgaben* für humanitäre Hilfe und Entwicklungszusammenarbeit, für *innere und äußere Sicherheit deutlich erhöhen*. Die Verteidigungsausgaben müssen – »schwarze Null« kein Dogma – steigen, *weil wir unser militärisches Engagement ausweiten müssen*. Das werden zentrale Aufgaben der deutschen Politik, um die Wünsche der Menschen ernst zu nehmen, in Sicherheit leben zu können.[84]

Dem Wunsch, Deutschland in eine »Verantwortungsübernahme« für Projekte der westlichen Wertegemeinschaft zu drängen, kommt das neue Bundeswehr-Weißbuch 2016 nach: »Bundeswehr will globale Führungsrolle übernehmen« titelte ein Bericht des MDR,[85] die Bundeswehr stehe vor einem »Paradigmenwechsel«.

Das Bundeswehr-Weißbuch 2016 behauptet, Deutschland stehe in der Verantwortung, »die globale Ordnung aktiv mitzugestalten«. Bei Auslandseinsätzen der Bundeswehr sei Deutschland bereit, innerhalb eines Bündnisses Führungsverantwortung zu übernehmen. Einbindung in EU und NATO sei Teil deutscher Staatsräson, der Kampf gegen das die europäische Friedensordnung gefährdende Russland, genannt »sicherheitspolitische Herausforderung«, sei ebenfalls Teil der Aufgaben.

Gab es in der Öffentlichkeit einen Aufschrei oder eine Diskussion über die »neue globale Rolle« der Bundeswehr, die ganz offensichtlich mit einem im Grundgesetz festgelegten Charakter einer Verteidigungsarmee nichts mehr zu tun hat?

Zurück zu Ulrike Guérot. Sie hatte natürlich erkannt, dass Merkels Politik nicht gut ankam, und gibt zu:

> Wie geht es dem Volk dabei? Nicht gut. Die Deutschen sind sich dieser neuen Notwendigkeit [zur Verantwortungsübernahme] entweder nicht bewusst, oder sie gefällt ihnen nicht. Einer riesigen Zahl von Flüchtlingen in einer anscheinend unkontrollierten Weise zu erlauben, ins Land zu kommen, war keine schlechte Methode für Merkel, selbst dem vollkommen mit Scheuklappen gehenden Wähler zu demonstrieren, dass Deutschland sich mehr um globale Probleme kümmern muss, wenn es nicht die Konsequenzen zu Hause erleiden will.

Mit anderen Worten: Merkel wollte den Deutschen eine Lektion erteilen! Im Auftrag der Amerikaner. Die elitären »Vordenker« vom Schlage einer Guérot merken mit Sicherheit nicht, wie zynisch, undemokratisch und menschenverachtend ihre Worte klingen, ganz zu schweigen von den Motiven einer Angela Merkel, welche eben keine Humanitätsduselei waren!

Guérot schlussfolgert, Merkels »Wahnsinn« habe Methode gehabt. Aber sie sei ein hohes Risiko eingegangen. Die Ressourcen der Kommunen seien überstrapaziert, die Bevölkerung murre in Unwillen, politischer Extremismus tauche wieder auf, und »die europäische Einheit wurde unterminiert. Die Kanzlerin hat noch nie einen höheren Preis bezahlt, um ihren Willen zu kriegen«, endet der Artikel im *Telegraph*.[86] Aber Angela Merkel hat eben ihre Prioritäten, so will es scheinen.

Das Unterstützungsbüro für Asylfragen in Malta (EASO)

Frans Timmermans, der Vizepräsident der EU-Kommission, gilt als strenger Zuchtmeister. Er möchte, dass sich die EU neu erfindet. Dazu betreibt er einen Umbau des Asylsystems, in dem die bisher nationalen Behörden abgelöst werden von einem zentralen Büro in Malta, dem Unterstützungsbüro für Asylfragen (EASO). Dieses soll in Zukunft alle Asylverfahren nach denselben Regeln führen und die Mitgliedsländer zur Flüchtlingsaufnahme zwingen.

> Erst wenn sie regelrecht überlaufen (konkret: 50 Prozent mehr Schutzsuchende aufgenommen haben, als sie aufgrund ihrer Größe, ihrer

Wirtschaftskraft und ihrer bisherigen Bemühungen für Neuansiedlungen müssten), sollen die legalen Zuwanderer auf andere Staaten verteilt werden.[87]

Und: Wer sich der Aufnahme verweigert, muss künftig 250 000 Euro pro »Flüchtling« an den Staat zahlen, der diesen stattdessen aufnimmt.

Kein Fleckchen der Erde mehr ohne »Vielfalt«

Am 1. Oktober 2015 hielt die EU-Kommission ein Grundrechte-Kolloquium unter dem Motto »Toleranz und Respekt: Verhindern und Bekämpfen von Antisemitismus und antimuslimischem Hass in Europa« ab.[88] Es ging um Migration und Multikulturalität (»*diversity*«).

Hintergrund des Treffens war die Sorge der EU-Kommission um einen angeblich stetig wachsenden Antisemitismus und einen stetig anschwellenden antimuslimischen Hass in Europa. Insbesondere waren damit »Hass-Verbrechen, Hass-Reden und Diskriminierung« gemeint. Als Kronzeugen dieser allgemeinen Zunahme an Hass und Diskriminierung in Europa (ausgerechnet im Refugee-Welcome-Jahr 2015, in dem sich Millionen Muslime auf den Weg nach Europa machten) hatte das Kolloquium muslimische Funktionäre beispielsweise aus Schweden und sogar den Imam einer Moschee aus Mailand eingeladen. Zwei Koordinatoren zur Bekämpfung von Antisemitismus und entsprechenden Hassverbrechen sowie zur Bekämpfung von antimuslimischen Verbrechen wurden installiert. Ein wichtiger Punkt war außerdem die Verfolgung von Hassverbrechen im Internet.

Besonderen Wert legte man bei den Gegenmaßnahmen auf die Einbindung von internationalen Institutionen, Behörden in den EU-Ländern, der Zivilgesellschaft, Nichtregierungsorganisationen, Führern von Gemeinschaften, den Medien, der Bildung und der Arbeitswelt, um eine inklusive Kultur der Toleranz und des Respekts in der EU zu fördern.

Angesichts eines noch nie da gewesenen Zustroms von Migranten sah Frans Timmermans, der Vizepräsident der EU-Kommission und EU-Kommissar für bessere Rechtsetzung, interinstitutionelle Beziehungen, Rechtsstaatlichkeit und Grundrechtecharta, Gefahren für die Akzeptanz weiterer »Diversität« heraufziehen. Der Niederländer stieß in seiner Einführungsansprache eine düstere Warnung aus:

> Diversität wird jetzt in einigen Teilen Europas als Bedrohung gesehen. Die Multikulturalität geht mit Herausforderungen einher. Aber die Multikulturalität ist das Schicksal der Menschheit. *Es wird selbst in den entferntesten Gegenden dieses Planeten keine Nation mehr geben, die in ihrer Zukunft nicht Diversität sieht.* Darauf steuert die Menschheit zu. Und jene Politiker, die ihren Wählern eine Gesellschaft zu verkaufen versuchen, die ausschließlich von Menschen einer Kultur gebildet wird, versuchen eine Zukunft zu malen auf der Grundlage einer Vergangenheit, die nie existiert hat. Daher wird es diese Zukunft niemals geben.
>
> Europa wird vielfältig sein, wie alle anderen Teile der Welt vielfältig sein werden. Die einzige Frage ist: Wie gehen wir mit dieser Diversität um? Und meine Antwort darauf lautet: sicherstellen, dass unsere Werte festlegen, wie wir mit Diversität umgehen – und nicht unsere Werte aufgeben, um Diversität abzulehnen. Das würde uns als Gesellschaft herunterreißen. Wenn wir das nicht hinbekommen, glaube ich tatsächlich, dass Europa nicht das Europa bleiben wird, das wir gebaut haben. Europa wird nicht mehr sehr lange ein Platz für Frieden und Freiheit sein.[89]

Timmermans scheint die EU wie im Märchen von Rotkäppchen als einen Wolf zu sehen, der sich an Multikulturalität etwas überfressen hat und den die Wackersteine nun in den Abgrund zu ziehen drohen. Dieser kecke Vergleich muss erlaubt sein angesichts eines Falles, der schon an psychiatrische Relevanz grenzt: Der EU-Vizepräsident maßt sich an, mit dem missionarischen Eifer eines mittelalterlichen Inquisitors seine Ideologie des Multikulturalismus auch noch in den letzten Winkel dieses Planeten zu tragen – also auch an den Amazonas der Yanomami-Indianer und ins Grönlandeis der Eskimos. Diese haben angeblich keine Chance, solange nicht ein paar, sagen wir, Afrikaner und Araber unter ihnen leben. Ein von Sendungsbewusstsein und gottähnlicher Autorität Beseelter spricht ihnen ansonsten einfach die Zukunft ab. Oder handelt es sich hier um einen gezielten Machtanspruch, vielleicht sogar mit weltweiter Geltung? Die Ansprache Timmermans' entsprang nämlich nicht einem Moment des besonderen Überschwangs, sondern sie war schriftlich vorbereitet und wurde abgelesen.

Auch Intelligenz kann man Timmermans wohl kaum absprechen. Er beherrscht fließend mehrere europäische Sprachen und arbeitete wegen seiner Russischkenntnisse zeitweilig für den niederländischen Militärgeheimdienst. Es muss ideologische Verblendung oder Skrupellosigkeit sein, dass er eine muslimische Einwanderungswelle historischen Ausmaßes den Europäern als »*diversity*« verkauft und vollständig thematisch von dem Problem des angeblich oder tatsächlich zunehmenden Antisemitismus abkoppelt. Erfreulich ist jedoch Timmermans' offensichtliche Furcht vor Kontrollverlust seitens der EU, der sich im letzten Satz seiner Einführung ausdrückt.

Schließung der Balkanroute Anfang März 2016 – neue Flugroute nach Libyen

2015 war das Jahr einer beispiellosen Migrationswelle nach Europa. Mehr als eine Million Flüchtlinge aus Nahost und verschiedenen asiatischen Ländern kamen über Balkanländer vorwiegend nach Deutschland. Seit Anfang März 2016 gilt die sogenannte Balkanroute jedoch als »dicht«. Ungarn, Slowenien, Serbien, Kroatien und Mazedonien hatten Grenzanlagen errichtet. Seither kommt angeblich niemand mehr durch, der nicht ein Visum und gültige Ausweispapiere mitführt.

Zahlen der Internationalen Organisation für Migration zeigen jedoch: Wer Schlepper bezahlen kann, kommt sehr wohl noch nach Ungarn durch – wenngleich die Zahlen geringer sind als vorher.[90] Es mehren sich die Anzeichen, dass Libyen erneut zum Hauptsprungbrett nach Europa wird. So prognostizierte zum Beispiel General Paolo Serra, militärischer Berater des deutschen UNO-Sonderbeauftragten für Libyen, Martin Kobler, im April 2016, in Libyen warte eine Million potenzieller Flüchtlinge. Man könne nicht ausschließen, dass sich darunter auch Mitglieder »schlafender Terrorzellen« befänden.

Es etabliert sich seit Frühjahr 2016 eine neue Fluchtroute: Von der Türkei nehmen Migrationswillige ein Flugzeug nach Ägypten oder Tunesien, um dann von dort nach Libyen zu gelangen. Eine Überfahrt von Libyen nach Italien kostet laut der kirchlichen Hilfsorganisation Mediterranean Hope auf Lampedusa zwischen 1000 und 3000 Euro. Damit werde das verlorene Geschäft auf der Balkanroute kompensiert.[91]

Griechenland: Keine Kontrolle über die EU-Außengrenze

Vom türkischen Festland ist die EU zum Greifen nah: Die Inseln Lesbos, Leros, Chios, Samos oder Kos – eine halbe Stunde im Gummiboot, und schon ist man in der EU. Rund 850 000 Menschen wählten diese Überfahrt 2015.

Vom 10. bis 13. November 2015 überprüfte eine Delegation von EU-Beamten, wie die Kontrolle der EU-Außengrenze und damit des Schengen-Raums auf zwei der genannten Inseln, Chios und Samos, zur Landesgrenze der Türkei durchgeführt wird. Das Ergebnis war niederschmetternd. Selbst der Chef der Terrormiliz IS Abu Bakr al-Baghdadi hätte unbehelligt nach Europa reisen können, resümierte ein Bericht der FAS bitter.[92] Griechenland vernachlässige in schwerwiegender Weise seine Verpflichtungen zur Kontrolle der Außengrenzen.

Die Überwachung der Seegrenze ist besonders wichtig, jedoch gerade hier zeigte sich, dass Griechenland nicht auf dem Stand der Technik ist. Mit fünf Patrouillenbooten und einem Schnellboot fahren die Seegrenzschützer quasi blind durch die Ägäis, denn nur über das oft versagende Internet könnten sie den Transponder von Schleuser- und Schmugglerbooten erkennen, der jedoch in der Regel ausgeschaltet ist. Für ein effektives Überwachungssystem bräuchte es die Hilfe der griechischen Marine oder anderer EU-Länder, die jedoch bisher nicht gewährt wurde. Die Prüfer stellten zudem fest, dass die griechischen Grenzschützer nicht mit Funk ausgestattet sind – nicht einmal bei Schiffen im Rettungseinsatz. Wenn doch einmal etwas Verdächtiges auffällt, sieht der »Dienstweg« laut dem erwähnten FAS-Bericht so aus:

> Die Griechen rufen ihr Hauptquartier in Athen an, und dort ruft jemand den Verbindungsoffizier im Hauptquartier der türkischen Küstenwache an. Falls es dann irgendwann bei den örtlichen Kräften klingelt, ist eines gewiss: Die Schiffe sind längst fort.

Weiter stellten die EU-Prüfer fest, dass die Registrierung der Migranten nicht funktioniert: Das Einscannen der Fingerabdrücke und das Einspeisen in die Eurodac-Datei – die zentrale Datei für Flüchtlinge – und der anschließende Abgleich mit anderen Fahndungsdateien scheitert ganz schlicht an der fehlenden Internetverbindung oder weil die Geräte technisch defekt sind.

So konnte es dann auch passieren, dass zwei der Paris-Attentäter, die sich Anfang Oktober 2015 auf der Insel Leros als Flüchtlinge meldeten, nicht ordnungsgemäß überprüft wurden und ihre durch den IS in Raqqa (Nordsyrien) gestohlenen Pässe nicht weiter auffielen, sodass sie ungehindert weiterreisen konnten. Als die europäischen Beamten am 13. November 2015 Griechenland verließen, starben am selben Tag in Paris 130 Menschen.

Seit dieser Prüfung unternahm die EU-Kommission verstärkte Anstrengungen, den griechischen Behörden unter die Arme zu greifen. Ein EU-Unterstützerteam ist seither permanent vor Ort und soll vor allem die albern als »*hotspots*« benannten Registrierungszentren auf den griechischen Inseln voranbringen. Denn von diesen »heißen Flecken« aus soll in Zukunft nach dem Willen der EU-Kommission die Umverteilung der »Flüchtlinge« und deren EU-weite Neuansiedlung erfolgen, bevor diese sich auf eigene Faust auf den Weg machen.

Die Landroute nach Europa

Nach der Schließung der griechisch-mazedonischen Grenze etablierte sich eine Ausweichroute. Diese führt laut bulgarischem Innenministerium von Istanbul über Plovdiv und Sofia zur bulgarisch-serbischen Grenze. Danach seien mindestens 250 Bulgaren im Schleppergeschäft tätig. Eine Schleusung aus der Türkei über Bulgarien nach Serbien koste rund 3000 Dollar pro Kopf.

Der ehemalige Chef der bulgarischen Grenzpolizei, General a. D. Valeri Grigorov, behauptete in einem Gespräch mit der *Deutschen Welle,* diese Route werde bereits seit Jahrzehnten von der organisierten Kriminalität und Sexhändlern kontrolliert. Diese stellten sich nun auf das neue Geschäft mit Migranten ein.

Grigorov: »Die Bosse der Menschenschmuggler haben gute Kontakte nicht nur zu Vertretern der Grenzbehörden vor Ort, sondern auch auf höchster Regierungsebene in Sofia.«[93]

Oberst Gerald Tatzgern, der Leiter der Zentralstelle zur Bekämpfung der Schlepperkriminalität und des Menschenhandels im Bundeskriminalamt in Wien, berichtete, eine Schleusung von der Türkei über Griechenland, Mazedonien, Serbien und Ungarn bis Österreich koste pro Person 8000 bis 14 000 Euro für die gesamte Strecke.[94] Die Schlepperorganisationen seien mafiaähnlich strukturiert. Tatzgern weiter:

> Die Schlepper wechseln häufig die Routen und weichen im Fall von Kontrollen auf Nebenstraßen aus. Zum Übernachten gibt es Wohnungen oder Häuser von Kontaktleuten, die damit Geld verdienen. Der Schlepper

erhält pro Fahrt ein paar hundert oder auch tausend Euro, wenn er lange unterwegs ist. Meistens handelt es sich um Handlanger, die von der Organisation, für die sie tätig sind, nichts wissen. Sie kennen eine einzige Kontaktperson oder einen Ort, den sie ansteuern müssen.

Die Schleusung von Migranten sei das neue Milliardengeschäft, das sich kein Krimineller entgehen lassen wolle. Das Geschäft sei »inzwischen einträglicher als Waffen- und Drogenkriminalität«[95]. Tatzgern erwartete steigende Migrantenzahlen auch für das Jahr 2016.

Besuch bei Schleusern: Eine Bundestagsdelegation schaut genauer hin

Im Frühjahr 2016 reiste eine Delegation des Ausschusses für Menschenrechte und humanitäre Hilfe des Deutschen Bundestages in die Türkei, um sich vor Ort die »Flüchtlingsproblematik« anzusehen. Die Delegation kam zu einigermaßen überraschenden Ergebnissen, wobei sich die Frage erhebt, warum diese nicht schon eher von Journalisten der Qualitätsmedien recherchiert worden waren.

Der CSU-Bundestagsabgeordnete Bernd Fabritius war Teil dieser Delegation und berichtete seine Erkenntnisse am 7. März 2016 dem *Münchner Merkur* (Titel: »Die Schleuser machen ihr Geschäft – und die türkische Polizei schaut weg«).

Zunächst rückte er das Bild zurecht, wonach die Türkei zweieinhalb Millionen Flüchtlinge aufgenommen habe. Dies treffe nur für 273 000 Menschen in insgesamt 25 Lagern mit Verpflegung und Schulunterricht zu. Der Rest, ca. 2,3 Millionen Menschen, bewege sich als »Gäste« in der Türkei. Sie dürften arbeiten und eine Wohnung mieten, ein Sozialsystem gebe es jedoch nicht. Ebenso wenig ein Asylrecht, das die Türkei nur für die europäischen Staaten des Europarates gelten lasse. Syrische Flüchtlinge erhielten einen provisorischen Flüchtlingsstatus, eine Art Registrierungspapier, mit dem sie frei im Land umherreisen dürfen und im Notfall eine medizinische Grundversorgung in den staatlichen Einrichtungen bekommen. Um eine Arbeitserlaubnis zu bekommen, müssten sie sich bereits 6 Monate im Land aufgehalten haben. Daher arbeiteten viele schwarz für den halben Mindestlohn, das heißt etwa »180 bis 200 Euro im Monat«.

Der *Münchner Merkur* (MM) fragt Bernd Fabritius (BF):

MM: Was tun die »Gäste«, die flüchten wollen?

BF: Die meisten wollen direkt nach Deutschland. Der Grund dafür sind Versprechungen der Schleuser, hier gäbe es sofort eine Wohnung, Arbeitsplatz und Wohlstand. Soweit wir das beobachteten, können die Menschen völlig ungehindert auf Boote steigen und nach Griechenland übersetzen. Çeşme bei Izmir ist die zweitgrößte Anlaufstelle für die Route nach Griechenland. Bis zur Insel Chios sind es etwa 8 Kilometer über das Mittelmeer. Auf der Fahrt zur Küste sieht man am Wegesrand überall Flüchtlinge, die zwischen den Büschen leben oder ihre Habseligkeiten in schwarzen Plastiksäcken auf dem Rücken tragen. Kein Mensch fragt sie, was sie wollen. Kein Mensch hält sie auf.

MM: Welche Vorstellungen haben die Menschen vom dem, was sie erwartet?

BF: Sie sind guter Dinge. Die Schleuser haben ihnen erzählt, wenn sie erst in Chios seien, koste es sie nur noch 200 Euro, um locker nach Deutschland zu gelangen.

MM: Wie kommen die Flüchtlinge in Kontakt zu Schleusern?

BF: Deren Erzählungen zufolge ganz einfach. In Izmir gibt es eine Moschee, wo offen der Kontakt zwischen Schleusern und Flüchtlingen stattfindet. Das wissen auch die Behörden. Oder die Schleuser sitzen mit ihren Handys in Cafés und telefonieren – und die Polizei schaut zu.

MM: Die Polizei schweigt?

BF: Wir haben kein einziges Einschreiten beobachtet. Dabei hätte an dem Vormittag am Strand in Çeşme ein einfacher Dorfpolizist genügt, um dort das Schleusergeschäft zu unterbinden. Das Gleiche auf See. Ein Boot der Küstenwache ist in Sichtweite vorbeigefahren, hat aber von den offenkundigen Vorgängen keinerlei Notiz genommen.

MM: Sind die Flüchtlingsboote so leicht identifizierbar?

BF: Ja. Es sind große, dunkelgraue Gummiboote mit einem kleinen Motor, in der Regel werden 70-80 Menschen daraufgeladen. An den Rand kommen Männer, Frauen und Kinder in die Mitte. Wir haben einen solchen Vorgang beobachtet, die Schleuser hat noch nicht einmal gestört, dass wir Aufnahmen davon gemacht haben. Offenkundig sind die sich ihrer Sache sehr sicher.

MM: Fahren Schleuser mit?

BF: Nein. Die erklären einem Flüchtling, wie der Motor funktioniert, und sobald das Boot Fahrt aufnimmt, springen sie von Bord und schwimmen an den Strand zurück.

MM: Was kassieren die Schleuser pro Flüchtling?
BF: Die Menschen, mit denen ich gesprochen habe, haben für die Überfahrt von Çeşme nach Chios 800 Euro pro Person gezahlt. Wer eine Rettungsweste will, muss die selbst besorgen.
MM: Ist der Ansatz der EU, der Türkei mit Geld in der Flüchtlingskrise zu helfen, also falsch?
BF: Nein, auch wenn die Türkei mit den 273 000 untergebrachten Flüchtlingen sicher nicht am Rande ihrer Möglichkeiten angekommen ist. Das Land braucht Hilfe, wenn auch die Situation der 2,3 Millionen »Gäste« so verbessert werden soll, dass diese nicht nach Europa abwandern. Das wäre mit durchaus überschaubaren Mitteln vor Ort zu erreichen. Das Geld darf nur nicht unkontrolliert an den türkischen Staat ausgezahlt werden und dann im Staatshaushalt verschwinden. Es funktioniert nur, wenn konkrete Projekte durchgeführt werden.
MM: Was motiviert die Menschen eigentlich, nach Deutschland zu fliehen?
BF: Einmal die Schilderungen der Schleuser. Die machen ihnen den Mund wässrig. Die erzählen, in den Straßen Deutschlands fließe sprichwörtlich Honig. Und zweitens die Berichte von Freunden, Bekannten oder Verwandten in Deutschland.

Was wir zu Recht als schlimme Zustände verurteilen – etwa wenn an einzelnen Orten Flüchtlinge mit ausländerfeindlichen Parolen empfangen werden –, ist nach dem Verständnis dieser Menschen immer noch gut im Vergleich zu dem, was sie schon erlebt haben. Und jede Turnhalle mit Suppenküche erscheint ihnen besser als der »Gaststatus« in der Türkei. Den »Magneten« bekommen wir alleine in Deutschland daher nicht abgestellt.
MM: Wie könnte man die Motivation dieser Menschen zur Flucht bremsen?
BF: Man müsste ihnen eine Lebensgrundlage in der Türkei ermöglichen, ein Dach über dem Kopf und eine Arbeitsmöglichkeit. Danach müsste man ihnen klarmachen, dass der Weg nach Europa nicht den Versprechungen entspricht, sondern geschlossen ist. Dann würde kaum noch jemand die eigentlich sichere Türkei verlassen und abwandern …[96]

Der Augenzeugenbericht Bernd Fabritius' bringt zum Ausdruck, dass sich die Polizeibehörden der Türkei für die Bekämpfung des Schleuserunwesens nicht interessieren, ja dass man systematisch zur Seite schaut. Die türkische Küstenwache ignoriert das Treiben vor ihrer

Küste. Aber auch Frontex scheint abwesend. Genauso wenig ist die EU zum Beispiel mit einem multinationalen Marineverband vor Ort.

NATO gegen Schleuser? Merkel bringt die NATO ins Spiel

Man ist es mittlerweile gewohnt, Angela Merkels Motive für folgenschwere Handlungen nicht auf den ersten Blick erkennen zu können. Eine gewisse Rätselhaftigkeit birgt auch ihr Vorschlag vom Februar 2016, die NATO für den Einsatz gegen Schlepper in der Ägäis zu engagieren. Sie, die keine Gelegenheit auslässt, die Notwendigkeit gemeinsamen Handelns der EU-Mitgliedstaaten zu betonen, und die nationale Entscheidungen (»Alleingänge«) als nicht zielführend brandmarkt, vergibt eine Gelegenheit, die Marine europäischer Staaten gemeinsam mit den bereits seit Langem im Rahmen von Frontex zur Verfügung stehenden Aufklärungsmöglichkeiten gegen das Schlepperunwesen einzusetzen!

Selbst der deutsche Außenminister Frank-Walter Steinmeier zeigte sich überrumpelt: Er habe vom Vorstoß Angela Merkels, die NATO in die Bewältigung der Flüchtlingskrise einzubeziehen, erst durch den gemeinsamen Auftritt der Bundeskanzlerin mit dem türkischen Regierungschef Ahmet Davutoğlu am 8. Februar in Ankara erfahren.[97]

Eine Woche darauf gab es in Brüssel ein Treffen der NATO-Verteidigungsminister zur Syrienkrise. Die NATO-Verteidigungsminister haben den »Supreme Allied Commander Europe« (SACEUR) beauftragt, die konkreten Maßnahmen für die NATO-Mission auszuarbeiten.

Gleichzeitig stand der deutsch-türkische Vorschlag, die NATO bei der Überwachung der türkischen Küste in der sogenannten Flüchtlingskrise einzusetzen, auf der Tagesordnung.

Die NATO ließ auf ihrer Internetpräsenz dazu verkünden:

> Die derzeitige Flüchtlings- und Migrantenkrise, welche durch Konflikte und Instabilität an der südlichen Grenze der NATO verursacht wurde, wird angeheizt von Menschenschmuggel und kriminellen Netzwerken.[98]

Sie sei die schlimmste humanitäre Krise, die Europa seit 1945 gesehen habe. Daher habe man sich entschieden, auf Bitten der deutschen, griechischen und türkischen Regierung zusammen mit Frontex an der geheimdienstlichen Aufklärung und Überwachung von illegalen

Überfahrten in der Ägäis und an der türkischen Grenze mitzuwirken. Die konkrete Aufgabe wird von der 2. ständigen maritimen Gruppe der NATO (SNMG2) in Kooperation mit Frontex durchgeführt. Diese besteht aus sieben Fregatten und Patrouillenbooten kanadischer, französischer, griechischer, niederländischer, türkischer und britischer Herkunft, darunter die deutsche FGS Bonn.

Die Aufklärungsmission führt der deutsche Konteradmiral Jörg Klein an, der wiederum dem NATO Allied Maritime Command (MARCOM) untersteht, das seinerseits dem britischen Vizeadmiral Clive Johnstone untersteht. Alle beteiligten Schiffe sind gehalten, Bootsflüchtlinge zu retten.

Über die Effizienz der Mission gibt es noch keine verlässlichen Zahlen. Ein pikantes Detail ist, dass die Türkei der NATO bisher verweigerte, ihre Hoheitsgewässer zu befahren.

Laut dem Flüchtlingshilfswerk der Vereinten Nationen kamen seit dem Einsatzbeginn der NATO-Frontex-Mission weniger Flüchtlinge auf der griechischen Insel Lesbos an.

> Auf Inseln ohne NATO-Überwachung sank die Zahl im selben Zeitraum aber beinahe ebenso stark. Grund für den Rückgang könnten also auch das Wetter oder andere Faktoren sein. Gleichwohl: Beobachtern zufolge hält die türkische Küstenwache heute mehr Flüchtlingsboote auf als noch im Herbst – sei es wegen der NATO-Unterstützung oder wegen Anweisungen aus Ankara. »Es kommen kaum noch Boote durch«, sagt zum Beispiel Ruben Neugebauer, der bis vor Kurzem für die Hilfsorganisationen Sea-Watch und Cadus auf Lesbos war.[99]

Es gibt in Sachen NATO-Mission jedoch eine Reihe von Ungereimtheiten, welche eine Anfrage der Fraktion DIE LINKE an die Bundesregierung zusammenträgt. Titel: »Einsatz der NATO gegen profitorientierte Fluchthelfer in der Ägäis und Verbringung aller aufgegriffenen Geflüchteten in die Türkei«.

> Am 25. Februar 2016 erklärte die Bundesregierung, der NATO-Verband unter deutscher Führung werde »in wenigen Tagen seine Aufgaben beginnen«. Die Vorbereitungen liefen »mit Hochdruck«.
>
> Alle »aus der Türkei kommenden« aufgegriffenen oder geretteten Geflüchteten werden von der NATO im Rahmen einer Vereinbarung zur

»Rückverbringung« an die Türkei überstellt (Plenarprotokoll 18/154). Dies betreffe »Flüchtlinge, die aus der oder durch die Türkei kommen«. Dabei soll es keine Rolle spielen, ob diese in türkischen, griechischen oder internationalen Gewässern angetroffen wurden. Kein Geretteter habe Anspruch darauf, »in einen Hafen seiner Wahl verbracht zu werden«. Jedoch hatte der türkische Vize-Ministerpräsident Numan Kurtulmuş der deutschen Bundesverteidigungsministerin klar widersprochen und erklärt, dass die Rücknahme von durch die NATO-Schiffe an Bord genommenen Geflüchteten nicht vereinbart ist, sondern verhandelt werden müsse (*Süddeutsche Zeitung* vom 23. Februar 2016). Dem entgegnete die Bundesregierung zwei Tage später, rette der NATO-Marineverband Geflüchtete, die aus der Türkei übersetzen wollen, »werden diese generell an die türkischen Behörden übergeben« (Pressemitteilung vom 25. Februar 2016). Auch der NATO-Generalsekretär bekräftigte, alle per Seenotrettung aufgegriffenen Migranten würden in die Türkei gebracht (Pressemitteilung vom 25. Februar 2016). Aus der Türkei sind den Fragestellerinnen und Fragestellern aber keine solchen Äußerungen bekannt (Stand: 2. März 2016). Ein Bericht der Agentur AFP (2. März 2016) bestätigt, die Türkei habe »keine oder wenig Begeisterung«, dies tatsächlich umzusetzen.[100]

Bei der Begründung der NATO-Mission unterliefen gleich zu Anfang Argumentationspannen:

Die Bekämpfung von »kriminellen Netzwerken« sei laut der Bundesregierung nicht durch zivile Behörden zu leisten, deshalb wurde die NATO um Unterstützung gebeten. Offen bleibt, welche Defizite aus Sicht der Bundesregierung hinsichtlich der Überwachung der türkischen Außengrenzen existieren und inwiefern diese durch die NATO unterstützt werden müssten. *Die Bundesregierung bestätigt, dass vermeintliche Fluchthelfer kaum auf See, sondern auf türkischem Festland anzutreffen sind* (Plenarprotokoll 18/154).[101]

Widersprüche über Widersprüche! Einerseits soll die NATO kriminelle Netzwerke auf offener See in Schach halten, andererseits weiß die Bundesregierung offensichtlich selbst, dass diese dort gar nicht zu finden sind. Auch die Bundestagsdelegation, mit der Bernd Fabritius in die Türkei reiste, berichtete ja von offenen Schleusertreffen in einer Moschee in Izmir und nicht über die Massierung von Schleusern auf den Fluten der Ägäis. Am türkischen Strand von Çeşme hätte laut Fabritius ein einziger Dorfpolizist genügt, um das Schleusergeschäft zu beenden …

> Durch die Maßnahme sollen die irregulären Grenzüberquerungen über die Ägäis reduziert werden. Sie ist ein Teil der internationalen Anstrengungen zur besseren Bewältigung der Flüchtlings- und Migrationsströme nach Europa.[102]

Am 26. Februar 2016 hatte NATO-Generalsekretär Jens Stoltenberg jedoch etwas ganz anderes gesagt:

> NATO-Schiffe werden nicht die Aufgabe der nationalen Küstenwache in der Ägäis übernehmen. Ihre Mission ist nicht, jene zu stoppen oder zurückzuweisen, die versuchen, nach Europa überzusetzen.[103]

Nach Stoltenberg geht es um »Aufklärung« (*reconnaissance*), »Überwachung« (*monitoring*) und »Beobachtung« (*surveillance*), um für die griechischen und türkischen Behörden sowie für Frontex Informationen bereitzustellen. Frontex ist jedoch ausreichend ausgestattet, um diese Daten selbst zu erheben.

In Stoltenbergs Erklärung findet sich ein Satz, welcher der wahren Begründung der reichlich absurd anmutenden NATO-Mission in der Ägäis vermutlich am nächsten kommt.

> Wir haben auch beschlossen, geheimdienstliche Aufklärung, Überwachung und Aufklärung entlang der türkisch-syrischen Grenze zu intensivieren.[104]

Dies ist vor dem Hintergrund einer erneuerten Konfrontationspolitik der NATO gegenüber Russland der viel wahrscheinlichere Grund. Schließlich unterhält Russland eine Marinebasis im syrischen Hafen Tartus und hatte ab Ende September 2015 mit Luftangriffen auf den IS und andere terroristische Milizen auf Bitten von Baschar al-Assad in Syrien eingegriffen.

Die Motive der NATO wären demnach weniger humanitärer Natur, sondern der Versuch, sich im Windschatten der Flüchtlingskrise im syrischen Kriegsgeschehen besser zu positionieren.

Das Treffen der Schleppermafia in Kabul

Im Mai 2016 trafen sich 28 Bandenbosse der weltweit größten Schlepperorganisationen in der afghanischen Hauptstadt Kabul – und wurden dabei von europäischen Nachrichtendiensten observiert. Die Mafia-Paten wollen das Geschäft mit der Migration besser organisieren und vor allem eine neue Ostroute diskutieren, um noch mehr Gewinn zu erwirtschaften.

Ein Dossier mit den Erkenntnissen der europäischen Geheimdienste wurde der österreichischen Tageszeitung *Krone* zugespielt.

Zwölf Bosse aus Afghanistan, vier aus Griechenland, je drei aus dem Iran und Thailand sowie je zwei aus der Türkei, Bulgarien und Indien beklagten den Rückgang der Einnahmen – die Grenzzäune in Mazedonien, Österreich, Ungarn und Bulgarien seien »ein Problem«. Könnte es einen besseren Beweis für die Wirksamkeit dieser viel geschmähten nationalen »Alleingänge« an den Grenzen der Balkanroute geben?

Die *Krone* fasst die wichtigsten Erkenntnisse des Abhörprotokolls so zusammen:

- Weil die Balkanstrecke bei Idomeni gesperrt ist, soll eine neue Schlepperroute von Afghanistan über Georgien, Russland, die Ukraine und Ungarn bis nach Österreich »erkundet und ausgebaut werden«.
- Ziel ist, »mindestens 300 Afghanen pro Tag« nach Europa zu schleusen – also in nur einem Jahr 109 000 Migranten allein aus diesem Land.
- Dazu soll die »Effektivität der Routen verbessert werden«: Die Reisezeit von Afghanistan nach Europa müsse sich »auf maximal 3 Wochen verkürzen«.
- Nach Beschwerden von bereits nach Europa geschleppten Kunden sollen jetzt »vermehrt Frauen« in die EU gebracht werden.
- Zu Debatten unter den Mafiabossen führte auch das Thema, wie die Kosten für die Bestechung der Grenzschutzbeamten in den Balkanländern besser aufgeteilt werden.

Aus österreichischen Regierungskreisen werde die Echtheit des Protokolls bestätigt: »Wir wissen nun auch dank dieser Geheimdienstaktion, dass unsere nationalen Maßnahmen des Grenzschutzes wichtig und richtig gewesen sind«, so die Tageszeitung.[105] Im Übrigen prognostiziert der Geheimdienstbericht ein weiteres Ansteigen der Migrantenzahlen, der Rückgang sei nur vorübergehender Natur, die Nachfrage nach Europa ungebrochen.

Kapitel 9

Das Migrationsabkommen mit der Türkei

Nur Wahnsinnige konnten diesen Deal überhaupt abschließen. Weil es verrückt ist zu glauben, mit Erdoğan Geschäfte machen zu können.

— SEVIM DAGDELEN (LINKE)
GEGENÜBER DEM *DEUTSCHLANDFUNK*[106]

Der EU-Türkei-Deal

Ende Januar 2016 berichteten verschiedene Tageszeitungen über angebliche Geheimverhandlungen der EU mit der Türkei, bei denen es um einen Kuhhandel gehe: Demnach will die EU gegen eine jährliche Zahlung an die Türkei von 3 Milliarden Euro und Visaerleichterungen für Türken 5 Jahre lang jährlich 200 000 syrische Flüchtlinge aus Flüchtlingslagern in der Türkei direkt aufnehmen und EU-weit verteilen.

Die Türkei soll dafür ihre Grenze zu Griechenland zukünftig »rigoros überwachen und die illegalen Überfahrten beenden«[107]. Die Rede ist von einem »fairen Aufteilungsschlüssel« innerhalb der EU, dem sich die osteuropäischen Staaten und Großbritannien bisher jedoch verweigerten. Im Kern geht es um die Formel »ein Syrer für einen Syrer« – jeder, der in Griechenland ankommt, soll in die Türkei zurückgeschickt werden, dafür ein anderer Syrer aus türkischen Flüchtlingslagern in die EU einreisen dürfen. Mit diesem Deal soll offensichtlich ein geordnetes Migrationsregime von der Türkei in die EU etabliert werden.

Die österreichische Tageszeitung *Die Presse* berichtete am 16. März 2016 jedoch, dass es noch einen zweiten, geheimen Deal mit der Türkei gebe:[108] Dieser sei bereits weitgehend ausgehandelt und werde vermutlich »sehr bald« bekannt gegeben.

Dies kündigte Gerald Knaus, ein Österreicher, der die im Jahre 1999 in Bosnien-Herzegowina gegründete sogenannte European Stability Initiative (ESI) leitet, gegenüber der Presse an. Die EU bzw. eine

»Koalition der Willigen« werde Hunderttausende Flüchtlinge zusätzlich übernehmen, unabhängig von der bereits ausgehandelten Eins-zu-eins-Formel.[109]

> »900 pro Tag« sei eine realistische Zahl, so Knaus. Unabhängig davon, ob und wie viele Syrer nach Griechenland übersetzen. Das würde 330 000 Menschen im Jahr bedeuten. Eine Zahl, die Europa verkraften könne und die Türkei spürbar entlasten würde, meint Knaus, *der seit Monaten alle relevanten Akteure in der Flüchtlingskrise berät.* Er selbst präsentierte im vergangenen September einen Plan, der die Übernahme von jährlich 500 000 Flüchtlingen aus der Türkei vorsah.[110]

Als Grund für den zusätzlichen Geheimdeal führt Knaus an, dass der Entlastungseffekt für die Türkei zu gering sei. Man habe sich »parallel dazu eine Umsiedlung von Hunderttausenden ausgedacht – als separates Programm«.

Die Presse fragte in Ankara nach und bekam von dort eine Bestätigung der Umsiedlungspläne:

> Dies wurde bereits in einem »Presse«-Interview mit dem türkischen EU-Botschafter in Brüssel, Selim Yenel, bestätigt. Yenel sagte, Ankara würde nach einem Stopp der Route über Griechenland »mit einer Fortsetzung der Umsiedlung von Flüchtlingen in die EU« rechnen. »Allerdings auf freiwilliger Basis.« Deutschland, Schweden und weitere Länder seien dazu bereit. Österreich wurde nicht genannt.[111]

Zunächst überrascht, dass ein privater Thinktank in der Person eines Herrn Knaus dermaßen aktiv in deutsche und europäische Politik eingreifen darf. Dafür erwartet man in einer Demokratie eigentlich die dafür gewählten Vertreter und Fachministerien als die Zuständigen. Knaus' Plan wurde auch als »Merkel-Plan« oder »Merkel-Samsom-Plan«* oder »türkischer Vorschlag« präsentiert.

* Der Führer der niederländischen Arbeiterpartei Diederik Samsom fuhr am 5. Dezember 2015 in die Türkei, um sich vor Ort über die Migrationskrise zu informieren. Danach soll er beschlossen haben, dass die Dinge anders werden müssten. Gerald Knaus hatte da jedoch bereits seinen Merkel-Plan ausgearbeitet. Vermutlich wurde er nur wegen einer höheren Akzeptanz und Publicity zusätzlich Merkel-Samsom-Plan genannt.

Statt den Plan zur Umsiedlung von hunderttausenden Syrern aus der Türkei, wo sie in Sicherheit sind,[112] nach Europa, insbesondere nach Deutschland, korrekt »ESI-Plan« oder »Gerald-Knaus-Plan« zu nennen, wird ihm dreist der Name »Merkel-Plan« verliehen.[113] »THE MERKEL PLAN. Restoring control; retaining compassion. A proposal for the Syrian refugee crisis. 4 October 2015« heißt es im Original (Der Merkel-Plan. Kontrolle wiederherstellen; Mitleid beibehalten. Ein Vorschlag für die syrische Flüchtlingskrise.).

In einem Interview gegenüber der Tageszeitung *Die Welt* gibt Knaus eine Kostprobe seines Demokratieverständnisses: Der Prozess der ungeregelten Zuwanderung sei 2015 außer Kontrolle geraten: »Wir hatten keine Ahnung, wer in unser Land kommt. Das hat Ängste befeuert«, sagte der Soziologe der *Welt*. Das von der ESI in ihrem Plan vorgeschlagene Kontingent von 500 000 Asylsuchenden sei der Bevölkerung schwer nahezubringen.

> Knaus: Für einen Thinktank ist es natürlich sehr viel leichter, eine Zahl hinzuschreiben. Wir haben den Politikern daher auch in den vergangenen Monaten empfohlen: Nennt keine Gesamtzahl für Kontingente aus der Türkei! Sprecht lieber von einem täglichen Kontingent von ein paar hundert Personen.[114]

Um die Migrationsagenda voranzutreiben, kalkuliert Knaus psychologisch ganz kühl mit den mangelnden Kopfrechenfähigkeiten von Teilen der Bevölkerung und geniert sich nicht, auch noch ganz offen zuzugeben, dass es ihm bei seinen Politikberatungsbemühungen um eine psychologisch geschickte Manipulation der Öffentlichkeit geht!

Gerald Knaus studierte in Oxford, Brüssel und Bologna (vermutlich Soziologie oder Wirtschaft) und arbeitete danach mehrere Jahre lang für NGOs in Bulgarien, Bosnien und der Herzegowina, unter anderem für die von George Soros mitbegründete International Crisis Group mit Hauptsitz New York.[115]

Diese Organisation ist international tätig und verfügte 2014 über ein Vermögen von über 48 Millionen US-Dollar.[116] Finanziell unterhalten wird sie durch Spenden westlicher Außenministerien und bekannter US-Stiftungen: 2014 spendete die Carnegie Corporation of New York 750 000 Dollar, die Foundation to Promote Open Society (George Soros), Stiftungsvermögen ca. 5 Milliarden US-Dollar, spendete gar

2 Millionen US-Dollar. Weitere Spender: Rockefeller Brothers Fund, Tinker Foundation Incorporated, Ploughshares Fund.

Die International Crisis Group ist pro-interventionistisch – selbstverständlich immer nur im Namen der Humanität.

Ganz in diesem Sinne schrieb Knaus 2011 mit einem Koautor ein Buch mit dem Titel *Can Intervention Work?* Als Beispiel einer fehlgeschlagenen Intervention dient Afghanistan, als positives Beispiel das amerikanische Eingreifen in Bosnien mit dem Frieden von Dayton 1995 und der Gründung des unabhängigen Kleinstaates Bosnien-Herzegowina.*

Als Rezepte für erfolgreiches Intervenieren sehen Knaus und sein Koautor Rory Stewart »leidenschaftliche Mäßigung« und »prinzipienfestes Sichherantasten«.

Gerald Knaus ist auch Mitbegründer des European Council on Foreign Relations und lehrte 5 Jahre am Carr Center for Human Rights Policy an der Kennedy School der Harvard University. Er gab dort Vorlesungen in seinen Spezialgebieten »*state building*« und »*intervention*«. Bezeichnend für die Sicht von Knaus in dem von ihm bearbeiteten Feld des Intervenierens ist die Abwesenheit einer durch das Völkerrecht gedeckten Perspektive, mit der assistierte Staatenbildung und Interventionen fast zwangsläufig kollidieren müssen. In seinen Analysen fällt stattdessen ein moralgetränktes prunkvolles Argumentieren, ja ein gewisses Sendungsbewusstsein auf, was den Verdacht aufkommen lässt, damit würden geopolitische Interessen bestimmter Akteure verdeckt. So auch im von ihm maßgeblich entworfenen Merkel-Plan zur Umsiedlung von Syrern aus der Türkei: »Mitleid« prangt im Titel des Merkel-, alias ESI-, alias Gerald-Knaus-Plans. Wirklich?

Erst auf der vorletzten Seite des »Merkel-Plans« findet sich Relevantes zu den eigentlichen Interessen, die Knaus vertritt:

> In letzter Zeit hat ein wiederauferstehendes Russland Grenzen revidiert, Territorien annektiert und Separatisten im südlichen Kaukasus unterstützt. Es hat auch Militär in annektierte Territorien im südlichen Kaukasus gebracht. Jetzt hat es eine große Militärintervention an der südlichen

* Dieser jugoslawische Nachfolgestaat ist heute weit von stabilen und prosperierenden Verhältnissen entfernt, die serbische Teilrepublik möchte sich zudem abspalten.

> Grenze der Türkei begonnen und Gruppen angegriffen, die von den USA und der Türkei seit Langem unterstützt wurden.

Gemeint ist die Abspaltung der Krim von der Ukraine, welche der Westen unverdrossen als »Annexion« bezeichnet. Die Volksabstimmung darüber war jedoch nicht zu beanstanden und Prof. Reinhard Merkel, Mitglied des Ethikrates der Bundesregierung, hatte dementsprechend in einer Analyse für die FAZ bereits 2014 auch von »Sezession« gesprochen, die durchaus völkerrechtlich möglich sei.[117]

Des Weiteren nimmt Knaus Bezug auf die geostrategisch wichtige, weil energiereiche Kaukasusregion. Im August 2008 war Georgien, von den USA aufgerüstet und unterstützt, in die abtrünnige Republik Südossetien (Amtssprachen Ossetisch, Russisch, Georgisch) einmarschiert, deren Schutzmacht Russland ist, welches nach wenigen Tagen den militärischen Konflikt für sich entschied. Dasselbe gilt für die von Georgien faktisch getrennte Republik Abchasien (Amtssprachen Abchasisch, Russisch), die ebenfalls unter russischem Schutz steht, völkerrechtlich jedoch noch immer zu Georgien gehört. Hier versuchen die USA die Konflikte gegen Russland zu instrumentalisieren.

Und dann natürlich das völkerrechtlich korrekte, weil mit Zustimmung der syrischen Regierung stattfindende militärische Eingreifen Russlands in Syrien. Dankenswerterweise bestätigt Knaus, dass sich die USA und die Türkei seit Langem in Syrien militärisch eingemischt haben, indem sie »Gruppen« unterstützten. Gruppen sunnitisch-fundamentalistischer Provenienz bis hin zum IS, wie mittlerweile unstrittig sein dürfte. Wegen seiner Dokumentation der militärischen Unterstützung des IS in Syrien durch die Türkei wurde der türkische Journalist Can Dündar, Chefredakteur der Zeitung *Cumhuriyet,* im Mai 2016 zu mehreren Jahren Haft verurteilt.

Für Knaus ist die Türkei offenbar ein kleines, von Flüchtlingen gebeuteltes Land, dem man helfen muss. Ein Opfer, kein Täter. Die Türkei sei heute von »feindseligen Staaten« und »bewaffneten Gruppen« umgeben und in einer prekäreren strategischen Lage denn zu irgendeiner Zeit des Kalten Krieges. Arme Türkei! Zu dumm! Und daher seien gute Beziehungen zur EU für die Türkei und ihr Sicherheitsbedürfnis arg wichtig, so Knaus. Dabei unterhält die Türkei ein stehendes Heer von 660 700 Mann (nach den USA die größte aktive Streitmacht) und bewaffnete die sogenannten bewaffneten Gruppen zumeist selbst.

Statt dass Deutschland (und Europa) mit dem UNO-Flüchtlingshilfswerk zusammenarbeiten und die Zahlungen an dieses massiv erhöhen, soll ausgerechnet die Türkei noch dafür belohnt werden, dass sie seit 2011 eine völlig offene Aggressionspolitik gegen ihr Nachbarland Syrien betreibt. Unter anderem hat die Türkei über ihre Grenze mit Syrien jahrelang Waffen und islamistische Kämpfer nach Syrien einströmen lassen, die Industrieanlagen Aleppos ganz offen demontiert und in die Türkei abtransportiert sowie toleriert, dass illegal vom IS gefördertes Öl aus Syrien und dem Irak mit Tausenden von Tanklastwagen in die Türkei verbracht und dort in deren Pipelinesystem eingespeist und mit entsprechendem Gewinn weiterverkauft wurde.

Oberste Priorität der EU sollte sein, die Bedingungen der Flüchtlinge in der Nähe ihrer Heimat zu verbessern und dazu beizutragen, dass der unselige Stellvertreterkrieg in Syrien schnellstmöglich beendet wird und die Menschen zurückkehren und ihre Heimat wieder aufbauen können. Die EU-Vordenker haben jedoch andere Pläne…

Auf der vorletzten Seite seines »Merkel-Plans« kommt Knaus schließlich auch zu den innenpolitischen Auswirkungen der sogenannten Flüchtlingskrise in den EU-Staaten und zu den Gründen, warum er ein Eingreifen für geboten hält:

> Das Aufkommen einer antimuslimischen, pro-Putin eingestellten extremen Rechten in der europäischen Politik sollte daher ein Anlass zu wirklicher Besorgnis sein. Es bringt die Aussicht auf eine europäische Politik, die sich in diese Richtung bewegt und sich mehr an die Politik des Kreml anlehnt.

Und das können die USA natürlich auf keinen Fall zulassen!

> Ein politischer Sturm braut sich zunehmend in einer Reihe von EU-Mitgliedstaaten zusammen. Populisten in ganz Europa gewinnen an Stärke durch den Mangel an glaubhaften Strategien der Mainstream-Parteien.

Warum ist in diesem Zusammenhang eine massenhafte Neuansiedlung von Syrern vor allem in Deutschland ein Thema? Die zumeist jungen Männer im wehrpflichtigen Alter können nun nicht mehr zum Wehrdienst eingezogen werden. Das schwächt Syrien und damit auch die russische Position, denn Syrien mit seiner russischen Mittelmeer-Marinebasis Tartus ist ein alter Klientelstaat der Russen noch aus Sowjetzeiten. Ein immer menschenleereres Syrien hilft den Plänen neokonservativer US-Kreise zur Zerschlagung und Aufteilung des Landes und der Türkei bei ihren Großmachtansprüchen und ihren Gelüsten, sich Nordwestsyrien mit Aleppo einzuverleiben – möglicherweise im Tausch gegen das Tolerieren einer unabhängigen Kurdenrepublik auf syrischem Territorium, was Erdoğan schon jetzt schlaflose Nächte bereitet. Zuletzt reichen sich bei der globalistischen, multikulturalistischen Migrationsagenda US- und EU-Eliten die Hand.

Der leitende Direktor des Transatlantic Center des German Marshall Fund of the United States, Ian Lesser, schrieb am 11. September 2015 die Wünsche für Europa aus der US-Perspektive auf:

> Eine erfolgreiche Integration von Flüchtlingen aus Syrien und anderen Ländern und ein Europa, das stärker an Multikulturalimus gewöhnt ist, würde den Vereinigten Staaten ähnlicher sehen und könnte eine Triebkraft für die transatlantische Angleichung sein.

Gleichzeitig ist sich Herr Lesser natürlich bewusst, dass es einen europäischen Abwehrmechanismus gibt, eine stärkere Debatte um Identität, »populistische und nationalistische Parteien, die im Allgemeinen antiamerikanisch sind«, was Ungemach für die transatlantischen Beziehungen heraufbeschwören könnte. Lesser sieht für die EU eine schwere Herausforderung und eine tiefe Spaltung wegen der Migrationskrise voraus, die er als größer einschätzt als die Differenzen über Griechenlands Schuldenkrise und Russland. Sein Schlusssatz des »Policy Brief« lautet:

> Wenn wir akzeptieren, dass die Vereinigten Staaten einer der Hauptinteressenten an einer abgestimmteren und aktiven EU ist, sind die Risiken für die US-Interessen klar.[118]

Ein Europa, das den Vereinigten Staaten ähnlicher gemacht wird, ist auch die eigentliche Motivation hinter dem umstrittenen geheimen Freihandelsabkommen TTIP, das auch als Wirtschafts-NATO bezeichnet wird. Würde es unterzeichnet, stünde im Ergebnis eine noch tiefere Integration des transatlantischen Raums. Der militärische Block der NATO würde um ein Wirtschaftsbündnis ergänzt, das multinationalen Konzernen in diesem Raum eine einzigartige Machtstellung einräumte, die nationales Recht bricht: Internationale, mit drei Personen besetzte Schiedsgerichte könnten Nationalstaaten auf riesige Schadensersatzsummen verklagen, wenn deren Gesetzgebung ins Auge gefasste Investitionen und Konzerngewinne behindern würde. Die verbliebene Souveränität europäischer Nationalstaaten ist also gleich an mehreren Fronten Attacken ausgesetzt, denen man insgesamt und nicht in ihren Teilaspekten begegnen muss.

Die USA bemühten sich seit Jahrzehnten aus eigenen geostrategischen Interessen heraus, die kleinasiatische Türkei an Europa zu binden. Eine eurasische Umarmung Europas mit Russland, die unter anderem TTIP verhindern würde, gilt als Teufelswerk, obwohl naheliegend (Technologie geht mit Rohstoffen gut zusammen). Eine Umarmung mit dem NATO-Mitglied Türkei dagegen wird gefördert, wo es geht, und seien die Argumente dafür noch so bizarr. Daher stört ein Viktor Orbán auch so ungemein, wenn er unverdrossen vor einer »Islamisierung Europas« warnt und sich, wie viele andere osteuropäische Staaten auch, der Migrationsagenda widersetzt. Außerdem besitzt Orbán die Frechheit, die Ungarn ganz demokratisch per Referendum darüber abstimmen zu lassen, ob das Land Flüchtlingsquoten akzeptieren soll, so entschied es das höchste Gericht des Landes.[119]

Gerald Knaus sieht deswegen die Gefahr eines drohenden »Teufelskreises«:

> Ein Gefühl der Hilflosigkeit bei den Mainstream-Parteien, was zu steigender Selbstsicherheit unter denen führt, welche die Idee vom Asyl für syrische Flüchtlinge ablehnen. Das wird effektive Politikgestaltung lähmen. Es stärkt auch die Hand jener, die wie Ungarns Viktor Orbán denken, der kürzlich die derzeitige Flüchtlingskrise mit einer früheren osmanischen Invasion verglich. Wie er in einer Rede am 5. September sagte, »gibt es etwas, das Fundamentalisten einen Kreuzzug nennen. Aber Gemäßigte wie ich würden es eher als eine Herausforderung durch das Problem der Islamisierung Europas beschreiben. Irgendjemand muss es irgendwo mal als das bezeichnen, was es ist, muss es aufhalten und durch eine entgegenwirkende Politik ersetzen.«

Knaus erklärt weiter, warum Orbán weder für die USA noch die Türkei oder die EU-Granden salonfähig ist:

> Orbán hofft, Europa als ein christliches Projekt in Opposition zum Islam zu definieren. Für türkische Führer ist eine Europäische Union, in der eine wachsende Zahl nationaler Regierungen die politische Agenda befürwortet, eine bedeutsame Bedrohung ihrer Sicherheit in einer Zeit wachsender Unsicherheit über Russlands Absichten.

Daher sei es für die Türkei wichtig, mit dem einflussreichsten Land Europas, Deutschland, erfolgreich zu kooperieren und ein »machtvolles Gegen-Narrativ« zu erschaffen. Die Visaliberalisierung für die Türkei müsse her und das Land von seinen Flüchtlingsbelastungen entlastet werden. Deutschland müsse das Steuer ergreifen.

Für Gerald Knaus wird es sicherlich schmerzvoll sein, dass sich sein Plan von der wundervollen Zusammenarbeit zwischen Merkel und Erdoğan gerade in Luft auflöst. Gerald Knaus, das bleibt zu sagen, kann in seinem Merkel-Plan nicht einen einzigen rationalen Grund aufzählen, warum Deutschland das Gros der Syrer aus der Türkei aufnehmen soll.

Dafür, dass Gerald Knaus in Wirklichkeit mit seinem »Merkel-Plan« US-amerikanische Interessen vertritt, spricht nicht zuletzt auch, dass er nach eigener Aussage auf Konferenzen auftritt, die vom US-Außenministerium in Washington organisiert werden, und bei Seminaren mitwirkt, die vom National Endowment for Democracy (NED) organisiert sind. Das NED ist ein äußerst einflussreicher US-Thinktank, der die Durchsetzung von US-Politik mit anderen Mitteln betreibt. Nicht selten bedeutet dies massive Einmischung in die inneren Angelegenheiten anderer Staaten.

Und natürlich sind auch die Sponsoren seiner European Stability Initiative ein Hinweis für die Interessen, welche diese mit ihrem »Merkel-Plan« vertritt: Der Thinktank wird nach eigenen Angaben unter anderem von privaten, sehr reichen Stiftungen unterhalten, welche für ihre Migrationsagenda bekannt sind, aber auch von staatlichen Stellen:

Es finden sich unter anderem die Stiftung Mercator, die ERSTE Stiftung, die Robert-Bosch-Stiftung, die King Baudouin Foundation, der German Marshall Fund of the United States, das vom US-Kongress finanzierte United States Institute of Peace, verschiedene europäische Außenministerien inklusive des Auswärtigen Amts, ferner die EU-Kommission, das Open Society Institute des vorbestraften

Multimilliardärs George Soros und der Rockefeller Brothers Fund als Geldgeber.[120]

Apropos United States Institute of Peace: Ihm steht Stephen Hadley vor, ein neokonservativer außenpolitischer Berater, der in der ersten Amtsperiode George W. Bushs dessen Nationale Sicherheitsberaterin Condoleezza Rice beriet. Anschließend stand er bis 2009 vier Jahre lang George W. Bush als Chefberater für Außenpolitik zur Seite. Außerdem war er Leiter des Stabs des amerikanischen National Security Council. Zu seinen speziellen Verantwortlichkeiten gehörten unter anderem die US-Beziehungen zu Russland, die strategischen Beziehungen zu Indien und die Raketenabwehr. In die Zeit von Hadleys Wirken fällt das größte und folgenschwerste außenpolitische Desaster der Vereinigten Staaten: der Krieg gegen den Irak, die Destabilisierung des Nahen Ostens, das Ermöglichen des IS. Solche Herren stehen einem »Friedensinstitut« vor und finanzieren Gerald Knausens »Merkel-Plan«, der »Mitleid« als Motivation angibt. Wie glaubwürdig ist das denn?

Kapitel 10

Die »Migration Initiative 2015-2016« der EU-Kommission

Die Rolle von ALDA

Im Jahr 2015, das einen Höchststand von illegaler Einwanderung nach Europa markierte, insbesondere nach Deutschland, legte die EU-Kommission ein Programm auf, das ihre Migrationsagenda bis in die Kommunen vor Ort transportieren soll. Dabei setzt sie auf die Europäische Assoziation für Lokale Demokratie (ALDA), eine typische Nichtregierungsorganisation, die von der EU finanziert wird und seit 1999 als Bindeglied zwischen Brüssel und lokalen Behörden, zivilgesellschaftlichen Organisationen und Bürgern der EU-Mitgliedstaaten dienen soll.

ALDA hat heute mehr als 200 Partnerorganisationen in über 40 Ländern. Diese Struktur bietet ALDA die Möglichkeit, in ihren strategischen Planungen für den Zeitraum 2015-2018 das Thema »Migration« in den Mittelpunkt zu rücken und auch umzusetzen. Dabei geht es – in Ton und Wortwahl nicht ganz neu – um folgende Punkte:

- die Förderung von Toleranz, Integration und Dialog zwischen Migranten und europäischen Bürgern und Gemeinden,
- die Verfolgung von Diskriminierung und sozialer Ausgrenzung gegenüber den Neuankömmlingen,
- darum, die Solidarität und Akzeptanz der Bürger gegenüber Migranten zu stimulieren,
- die Migranten mit Chancen, Instrumenten und nützlichen Kompetenzen auszustatten, die ihnen helfen, sich in einen neuen sozialen und wirtschaftlichen Kontext zu integrieren,
- die Teilhabe der Migranten am öffentlichen Leben zu fördern.

> ALDA: »Migration wird weiterhin eine Schlüsselpriorität der ALDA-Agenda sein, auch im Jahre 2016. Die Willkommensinitiative, die Europa als Hebel für eine Kooperation bei der Steuerung der Migranteneinglie-

derung will, wird ein wichtiges Momentum der Debatte über effektives Migrationsmanagement sein.« [121]

Bei ihren Bemühungen arbeitet ALDA mit dem Projekt LADDER zusammen, das ebenfalls EU-finanziert ist und für »Local Authorities as Drivers for Development Education & Raising awareness« steht, zu Deutsch: Lokale Behörden als Triebfedern für Entwicklung, Erziehung und Aufklärung.

Die Migrationsinitiative von ALDA & Co möchte über ihre Partnerorganisationen vor Ort sicherstellen, dass auch wirklich allen Migranten vom ersten Moment an Integration und Teilhabe garantiert wird. Dabei ist es ihr wichtig, dass Migranten für ihren illegalen Grenzübertritt- oder Aufenthalt nicht strafverfolgt werden und keinerlei Formen der Diskriminierung oder Gewalt ausgesetzt werden.

Nachfolgend ein Überblick, wie die EU Steuergelder ihrer Bürger im Sinne der Migrationsagenda ausgibt, die dann über Zwischenstationen bis an »Graswurzelorganisationen« vor Ort in verschiedenen EU-Ländern weitergeleitet werden.

ALDA wird von der EU finanziert

ALDA, ein multinationales EU-Netzwerk

Council of Europe, Congress of Local and Regional Authorities,
F-67075 Strasbourg

Lokale »Demokratie-Agenturen« auf dem Balkan

LDA Albania

LDA Armenia

LDA C. & S. Serbia

LDA Dnipropetrovsk

LDA Georgia

LDA Kosovo

LDA Montenegro

LDA Mostar

LDA Prijedor

LDA Subotica

LDA Zavidovici

OP Osijek

OP Prijedor

OP Verteneglio

Nach dem Beitritt Kroatiens zur EU im Juli 2013 wurden die drei ehemaligen lokalen Demokratie-Agenturen Kooperationspartner von ALDA.

Europe for citizens / Youth in Actions / Erasmus Plan

Break down or break out! (BDBO)

LEADERS – Local Environments: Active development of environmentally responsible societies

PATHS – (Youth for Solidarity Economy and Entrepreneurship in Europe)

Work on Social Cooper (WOSOCOOP)

Intercultural sensivity is all around

BET ON EU

EYES – European Youth Environmental Sentinals

CHARM: Creativity and Healthy Style: Advancing the Role of Music

DECIDE – DEmocratic Compact: Improving Democracy in Europe (DECIDE) 2013

PLAY: Passion, Love, Participation, Employability

T-Trust

WE-NET – Working for Environmentally Educated Towns

Youth Metre (A tool for forward looking youth participation)

Metropolitan Europeans in Active Network, Including Novelties in Governance (MEANING)

Urban Re-Generation: European Network of Towns (URGENT)

Partnerorganisationen für externe und Entwicklungskooperation

WTO – WORKING TOGETHER FOR DEVELOPMENT

SPREAD – Belarus Sustainable Partnership for REinforcement of Active Development

Mobilised society for local democracy

TANDEM - Cooperation for citizen participation and community development in Belarus

Vox in Box: Active Citizenship, Elections and Democratic Transition in Tunisia

TANDEM II – Cooperation for citizen participation and community development in Belarus

LADDER – Local Authorities as Drivers for Development Education and Raising awareness

CHOICE – Cultural Heritage: Opportunity for Improving Civic Engagement

Central European Initative (CEI)

Instrumente für EU-Beitrittskandidaten

Balkan regional platform for youth participation and dialogue

SNET.EU – Support for Networking and Twinning at European Level

Local Coalitions for Community Development

Civil Society in Action for Dialogue and Partnership

Bridges of Expertise to Fight Gender Based Violence

The European and Our Affairs

CARAVAN NEXT. Feed the Future: Art moving cities

Partnerorganisationen für Wirtschaft und Soziales

TYEC – Tackling Youth Employment Challenge: measures and strategies for European Social Dialogue Actors

BESPAT (Best European Policies, Analysis and Transference)

TIE – Tackling Illegal Economy

Re.Cri.Re – Between the Representation of the Crisis and the Crisis of the Representation

Fighting discrimination and anti-Gypsyism in education and employment in EU (PAL)

Partnerorganisationen für dezentralisierte Kooperation in Europa

France/Balkans multilateral decentralised cooperation programme on good governance in South-East Europe

Program for decentralized cooperation between the Region Normandy and Republic of Macedonia

Fazit: Die Brüsseler Migrationsagenda wird mit einem gewaltigen Apparat und unseren Steuergeldern bis vor unsere Haustüre gebracht und durchgesetzt.

Kapitel 11

Politisch korrekter Sex in der Migrationsgesellschaft

Darum, dass auch die sexuelle Integration gelingen möge, sucht sich die Bundeszentrale für gesundheitliche Aufklärung zu kümmern. Sie ist eine Bundesoberbehörde im Geschäftsbereich des Bundesministeriums für Gesundheit. Sie hat zusammen mit dem flämischen Expertenzentrum für sexuelle Gesundheit, »Sensoa«[122] aus Antwerpen, Belgien, ein Aufklärungsprojekt aufgezogen, das sicherstellt, dass Sexualität zwischen Migranten und Nichtmigranten auch politisch korrekt abläuft.

Die Online-Sex-Fibel kann in zwölf Fremdsprachen abgerufen werden. Name: »Zanzu, mein Körper in Wort und Bild«[123]. Mithilfe eindeutiger Piktogramme werden Sprachbarrieren beiseitegeräumt, um jedem in der Migrationsgesellschaft Aufklärung zu ermöglichen.

Anlass ist offenbar durch den massiven Zuzug vor allem muslimischer junger Männer ein gewisser Aufklärungsbedarf. Es wird mit geradezu pornografischer Eindeutigkeit erklärt, dass einvernehmlicher Sex in unserer vielfältigen Gesellschaft auf vielfältige Weise möglich ist: Sex kann auch vor der Heirat, mit demselben Geschlecht, mit einem festen Partner, als Gelegenheitssex oder mit einem oder mehreren Partnern stattfinden. Wichtig sei aber:

> Jedes Mal, wenn Sie Sex haben, sollten Sie Ihre Zustimmung geben und sich bereit fühlen. Zustimmung bedeutet, dass beide Personen, die an dem sexuellen Kontakt teilhaben, diesem zustimmen müssen und jede der beiden Personen jederzeit entscheiden kann, dass sie aufhören möchte.

Auch korrekte Positionen und Stellungen erklärt der offizielle Sex-Ratgeber:

> Sie können Geschlechtsverkehr in verschiedenen Positionen haben: im Liegen, im Sitzen, im Stehen oder Hocken. Es gibt neben dem Geschlechtsverkehr noch andere Arten Sex zu haben.

Eindringen in den Anus: Ein Mann und eine Frau oder zwei Männer können Sex mit Eindringen in den Anus haben. Eine Frau kann durch das Eindringen in den Anus nicht schwanger werden. Sie sollten aber verhindern, dass Sperma in die Scheide läuft.«[124]

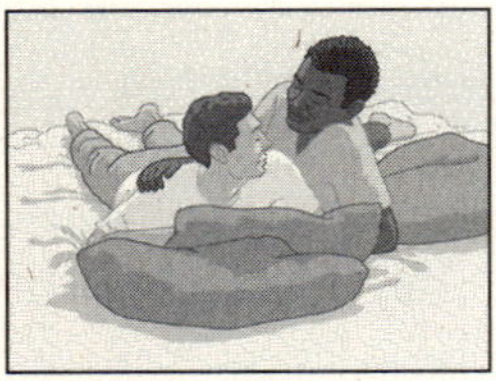

Gleichgeschlechtlicher Sex ist ok

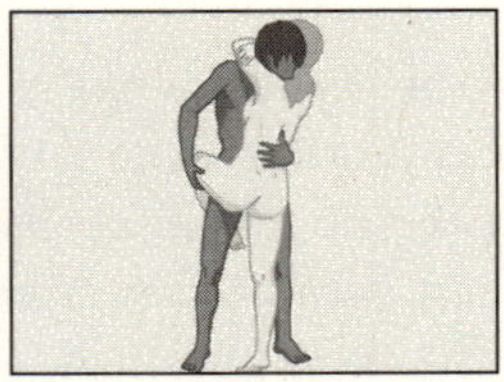

Sex im Stehen ist auch ok

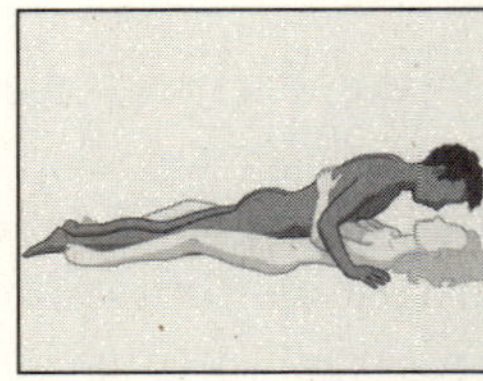

So kann es der schwarze Mann mit der weißen Frau auch machen: ganz traditionell

Alle die Migranten, die noch Aufklärungsbedarf haben, was beim Sex eines schwarzen Mannes mit einer weißen Frau im Unsichtbaren passiert, werden drastisch belehrt. Das letzte der folgenden drei Bildchen zeigt einen erfolgreichen Sex-Akt: Das Ei der Frau wartet schon …

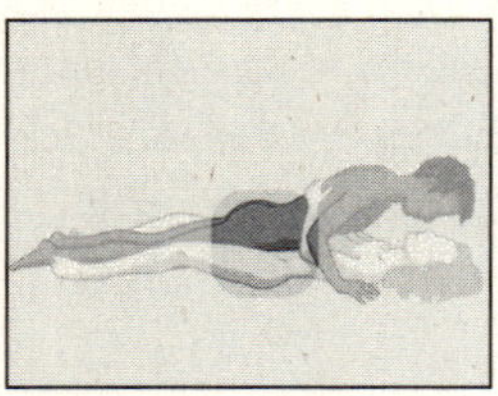

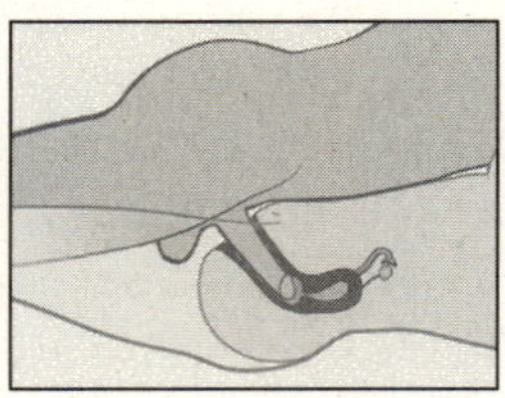

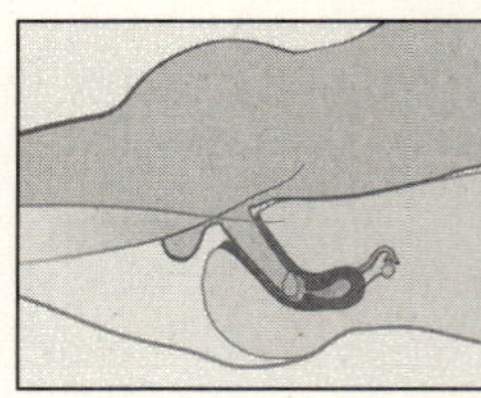

Teil 2

Die Rolle der UNO bei der Durchsetzung der Migrationsagenda

»Es ist eine Platitüde zu sagen, dass wir in einer globalisierten Welt leben. Weniger verstanden wird aber, dass die Globalisierung in Phasen erfolgt. Wir befinden uns in der zweiten: dem Zeitalter der Mobilität. In der ersten Phase, als der Fluss von Kapital und Gütern liberalisiert wurde, fiel der Nutzen der Globalisierung vor allem den Industriestaaten und ihren Handelspartnern zu, darunter Brasilien, China und Indien. *Da wir nun in das jüngere Zeitalter der Mobilität eintreten, werden sich die Menschen in immer größerer Zahl über Grenzen hinwegbewegen.* In ihrem Streben nach mehr Chancen und einem besseren Leben haben sie das Potenzial, die großen Ungleichheiten einzureißen, die unsere Zeit charakterisieren, und beschleunigen so den Fortschritt in den Entwicklungsstaaten. [...]

Die freie Bewegung von Menschen hilft, die Weltwirtschaft anzutreiben. Wenn ein Krankenhaus in London Krankenschwestern benötigt, wirbt es sie aus Ghana oder Sierra Leone an. Wenn Google Programmierer sucht, wird es oft in Entwicklungsstaaten fündig. Bis heute war dieser Fluss der Menschen hauptsächlich für die reichen Staaten von Vorteil und erregte in den Entwicklungsstaaten Besorgnis über die Abwanderung hochqualifizierter Arbeitskräfte. Unser Wissen aber nimmt zu, wie die Migrationsgleichung für alle funktioniert.«

— UN-GENERALSEKRETÄR BAN KI-MOON
IN EINEM GASTBEITRAG FÜR DIE *BERLINER ZEITUNG*[1]

Vorbemerkung

Nach den Schrecken der beiden Weltkriege sind die Vereinten Nationen (und ihr Vorläufer Völkerbund) in erster Linie zur künftigen Verhinderung von Krieg und zur Wahrung des Weltfriedens gegründet worden. In ihrer Charta sind als Ziele außerdem die Einhaltung des Völkerrechts, der Schutz der Menschenrechte und die Förderung der internationalen Zusammenarbeit festgelegt.

Das Flüchtlingshilfswerk der Vereinten Nationen (UNHCR) »schützt und unterstützt« im Rahmen seines menschenrechtlichen Engagements »Flüchtlinge, Binnenvertriebene, Staatenlose, Asylsuchende und RückkehrerInnen auf der ganzen Welt«.

Das UNHCR kümmert sich nicht um die steigende Anzahl von Menschen, die laut Angaben der Weltbank mit weniger als 2 Dollar am Tag auskommen müssen. Das ist auch nicht seine Aufgabe.

Rund 3 Milliarden Menschen auf diesem Planeten sind zu arm, zu krank, zu schwach, um sich Gehör zu verschaffen. Sie können nur davon träumen, eine starke Migrations-, Flüchtlings- oder Asyllobby an ihrer Seite zu haben. Denn sie können nicht weg, sie haben weder die Kraft noch die Mittel, sich auf den Weg nach Europa oder Nordamerika zu machen. Geschweige denn können sie Tausende von Dollars für eine Schleusung aufbringen. Sich für diese Menschen einzusetzen ist schwer, es bringt keine mediale Aufmerksamkeit und keine schnellen Erfolgserlebnisse. Denn es verlangt Kompliziertes. Es ist eine undankbare Aufgabe, und sie ist schwer zu vermitteln.

Sich für Flüchtlinge einzusetzen ist vergleichsweise einfach: Die Devise vieler sogenannter Aktivisten der Zivilgesellschaft, im Schulterschluss mit führenden Politikentscheidern, lautet: Grenzen auf, illegale Migration legalisieren, und alles wird gut.

Sich mit den Milliarden von Menschen zu befassen, die in auswegloser Armut dahinvegetieren, verlangt dagegen Auseinandersetzung mit unserem globalen Finanz- und Wirtschaftssystem, der Politik von IWF und Weltbank und der stetigen Umverteilung des Reichtums dieser Welt auf immer weniger Menschen.

Dies führt zu der Frage, ob wir überhaupt die richtige Zielgruppe für unser humanitäres Tun im Auge haben, wenn wir darüber nachdenken, wie man Migranten helfen kann, die nach Europa strömen. Die Autorin ist in aller Bescheidenheit der Meinung, dass die besonders in Deutschland zelebrierte sogenannte Willkommenskultur einem Irrtum ungeheuren Ausmaßes aufsitzt. Sie hat sich die falsche Zielgruppe ausgesucht! Die zur Verfügung stehenden geistigen und materiellen Ressourcen sollten investiert werden in die Frage, wie wir das schlimme Los der 3 Milliarden Menschen ändern können, die mit weniger als 2 Dollar am Tag auskommen müssen.

Zu den Menschen, die sich in einer ausweglosen Situation befinden, gehören vor allem auch christliche Flüchtlinge und Angehörige religiöser Minderheiten. Die syrisch-orthodoxe Ordensschwester Hatune Dogan, die regelmäßig in Flüchtlingslager reist, um Flüchtlingen aus Syrien und dem Irak zu helfen, schrieb 2014:

> Wer sich auf den Weg nach Europa macht, gehört schon zu den Privilegierten. Papiere, Transport und Schleusertrupps kosten Geld. Wer das nicht aufbringen kann, strandet in der Ausweglosigkeit der Lager. Krieg und Verfolgung treffen die Ärmsten der Armen am härtesten. Aktuell sind das vor allem mittellose Jesiden, Christen und Angehörige anderer Minderheiten. Vor allem diesen Menschen sollte unser besonderer Schutz gelten.[2]

Es ist jedoch nicht bekannt, dass sich die Politik oder wenigstens die christlichen Kirchen gerade um die verfolgten christlichen Glaubensbrüder und -schwestern kümmern würden. Viele Christen flohen 1915 vor den türkischen Massakern an Armeniern und Christen aus der Türkei nach Syrien, heute müssen ihre Nachfahren erneut vor islamistischen Milizen fliehen.

Kapitel 12

Taub und blind: Wie die Warnungen des UNO-Hochkommissars für Flüchtlinge ignoriert wurden

Aber auch innerhalb unserer Beschäftigung mit »Flüchtlingen« und unserer gesteigerten humanitären Sensibilität übersahen wir eine große Gruppe syrischer Flüchtlinge völlig. Sie vegetiert in extremer Armut, aber niemand hörte sie, kein europäisches Land wollte sie, auch nur vorübergehend, aufnehmen. Die Rede ist von syrischen Frauen.

Laut einer Erhebung des Flüchtlingshilfswerks der Vereinten Nationen (UNHCR) vom Frühjahr 2014 leben 145 000 syrische Flüchtlingsfrauen, deren Männer vermisst sind, in Ägypten, im Libanon, im Irak und in Jordanien unter erbärmlichen Verhältnissen. Sie müssen allein auf sich gestellt für ihre Kinder aufkommen und sind, da ihnen der männliche Schutz fehlt, vielen Formen der Ausbeutung ausgesetzt. Ein Drittel von ihnen hat nicht genug zu essen. Sie kämpfen um das schiere Überleben. Nur ein Viertel von ihnen erhält Hilfe von Hilfsorganisationen.

Das UNHCR rief im Sommer 2014 dringend Spender, Regierungen der Aufnahmeländer und Hilfsorganisationen zum Handeln auf.

Im Juli 2014 sagte der Hochkommissar für Flüchtlinge, António Guterres:

> Für Hunderttausende von Frauen war die Flucht aus ihrer zerstörten Heimat nur der erste Schritt auf einer Reise voller zermürbender Entbehrungen. Sie haben kein Geld mehr, sehen sich jeden Tag Bedrohungen ihrer Sicherheit ausgesetzt und werden als Aussätzige behandelt, einzig und allein deshalb, weil sie das Verbrechen begingen, ihre Männer in einem bösartigen Krieg zu verlieren. Es ist eine Schande. Sie werden dafür gedemütigt, dass sie alles verloren haben.[3]

Doch die Situation für die Flüchtlinge wurde immer schlimmer. Ein Jahr später erging erneut ein verzweifelter Hilferuf des UNHCR.

Angesichts von fast 2 Millionen syrischer Flüchtlinge in der Türkei, 1,2 Millionen in Jordanien, 600 000 im Jemen, 250 000 im Irak und

250 000 in Ägypten waren die humanitären Einrichtungen der UNO wie das World Food Programme am Rande des Bankrotts und nicht in der Lage, die fundamentalsten Bedürfnisse der Schutzbedürftigen zu gewährleisten. Das treffe auch somalische und sudanesische Flüchtlinge in Kenia, so der Bericht. Es waren schlicht nicht die notwendigen Geldbeträge zur Versorgung so vieler Flüchtlinge eingegangen. Kombiniert mit der Unmöglichkeit, in ihre Heimatländer zurückzukehren, haben diese verschlechterten Bedingungen signifikant zum Ansteigen der Flüchtlingszahlen Richtung EU beigetragen.

Die zur Verfügung stehenden Finanzmittel seien gegenüber 2014 um 10 Prozent gefallen, teilte António Guterres dem britischen *Guardian* im September 2015 mit, man habe Essensrationen kürzen und Kliniken schließen müssen. Allein im Monat August mussten durch die Knappheit an Finanzmitteln 184 Kliniken geschlossen werden, 3 Millionen Iraker seien nunmehr ohne medizinische Versorgung.[4]

Der syrische Flüchtlingsplan benötige eigentlich die veranschlagten 1,3 Milliarden Dollar, es seien aber nur 35 Prozent dieser Summe eingegangen. Besonders die Situation im Libanon und in Jordanien sei unerträglich und »treibe frische Flüchtlingswellen nach Europa«. »Die globale humanitäre Gemeinschaft ist nicht zerbrochen – als Ganzes ist sie effektiver denn je, aber wir sind finanziell am Ende«, so der UNO-Hochkommissar für Flüchtlinge gegenüber dem *Guardian.*

Und dann erging eine ernste Warnung, die ungehört verhallen sollte:

> Wenn man das humanitäre Budget weltweit anschaut, so liegt es irgendwo zwischen 20 und 30 Milliarden Dollar. Ich kenne keinen einzigen Bailout, nicht mal von einer mittelgroßen Bank, der nicht mehr als das gekostet hätte. Nicht mehr für humanitäre Hilfe auszugeben ist eine schlechte Strategie, um nicht zu sagen, sie ist suizidal.

1,3 Milliarden Dollar hätten zur rechten Zeit im Sinne einer Hilfe vor Ort unter Umständen Flüchtlinge in der Nähe ihrer Heimat halten können – eine lächerliche Summe, die Deutschland mit Leichtigkeit sogar allein hätte aufbringen können. Jetzt muss es das Vielfache davon in die Hand nehmen, und die Schätzungen, welche Milliardensummen die sogenannten Refugees letztlich kosten werden, sind zum jetzigen Zeitpunkt kaum mehr als Ahnungen.

Bei Bankenrettungen werden Milliardenbeträge in die Töpfe geworfen, bei Flüchtlingen, die sich vor Armut nicht einmal zurück nach Syrien bewegen, geschweige denn ein Schleuserboot besteigen können, gibt sich die Wertegemeinschaft knauserig.

Das Welternährungsprogramm des UNHCR berichtet von syrischen Flüchtlingen in derart erbärmlicher Lage, dass sie aus den Flüchtlingslagern der Nachbarländer nicht mehr heimkehren können, »weil sie es sich nicht leisten können«[5].

2015 war das Jahr der Kürzungen der Essensrationen für syrische Flüchtlinge, die mit 14 Dollar im Monat auskommen mussten. Hunderttausende von Familien wurden Rationen gestrichen. Im September 2015 musste das Welternährungsprogramm ein Drittel der Syrer aus dem Programm nehmen, darunter 200 000 Flüchtlinge, die in jordanischen Camps leben.

Im Oktober kam dann eine Spende der EU-Kommission von 30 Millionen Dollar, sodass das World Food Programme (WFP) die Rationen wieder erhöhen konnte. Das Geld reicht jedoch nicht einmal für die ersten Monate des Jahres 2016, wie WFP-Repräsentantin Dina El-Kassaby gegenüber dem *Guardian* am 14. Dezember 2015 sagte.[6] Das Welternährungsprogramm hat keinerlei Planungssicherheit und hatte von den 639 Millionen Dollar, die es bis Mai 2016 brauchte (mit Stand Dezember 2015), erst 358 Millionen Dollar erhalten.

Das Versagen der politisch Verantwortlichen angesichts der Situation der syrischen Flüchtlinge, die mangelhafte finanzielle Ausstattung der Hilfsorganisationen 2015 und in den Jahren davor ist ursächlich mitverantwortlich für die sogenannte Flüchtlingskrise. Einmal in Europa eingetroffen werden für diejenigen, die sich Überfahrten leisten können und die sogar »übernormal« und »überdurchschnittlich gesund« sind, wie es der Bundesärztepräsident Frank Ulrich Montgomery im Dezember 2015 sagte,[7] Milliarden ausgegeben, während diejenigen, welche vollständig von internationalen Hilfsorganisationen wie dem Welternährungsprogramm abhängig sind, weiter nicht wissen, wie lange sie ihre Essensrationen noch erhalten werden.

UNO-Generalsekretär Ban Ki-moon verkündete im November 2015 den Plan für einen UNO-Gipfel im März 2016. Auf diesem Treffen soll es buchstäblich um die Neuansiedlung bzw. Umsiedlung (*resettlement*) von Millionen syrischer Flüchtlinge gehen, die ihre Heimat verlassen mussten und in Flüchtlingslagern leben. Es wird offenbar auf internationaler Ebene nicht mehr davon ausgegangen, dass die syrischen Flüchtlinge jemals in ihre Heimat zurückkehren werden.

Aber es wird möglicherweise auch um die 11,7 Millionen Flüchtlinge in Camps unter UNHCR-Mandat gehen, die seit mindestens 5 Jahren darauf warten, dass für ihre Zukunft eine langfristige Lösung gefunden wird.

Ban Ki-moon kündigte auch an, er werde einen Tag vor dem jährlichen Treffen der Führer der Welt bei den Vereinten Nationen in New York im September ein Treffen auf höchster Ebene über das Management von Migrations- und Flüchtlingsströmen im großen Stil anberaumen.[8]

UNO – globaler Pakt zur Umverteilung von Menschen: »Teilung von Verantwortung«

Das für den September 2016 angekündigte Treffen der Weltführer bei den Vereinten Nationen soll offensichtlich zu einer der größten globalen Menschenumverteilungen in der Geschichte werden: Es ist angedacht, über einen längeren Zeitraum jährlich mindestens 2 Millionen Menschen umzusiedeln. Es gibt ca. 20 Millionen beim UNHCR registrierte Flüchtlinge. Um diesen Bestand zu reduzieren, sollen jährlich 10 Prozent der Flüchtlinge in reichere Ländern verbracht werden. Derzeit soll sich mehr als die Hälfte der Flüchtlinge in den Ländern Türkei, Pakistan, Libanon, Iran, Äthiopien, Jordanien, Kenia und Uganda aufhalten.

UNO-Generalsekretär Ban Ki-moon erwartet Zusagen der einzelnen Länder:

> »Mit einer ausgewogenen Verantwortungsaufteilung würde es keine Probleme für die Gastländer geben«, sagte der UN-Generalsekretär nach Angaben von n-tv. »Wir können es uns leisten, zu helfen, wir wissen, was zu tun ist, aber zu oft stehen Gleichgültigkeit und Fremdenfeindlichkeit im Weg.«[9]

Kapitel 13

Die Migrationsagenda der UNO

> Es ist die Absicht der Natur, daß die Menschheit in mannigfaltigen Volksgeschlechtern blühe und jedes Volk in seiner Eigenthümlichkeit und originellen Verschiedenheit sich zu allem dem entwickele und ausbilde, was es nach seinen ihm besondern Anlagen und Kräften werden kann und darum auch werden soll. Nicht in einförmigem Einerlei, sondern in unergründlicher Mannigfaltigkeit, im unendlichen Reichthum der Formen und Gestalten, in der endlosen Verschiedenheit der Bildungen offenbart sich der grosse Weltgeist, wie in der leblosen, so in der lebenden Natur.[10]
>
> — ANSELM VON FEUERBACH,
> DEUTSCHER RECHTSGELEHRTER (1775–1833)

Peter Sutherland ist seit 2006 Sondergesandter für Internationale Migration des jeweiligen UNO-Generalsekretärs. In dieser Position »unterstützte« er Ban Ki-moon bei der Bewerbung der UNO-Agenda für Internationale Migration. Von Sutherland stammte auch der Vorschlag zur Gründung eines »Global Forum on Migration and Development (GFMD)«[11], das mittlerweile von rund 150 Ländern besucht wird. Das Forum soll die internationale Zusammenarbeit in Sachen Migration verbessern. Arbeitsziele des GFMD sind:

> Die internationalen Prioritäten und die Agenda für Migration und Entwicklung zu strukturieren.

Der nächste Gipfel des Forums ist angekündigt unter dem Motto:

> Migration, die der nachhaltigen Entwicklung aller zugutekommt. Auf dem Weg zu einer transformierenden Migrationsagenda.

Durch Migration soll also eine Transformation zustande kommen. Und zwar für alle. Was genau steckt hinter diesem Plan?

Das Globale Forum für Migration und Entwicklung nutzt bei seiner Arbeit »eine einzigartige partizipatorische Arbeitsmethode«. Diese klingt nach einer intensiven Netzwerkarbeit auf verschiedenen Ebenen. Das Forum erläutert seine Arbeitsweise so:

> Regierungen, Politiker, UN- und andere internationale Behörden, einschließlich derer, welche die *Global Migration Group* repräsentieren, sowie akademische und zivilgesellschaftliche Organisationen, soweit nützlich und von den Regierungen gewünscht, werden in den Prozess einbezogen.

Das Netzwerk der GFMD bezieht auch Repräsentanten der Zivilgesellschaft ein, die eingeladen werden, um parallele Treffen abzuhalten und ihre Überlegungen mit den Staaten zu teilen.

> Das Ziel ist, die Stimmen und die Expertise von Akademikern, NGOs, Gewerkschaften, dem privaten Sektor, Migranten und Vertretern der Diaspora im Forum mit einzubeziehen.[12]

Um die genannten Gruppen der Zivilgesellschaft zu erreichen, veranstaltet die GFMD einen »Civil Society Day« (Tag der Zivilgesellschaft). Dort wird überlegt, wie man konkrete Ziele und Vorhaben erreichen kann. Entsprechend stand der Tag 2015 unter dem Motto »Achieving Migration and Development Goals – Movement together on global solutions and local action« (Migration und Entwicklungsziele erreichen: Die Bewegung zusammen für globale Lösungen und lokale Aktionen).

Wenn man bedenkt, dass ein Großteil der Migration auf unserem Planeten eine erzwungene ist, durch Kriege, Konflikte und andere Katastrophen bedingt, so kann man nur den Kopf schütteln über Eliten, die auf hochrangigen Konferenzen Migrationsziele »erreichen« wollen, mit der Migration all jener Entwurzelten eine »Transformation« in den Aufnahmeländern anstreben und die Ziele dieses Aktionsplans für Migration auch noch in einen Fünfjahresplan gießen.[13] Titel: »The 5-year action plan«.

Eine Acht-Punkte-Agenda dieses Plans fordert eine verbesserte Planung durch die Politik, um Migration attraktiver zu machen, sodass sie verstärkt freiwillig anstatt aus einer Notlage heraus abläuft. Punkt 7 und 8 des Plans sind besonders aufschlussreich. Sie beschäftigen sich mit Arbeitskräftemobilität – dem jederzeit von Kontinent zu Kontinent abrufbereiten Arbeitsmigranten, der von einer international tätigen Rekrutierungsindustrie leichter gewinnbringend dorthin vermittelt werden kann, wo gerade Bedarf herrscht. Die Acht-Punkte-Agenda ruft nach globalen Standards und globalen Regulierungsmechanismen für die Rekrutierungsindustrie. Die Lasten der Arbeitsmigration sollen durch volle gesellschaftliche Rechte, Zugang zu Staatsbürgerschaft in den Zielländern und Familiennachzug wettgemacht werden.

Die Zusammenkunft 2015 unter dem Schirm des GFMD war die größte seit Bestehen. 800 Teilnehmer hatten sich beworben, 339 Teilnehmer wurden für die Konferenz von einem Lenkungskomitee ausgesucht. Darunter ungefähr 225 Delegierte der Zivilgesellschaft, davon repräsentierten 40 Prozent der Delegierten wiederum Migranten- oder Diaspora-NGOs, ein Drittel waren Vertreter von NGOs, die sich mit Menschenrechten befassen, der Rest teilte sich auf zwischen Teilnehmern von Entwicklungshilfe-NGOs, Gewerkschaftsorganisationen, der akademischen Community und dem Privatsektor.

Alle Weltgegenden waren ausgiebig repräsentiert mit Delegierten aus 30 afrikanischen, 33 asiatischen, 25 europäischen und 26 amerikanischen Staaten. Dazu stießen 24 Gäste aus Regierungen und 82 Beobachter internationaler Organisationen und UNO-Agenturen.

Das Programm präsentierte mehr als 80 »Gedankenführer« (*thought leaders*) und »Diskussionseröffner« (*discussion starters*) aus Zivilgesellschaft und Beobachtern.[14] Deutschland war bei dieser Veranstaltung der GFMD gut repräsentiert. Die Teilnehmerliste ist aufschlussreich![15]

- Ali Nawal: International Women Bond (IWB)
- Bensalah-Mekkes, Souad: Deutsch-Marokkanisches Kompetenznetzwerk (DMK)
- Hagemann, Hildegard: Deutsche Kommission Justitia et Pax
- Mokini, Obiri: Cagintua e.V.
- Najafi, Behshid, Agisra e.V. Information and counselling Center for female migrants and refugees
- Rother, Stefan: Universität Freiburg
- Saigong, Dr. Akuma: Kamerun4AfrikaClub e.V.
- Schwenken, Helen: Institute for Migration Studies (IMS), Research Network for Domestic worker Rights (RN-DWR)
- Thekumthala, Davis Lona: World Malayalee Council (Indian Diaspora), Berlin-Steglitz City Integration Migr. Adv. Council Member
- Wirsching, Sophia: Bread for the World – Protestant Development Service

- Sifflet, Diane: Anwältinnen ohne Grenzen e. V.
- Wolf, Christian: DanChurchAid (DCA)
- Angenendt, Steffen: *Stiftung Wissenschaft und Politik*
- Azahaf, Najim: *Bertelsmann-Stiftung*
- Koch, Dr. Anne: *Stiftung Wissenschaft und Politik*
- Lorenz, Sönke: *Auswärtiges Amt*

Nach eigenen Angaben ist das GFMD formal nicht Teil des UNO-Systems, kooperiert aber seit seiner Gründung 2007 mit der Global Migration Group, an der eine Vielzahl von UNO-Institutionen beteiligt sind. Das GFMD führt gemeinsam mit der Global Migration Group Veranstaltungen durch, auf denen auch der UNO-Generalsekretär spricht. Die Ergebnisse der Konferenzen werden an die UNO weitergeleitet.

Die Global Migration Group

Mit der Global Migration Group sind wir bei der Suche nach dem Ursprung der Migrationsagenda und der massiven Förderung einer entwurzelten Welt »in Bewegung« schon sehr weit gekommen. Die Gruppe ist eine Lobbyorganisation globalen Maßstabs, welche die …

> breite Anwendung aller relevanten internationalen und regionalen Instrumente und Normen fördert, welche mit Migration zu tun haben. Sie ermutigt die Annahme einer einheitlicheren, umfassenderen und besser koordinierten Vorgehensweise beim Thema internationale Migration.[16]

Die »Global Migration Group«.
Motto: »Gemeinsam handeln in einer Welt in Bewegung«

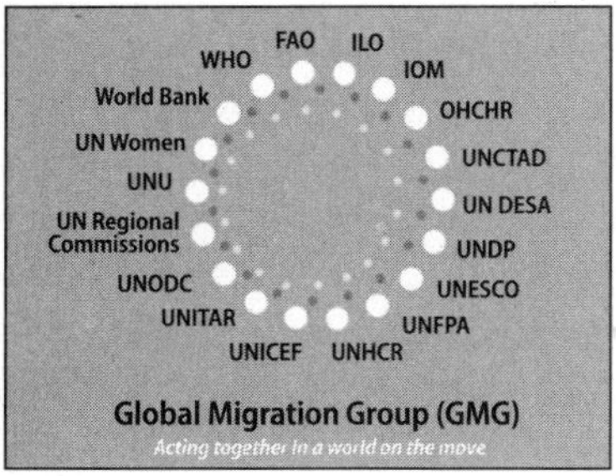

Die GMG ist eine globale Lobbygruppe für Migration. Schaut man sich das Logo der Organisation an, so finden sich neben bekannten UNO-Einrichtungen auch die IOM (Internationale Organisation für Migration) und die Weltbank.

Kapitel 14

Who is Peter Sutherland?

Peter Sutherland, der Sondergesandte für Internationale Migration beim UNO-Generalsekretär, ist einer der vehementesten Befürworter von Migration. Viele Berichte über ihn beginnen mit dem Satz »He strongly believes« – er hat den tiefen bzw. starken Glauben, dass …, was darauf hindeutet, dass bei Sutherland eine fast religiöse Dimension, ja sogar ein beinahe religiöser Eifer vorliegt. Er ist zutiefst davon überzeugt:

> Keine andere Kraft, weder Handel noch Kapitalströme, hat das Potenzial, Leben in nachhaltiger und positiver Weise in dem Ausmaß zu transformieren, wie es die Migration tut.[16]

Wahrscheinlich hat sich Sutherland nie die Frage gestellt, ob die betroffenen Menschen, denen er das Migrationsevangelium predigt, jemals gewünscht haben, in ihrem Leben durch Migration »transformiert« zu werden. In dem bereits erwähnten Papier »Europas Herausforderung durch die Immigration«, das er 2012 mit Cecilia Malmström verfasste, heißt es apodiktisch:

> Die europäischen Staaten müssen endlich akzeptieren, dass sie wie die Vereinigten Staaten, Kanada und Australien Einwanderungsländer sind. Der Anteil der im Ausland geborenen Bürger ist in einigen europäischen Ländern – wie Spanien, Großbritannien, Deutschland, den Niederlanden und Griechenland – ähnlich hoch wie in den USA.

Was Peter Sutherland Angela Merkel ins Ohr flüsterte

Um sich der Person des Iren Peter Sutherland anzunähern, kann es nicht schaden, die irische Presse zu konsultieren. Ein Artikel der *Irish Times* vom Dezember 2015 trägt die Überschrift: »Peter Sutherland, moralische Merkel, fragiles Europa, ›höhnisch grinsendes Irland‹«. Der Autor schreibt ganz ohne Umschweife und voller Ehrfurcht:

> … Sutherland hat mehr Einfluss und Macht erlangt, als sich die meisten Politiker erträumen können. Präsidenten, Premierminister und Päpste hatten ihn auf ihrer Liste für Weihnachtskarten – und im Kurzwahlspeicher. Sutherland genießt den Einfluss, den er erlangt hat, aber sagt, er habe ihn immer nur dazu genutzt, das »noble Projekt« der europäischen Integration voranzubringen. »Ich habe einen starken Glauben an Europas Integration zur Zähmung des Nationalismus«, sagt er. Er ist bekleidet mit einem rosa Pullover, grauen Hosen und Wildleder-Slippern. Sutherland gibt zu, dass das große europäische Integrationsprojekt und seine Verteidiger wie er selbst, sich dieser Tage »im Belagerungszustand« befinden.

Die sogenannte Flüchtlingskrise scheint tatsächlich auch bei so globalen Gestalten wie Sutherland ein wenig die Wasseroberfläche gekräuselt zu haben. Der Spezialgesandte für Migration bei der UNO und beim Heiligen Stuhl »hat jetzt einen Sitz direkt am Ring für historische Ereignisse, die entweder die europäische Integration schaffen oder sie abschaffen werden«. Im englischen Originalton heißt es treffend »*make it or break it*«. Ja, diese Tage sind nichts für schwache Nerven!

> Ich denke, das ist die Herausforderung für unsere Generation und wird durch die Geschichte anhand unserer Reaktion darauf beurteilt werden. Ich denke, Angela Merkel hat recht, wenn sie sagt, das ist die terminale Krise für die EU, wenn es schiefgeht.

In diesem Zusammenhang beschreibt Sutherland für die *Irish Times* eine sehr bezeichnende Szene, die er mit der deutschen Bundeskanzlerin erlebte. Auf einem Gipfeltreffen am 11.–12. November 2015 in Valletta mit europäischen und afrikanischen Führern zu Migrationsfragen stand er für das Gruppenbild neben Angela Merkel, »die er in den letzten 10 Jahren regelmäßig getroffen hat«, wie der Artikel ergänzt. Sutherland:

> Ich sagte ihr ins Ohr: »Sie sind eine Heldin!« Sie sah mich erstaunt an und erwiderte: »Aber es ist für Europa.« Ich sagte: »Ich weiß. Eben darum.«

Auf dem besagten Migrationsgipfel wurde unter anderem das Mobilitätsabkommen mit Äthiopien verabschiedet sowie ein Aktionsplan zur Verbesserung der Zusammenarbeit im Bereich der legalen Migration und Mobilität für mehr Schutz für Migranten und Asylbewerber, aber auch zur Verhinderung und Bekämpfung der irregulären Migration, der Schleusung von Migranten und des Menschenhandels.[17]

Die von Sutherland überlieferte Szene ist vermutlich tatsächlich auch ein Schlüssel zu den Beweggründen für Merkels Alleingang am 14. September 2015, als sie ohne Rücksprache mit den anderen EU-Partnern, ohne Befragung des deutschen Parlaments und nur in Konsultation mit dem österreichischen Bundeskanzler Werner Faymann beschloss, die Grenzen zu öffnen.

> Für Sutherland fängt das Gespräch ein, wie das europäische Integrationsprojekt und die Migrationsherausforderung miteinander verwoben werden müssen, um Erfolg zu haben.

Die Aussage Sutherlands ist ein weiterer Beweis, dass Angela Merkels Handeln das EU-Projekt im Blick hatte, wie wir es auch schon von Ulrike Guérot und Wolfgang Schäuble in ähnlicher Form hörten. Sutherlands Aussage eröffnet eine Interpretationsmöglichkeit über den humanitären Akt hinaus, den die Kanzlerin glaubte oder vorgab, vollziehen zu müssen. Und dieses Motiv ist nicht ganz so edel. Als überzeugte Vertreterin des EU-Projekts sah sie wohl eine einmalige Chance, die EU-Integration einen großen Schritt voranzutreiben, falls sie eine europäische Antwort auf die Migrationskrise erzwingen könnte. Europäische Integration durch Migration. Sie wollte durch ihr eigenmächtiges Handeln vermutlich einen entscheidenden Anstoß für ein umfassendes europäisches Agieren geben. Dieser Interpretation werden wir auf den Fersen bleiben und sie später erneut identifizieren.

Peter Sutherland (Davos, Weltwirtschaftsforum 2011)

Peter Sutherland ist ein aggressiver Internationalist (»*I am absolutely an internationalist*«), der kein Blatt vor den Mund nimmt, aus seinem offenen Hass gegen den Nationalstaat keinen Hehl macht und als bedeutender politischer

Akteur entscheidende Spuren hinterließ. Er ist wild entschlossen, den Europäern ihre nationale Souveränität und den »lästigen, prähistorischen« Nationalstaat auszutreiben und als das Böse schlechthin zu brandmarken: Originalton Sutherland:

> Die Gründungsväter der Europäischen Union – das Hauptargument, welches sie von Anfang an antrieb, war ein Angriff auf das, was sie gemeinsam als das Böse der nationalen Souveränität ansahen.[18]

Oder in alarmistischer Pose über Europa:

> Der Kontinent hat verzweifelten Bedarf nach einer dramatisch anderen Herangehensweise an den Multikulturalismus. Die Länder der EU haben zwei Optionen: Sie können entweder einen vergeblichen Versuch machen, zum überholten, monoethnischen Modell von Staatlichkeit zurückzukehren, oder sie können den Multikulturalismus akzeptieren und erkennen, dass ihre nationalen Kulturen nicht nur überleben, sondern sogar blühen werden.[19]

Bis 1989 arbeitete Sutherland in Brüssel an der wirtschaftlichen und finanziellen Integration der EU als Kommissar für Wettbewerb. Die nächste Etappe seines Wirkens war ein Projekt der Globalisierung. Sutherland sollte das Allgemeine Zoll- und Handelsabkommen GATT in die Welthandelsorganisation WTO transformieren, was 1995 geschah. Sutherland gilt deswegen als Begründer oder Pate der Globalisierung. Nun sieht er seine beiden Projekte, die EU und die Globalisierung, in Gefahr:

> Sutherland ist über Großbritanniens sich verschlechternde Migrationsdebatte verzweifelt, aber reserviert einen speziellen Hass für Ungarn, Polen und die Slowakei. Die restriktive Linie gegenüber Asylbewerbern bedrohe die Schengen-Prinzipien der freien Bewegung von Menschen, sagt er, und sie sei »ein schwerer Rückschlag für die europäische Integration«.[20]

Für die EU-Elite sind Migration und europäische Integration absolut miteinander verknüpft; dieses Motiv zieht sich wie ein roter Faden durch ihre Argumentationslinie. Deswegen trifft die mittel- und osteuropäischen Staaten des ehemaligen Warschauer Paktes, welche für

Bevormundung durch zentralkomiteeartige elitäre Strukturen offenbar eine stärkere Witterung haben, die volle Wut der Vertreter der Migrationsagenda in Europa. Es ist selbstverständlich deren gutes und souveränes Recht, sich nicht »transformieren« lassen zu wollen: »Wir sind Ungarn. Ungarn möchte keine Änderung aufgrund massenhafter Einwanderung. Wir wollen uns nicht ändern!«, sagte Ungarns Ministerpräsident Viktor Orbán, was ein Artikel der *Zeit* als »Ungarns verhängnisvoller Stolz auf seine Homogenität« denunzierte.

Kapitel 15

Die Kriegserklärung der globalen Elite an die Nationalstaatlichkeit Europas

Die Entgrenzung unserer Welt in vielerlei Hinsicht ist seit Langem ein Projekt der globalen superreichen Elite. Ihr besonderer Hass gilt der Nationalstaatlichkeit und der ethnischen Verschiedenheit Europas – welche sich in einer einzigartigen Vielfalt in Kunst, Kultur, Wissenschaft, Musik und auch einem sehr unterschiedlichen physischen Erscheinungsbild der Europäer äußert. Diese Andersheit, Unterschiedlichkeit und Vielfalt ist bewahrenswert, ja, es ist die Verpflichtung der jeweiligen Verfassungen, die Identität ihrer Staatsvölker zu erhalten.

Für die globale Elite gehört nationalstaatlich, regional oder kulturell geprägte Identität jedoch ausgelöscht, da sie ein nutzloser Stolperstein auf dem Weg zur totalen Verwertbarkeit des Menschen darstellt.

Die Eliten erklären den souveränen Staat schlichtweg für unfähig zur Problemlösung, zu einem Ärgernis, das Geschichte sein sollte, und sehen sein momentanes Scheitern angesichts der Flüchtlingskrise mit Wohlgefallen. Sie propagieren die Internationalisierung und die »*global governance*« als Allheilmittel. Es ist nicht leicht, einen Vertreter der 0,1 Prozent zu finden, der die Agenda jener »Elite« klar ausspricht. Ein solcher Top-Insider ist eben Peter Sutherland.

Der ehemalige irische Generalstaatsanwalt war unter anderem:

- EU-Kommissar für Wettbewerb;
- führte jahrelang die GATT-Verhandlungen (Allgemeines Zoll- und Handelsabkommen), welche Zölle und sogenannte Handelshemmnisse abbauten;
- führte und gestaltete lange die Welthandelsorganisation (WTO), war ihr 1. Generaldirektor, Ehrentitel »Vater der Globalisierung«;
- führender Eurokrat: Abschaffung der nationalen Währungen, Einführung des Euro, grenzenloses Europa;
- Ehrenpräsident des Transatlantic Policy Network (TPN), das TTIP (Transatlantic Trade and Investment Partnership) initiierte;
- Vorstand von BP;

- 20 Jahre im Vorstand bei Goldman Sachs International bis Juni 2015;
- im Vorstand der Bilderberger-Gruppe, regelmäßiger Teilnehmer; im Juni 2015 Teilnehmer an der 63. Bilderberg-Konferenz in Telfs-Buchen in Österreich;[21]
- europäischer Vorstand bei der Trilateralen Kommission;
- Vatikanberater (Güterverwaltung);
- Mitglied European Roundtable;
- Sondergesandter des UNO-Generalsekretärs für Internationale Migration.

Sutherland tritt wie ein absolutistischer Monarch auf: Ohne jede demokratische Legitimation ist er gewillt, das Leben von Millionen von Menschen zu »transformieren«, und traf und trifft weitreichende Entscheidungen auf globaler Ebene. Er gilt als gewichtiger Stichwortgeber, Berater und Entscheider, dessen Visionen und beinahe religiöse Überzeugungen wie göttliche Ratschlüsse aufgenommen werden. Das Verb »muss«, das er in seinen Einlassungen ständig gebraucht, steht für seinen unbedingten Willen, unsere Welt umzugestalten.

Um diese Bewertung der Person Sutherlands zu beweisen, seien im Folgenden einige wichtige Dokumente vorgestellt.

Das Zeitalter der Mobilität – Kann Migration für alle funktionieren?

Schon im Februar 2010 veröffentlichte Sutherland ein »Essay« im *Global Policy Journal* mit dem Titel: »Das Zeitalter der Mobilität. Können wir es schaffen, dass Migration für alle funktioniert?«[22] In diesem Artikel legt der Autor die »Trends« für die kommenden Jahre beim Thema Migration fest.

Region	Bevölkerung (2009)	Bevölkerung (2050)
Westeuropa	401 275 330	387 106 028
Osteuropa	120 154 616	101 302 638
Afrika	1 101 320 281	2 096 311 734
Subsahara-Afrika	827 134 713	1 849 175 157
Nordafrika	169 322 404	247 136 577

Quelle: US Census Bureau

Die Argumentation beginnt mit demografischen Projektionen für West- und Osteuropa, Afrika, Subsahara-Afrika und Nordafrika. Dabei wird gleich zu Anfang zugegeben, dass solche Hochrechnungen immer völlig falsch sein können, weil zukünftige Krisenfaktoren niemals mit einkalkuliert werden können.

Während sich die Bevölkerung Afrikas bis 2050 verdoppeln soll, geht man von einem Rückgang in Westeuropa von ca. 14 Millionen und einem noch größeren Bevölkerungsschwund in Osteuropa von ca. 19 Millionen Menschen aus.

Die Geburtenrate in einigen europäischen Ländern sei auf unter 50 Prozent des Reproduktionsniveaus gefallen, das sogenannte demografische Momentum der Unumkehrbarkeit sei eingetreten, es gebe keine andere Möglichkeit mehr außer Einwanderung.

»Demografisches Momentum« bedeutet, dass Entwicklungen immer von der vorherigen Generation abhängen und diese daher kaum korrigierbar sind. (Gehörte zum Beispiel die Elterngeneration zu geburtenstarken Jahrgängen, so wächst die Bevölkerung an, obwohl die Geburtenraten zum Beispiel sinken; gehörte die Elterngeneration zu geburtenschwachen Jahrgängen, so wird die Bevölkerung schrumpfen, auch wenn durch familienpolitische Maßnahmen oder andere Faktoren die Geburtenraten steigen.) Sutherland zitiert eine Schätzung der EU-Kommission, wonach es 2050 einen Rückgang der arbeitenden Bevölkerung in Europa von 40 Millionen gebe – trotz einer angenommenen Zuwanderung von 50 Millionen (!) Immigranten.

Der derzeitige Abhängigenquotient sei zum Beispiel für den deutschen Sozialstaat nicht mehr zu halten (er gibt das Verhältnis der Anzahl von Personen, die nicht mehr im Erwerbstätigenalter sind, zur Anzahl von Personen im Erwerbstätigenalter wieder). Daher müsse Deutschland »von jetzt [2010] an bis 2050 jährlich 3 Millionen Einwanderer willkommen heißen«. Was 2050 dann summa summarum 120 Millionen Einwanderer bedeuten würde. Ist der Mann irre? Eigentlich müsste man solche Forderungen nicht ernst nehmen, aber sie kommen aus einflussreichem Munde … und sie werden umgesetzt!

Gewiss, Europa sei nicht allein betroffen, auch Südkorea liege bei einer niedrigen Geburtenrate von statistischen 1,1 Kindern pro Frau, Japan bei 1,3 – Schanghai gar bei nur 0,9. Aber Sutherland ist es wie allen Vertretern der Migrationsagenda nicht wert, die Politik dieser asiatischen Länder zu untersuchen, die eben nicht in einer Förderung der Masseneinwanderung besteht. Einen Blick auf Japan warfen wir schon an anderer Stelle des Buches. Südkoreas exquisite Voraussetzungen zum Erwerb der koreanischen Staatsbürgerschaft sind besonders amüsant: Wer sich für einen südkoreanischen Pass qualifizieren möchte, muss vorher 5 Millionen Dollar in die koreanische Wirtschaft investieren oder einen koreanischen Ehepartner heiraten. Das Justizministerium macht nur Ausnahmen für solche Individuen, die einen besonderen Beitrag zur koreanischen Nation geliefert haben. Interessanterweise war Südkorea bisher Lieferant für Dienstleistungen (vor allem in den USA und im Mittleren Osten), was die hohe Anzahl von Auslandskoreanern (6,82 Millionen mit Stand 2009) widerspiegelt.

Peter Sutherland hat eine Herkunftsregion für den Ersatz der zukünftig angeblich fehlenden europäischen Arbeitskraft ausgemacht: Subsahara-Afrika! Insbesondere hat es ihm die Jugendausbeulung (»*youth bulge*«) angetan bei einer Bevölkerung, die 2050 den Voraussagen zufolge die 2-Milliarden-Marke erreicht haben wird. Dort tue sich ein gut ausgebildetes Potenzial für den europäischen Arbeitsmarkt auf. Immerhin werde es 2050 ca. 500 Millionen junge afrikanische, längst gut oder sogar höher ausgebildete Arbeitskräfte geben! Um gut ausgebildete Studenten sieht Sutherland zukünftig international einen wütenden Kampf entbrennen. Er lobt ausdrücklich die EU-Politik des »Global Approach to Migration« und der »Mobilitätspartnerschaft«, welche Entsendeländer und Diaspora enger zusammenbinden will.

Sutherland bedauert, es werde in den Aufnahmeländern der Migranten immer Pathologien wie unausrottbaren Rassismus und Fremdenhass geben (denn um nichts anderes kann es sich wohl handeln, wenn man Bedenken gegen die Verschickung von 120 Millionen Menschen aus Afrika nach Europa bis 2050 hegt), welche sich diesem neuen Politikansatz entgegenstellen würden. Daher müsse das Thema »Integration von Migranten« auf Platz 1 der Innenpolitik der Aufnahmeländer stehen.

Allerdings sieht Peter Sutherland eine starke Gegenströmung aufkommen:

> Kritiker argumentieren, dass die nationale Identität und der soziale Zusammenhalt geopfert wurden. In vielen Ländern Europas sowie in Kanada und Australien gab es einen Gezeitenwechsel.

Nicht jedoch bei Sutherland, der weiterhin sein Modell des kommenden Multikulturalismus in der Migrationsgesellschaft auf vier Säulen ruhen sieht: Erziehung, Politik, Arbeit und Staatsangehörigkeit.

In den Schulen sei eine ethnische Durchmischung Grundvoraussetzung, damit keine Segregation entstehe. Eine möglichst frühe Einschulung im Alter von 3 Jahren sei nötig, um den Spracherwerb zu fördern, und die Lehrinhalte müssten der Realität der Migrationsgesellschaft angepasst werden.

Die Begründung für die frühe Einschulung ist natürlich vorgeschoben, eher geht es um eine möglichst früh einsetzende Beeinflussung mit den Lehrinhalten der Migrationsagenda denn um Spracherwerb. Der Erwerb einer neuen Sprache dauert im Alter zwischen 6 und bis (mindestens) 12 Jahren genau 3 Monate. Dann sind die Schüler auf dem Niveau ihrer Altersgenossen. Voraussetzung ist allerdings, dass es möglichst wenig zu integrierende Kinder mit einer gemeinsamen Sprache in einer Schulklasse gibt, da sich sonst Gruppen bilden, was den Spracherwerb in der neuen Sprache hinauszögert.*

Zweite Sutherland-Säule: Immigranten müssten schnell in den politischen Prozess gezogen werden und eine Stimme erhalten. Parteien sollten sich aktiv um Mitglieder unter Migranten bemühen. Dritte Säule: Migranten müssten schnell in das Arbeitsleben integriert werden, und viertens müssten sie schnell und ohne große Hürden die Staatsbürgerschaft des Aufnahmelandes erwerben können. Dann gibt Peter Sutherland noch einen aufschlussreichen Rat mit auf den Weg:

> Es gibt noch mehr, was wir bedenken müssen, während wir voranschreiten. Eine lästige Angelegenheit ist für uns, dass wir in der Lage sein müssen, die Fähigkeit unserer Gesellschaften zur Integration von Immigranten abzuwägen und zu erkennen, ob wir sie mit der derzeitigen Rate der Migrationsströme überfordern. Wir müssen schlau dabei sein, beides zu kalibrieren, sonst wird die Geschwindigkeit der Veränderung Unzufriedenheit in der Gesellschaft säen.

---

* Die Autorin hat viele Jahre im europäischen Ausland gelebt: Im September wurde ein deutsches, niederländisches oder schwedisches Kind ohne jegliche Sprachkenntnisse eingeschult, zu Weihnachten sprach es fließend die Sprache des Aufnahmelandes. Nur bei vermehrt zusammen eingeschulten englischen Kindern dauerte es einige Monate länger, in Abhängigkeit zu ihrer Zahl in der jeweiligen Aufnahmeklasse.

Und damit diese Unzufriedenheit keine Möglichkeit hat, sich zu äußern, rät Sutherland zu Folgendem:

> Gleichzeitig müssen wir unermüdlich dabei sein, Antidiskriminierungsgesetze zu verstärken.

Für Sutherland ist nationale Identität ein No-go, jedoch eine Realität, mit der noch zu rechnen ist. Mindestens möchte er sie jedoch dadurch unter Kontrolle bringen, dass er (bzw. »wir«) für sie die Spielregeln aufstellt:

> Die Konstruktion der nationalen Identität ist ein dynamischer Prozess, für den wir die Spielregeln aufstellen sollten, anstatt feste Werte festzulegen.

Erneut ein Pluralis Majestatis oder eher das »wir« einer elitären Gruppe, welche die Migrationsagenda mit List und Manipulation der Bevölkerung durchsetzen will?

> Wir müssen lernen, dass Identität angepasst werden muss, um anzuerkennen, dass wir eine Gesellschaft mit anderen darin sein werden. [...] Wir haben eine Herausforderung, die Mentalität der Leute zu ändern, und es ist eine europäische Herausforderung.

Der Artikel Peter Sutherlands beruht auf einer Rede, die er bereits 2008 im Rahmen der Migrationsstudien der »London School of Economics and Political Science« hielt. Damals war Sutherland noch im Vorstand von Goldman Sachs International. Sutherland gehört auch dem »Court of Governors« der London School of Economics an.

Manch einem mögen einige Rezepte aus dem Kochbuch »Migration macht Freude« des großen Peter Goldman Sachs Sutherland irgendwie bekannt vorkommen, zum Beispiel wenn sie von unseren Politikern als ihre eigenen Geistesblitze verkauft werden.

In seinen Argumentationen des »Müssens« ist kein Platz für Differenzierungen oder echte Diskussionen. Dafür steht das geforderte Endziel schon zu sehr fest.

Wenn er das angeblich unumkehrbare »demografische Momentum« bemüht, dem nur mit Migration beizukommen sei, mag man dennoch anmerken: Russland hat einen anderen Weg beschritten. Es hat das »Todeskreuz« überwunden, das entsteht, wenn Geburtenraten lange Zeit steil nach unten fallen und Sterberaten ansteigen. Nach einem jahrelangen katastrophalen Absturz der Geburtenraten im Gefolge des Zerfalls der Sowjetunion gibt es seit den 2000er-Jahren wieder einen kontinuierlichen Anstieg der Geburten, die momentan bei statistischen 1,78 pro Frau liegen, also deutlich über dem EU-Durchschnitt von 1,4 Kindern pro Frau. Natürlich würde niemand in Europa ernsthaft auf die Idee kommen, im neuen »russischen Reich des Bösen« nach den Gründen dafür zu forschen.

Der *Deutschlandfunk* berichtete 2014:

> Präsident Putin hat schon vor Jahren erklärt, eine Hauptaufgabe der russischen Politik sei es, den Bevölkerungsrückgang zu stoppen. Er betont den Wert der Familie, besonders der Großfamilie, und der Mutterschaft. Vor dem Hintergrund wurden finanzielle Anreize geschaffen. Seit einigen Jahren zahlt der Staat ab dem zweiten Kind Geburtenprämien: umgerechnet rund 10 000 Euro.[23]

Neben finanziellen Anreizen und einer Rückbesinnung auf Familienwerte stehen aber ganz allgemein auch ein Gefühl der Sicherheit und ein positiver Blick in die Zukunft, welche die Abwärtsspirale in Russland unterbrachen.

Es kann natürlich nicht darum gehen, Rezepte anderer Länder zu kopieren; dennoch ist es alarmierend, dass in Europa Themen des sogenannten demografischen Wandels nicht mehr fair und ergebnisoffen, sondern nur noch im Zusammenhang mit Migration diskutiert werden (können).

Die Rolle der Migration: Die EU muss die Homogenität und den Sinn für Unterschiedlichkeit in Europa unterminieren

In einer Anhörung vor dem innenpolitischen Unterausschuss des britischen Oberhauses (House of Lords) wurde Peter Sutherland (PS) am 21. Juni 2012 zur britischen Migrationspolitik befragt.[24] Dabei sagte er:

> **PS:** Nun, wenn man die Schlüsselargumente und Themen hinsichtlich Migration anschaut und den Bedarf an Migration, so ist die Demogra-

fie das hauptsächliche Argument. [...] Wie schwer es auch immer den Bürgern der europäischen Mitgliedstaaten zu erklären sein mag, der Bedarf an Migration ist absolut unzweifelhaft, was die wichtige Dynamik für Wirtschaftswachstum angeht. Und eine schrumpfende Bevölkerung, eine alternde Bevölkerung ist destruktiv für den Wohlstand, lassen wir den moralischen Aspekt hier einmal beiseite. Das trifft besonders für eine Reihe von Ländern zu in Mitteleuropa – Deutschland selbst hat ein großes Problem, aber auch einige südliche Mitgliedstaaten.

Also die Demografie ist ein Hauptargument dieser Debatte, das Hauptargument für – und ich zögere das Wort zu gebrauchen, denn die Leute haben es angegriffen – die Entwicklung multikultureller Staaten.

Es ist unmöglich zu glauben, dass der Grad der Homogenität, der von anderen gefordert wird, überleben kann, denn die Staaten müssen offener werden, was die Menschen, die sie bewohnen, angeht, ebenso wie Großbritannien es gezeigt hat.

Fragesteller: Sie haben das sehr eindrücklich dargestellt. Die Muster der Migration sind höchst interessant, denn es sind nicht nur die traditionellen Länder wie Europa und die Vereinigten Staaten, sondern jetzt auch Brasilien, Südafrika, Indonesien und Mexiko. Sie sagten etwas, und ich bin mir nicht ganz sicher, was Sie damit meinten: »Wir sehen eine Verschiebung von Staaten, die Migranten auswählen, zu Migranten, die Staaten aussuchen. Daraus ergibt sich, dass unsere Fähigkeit, weltweit im Wettbewerb zu bestehen, bedroht ist.«

PS: Nun, ich vermute, ich vermute, ich vermute, dass ich sagte: Wenn wir Beschränkungen in einer Gesellschaft einführen, die vorher keine Beschränkungen für die Einreise von Migranten hatte, werden wir uns letztlich des wirtschaftlichen Vorteils berauben, den Migranten sonst mit sich bringen – das ist das einzige Thema, das Ihnen Sorgen machen sollte –, denn sie [die Migranten] haben auch andere Alternativen. Der Migrantenfluss zwischen sogenannten sich entwickelnden Ländern selbst entwickelt sich ja sehr rasch, besonders im asiatischen Raum, aber auch in vielen anderen Gebieten, und viele dieser Menschen sind solche, welche diese [=unsere] Seite unter einem wirtschaftlichen Gesichtspunkt wollen sollte.

Fragesteller: Also ist Ihrer Meinung nach Migration ein wirtschaftliches Plus?

PS: Absolut! Ich denke, sie ist ein moralisches Plus und auch ein wirtschaftliches Plus! Und nichts, was wir ablehnen sollten.

Fragestellerin: Sie sagten in Ihrer Einleitung, dass die EU sehr hilfreich war.
PS: Ja, sie war extrem hilfreich.
Fragestellerin: In welcher Hinsicht?

Eine kleine Gruppe von Lobbyisten in der EU treibt die Migrationsagenda voran

PS: Sie hat geholfen bei Papieren, mit Ideen, mit Diskussionen innerhalb der kleinen Gruppe, die versuchte, die Sache am Laufen zu halten (»*to keep the show on the road*«). Um es so auszudrücken, ähem, sie haben es ja jetzt angekündigt ... und sie haben auch in der Vergangenheit finanzielle Unterstützung bereitgestellt. Ich glaube sogar, dass sie noch viel mehr bereitstellen werden. [...] Also, ich denke, die Kommission hat eine große Rolle dabei gespielt, bei der intellektuellen Schöpfung einiger der Ideen.
Fragesteller: Daten, die von der OECD kommen, weisen darauf hin, dass die Beschäftigungsrate von Migranten in ganz Europa niedriger ist als in den Vereinigten Staaten. Wenn Sie diese Daten anerkennen, was sollte die Europäische Union daran tun, und warum passieren diese Dinge?
PS: Also zunächst habe ich keinen Zweifel daran, dass die Daten, die Sie zitierten, richtig sind. Ich weiß wirklich nicht sofort die Antwort auf das, was Sie sagen. [...] Das europäische Beispiel ist viel dürftiger, was die Integration von Arbeitern in die Gesellschaft betrifft, was ihr Erlangen von Jobs anbelangt.

Das hat etwas damit zu tun, dass die Vereinigten Staaten oder Australien und Neuseeland Migrantengesellschaften sind. Daher sind sie eher bereit, jene mit anderem Hintergrund zu beherbergen, als wir selbst es tun, *die wir immer noch einen Sinn für unsere Homogenität und Unterschiedlichkeit gegenüber anderen hegen, was genau das ist, was zu unterminieren die Europäische Union meiner Meinung nach ihr Bestes tun sollte.*

Der Vorsitzende des Komitees bedankt sich sodann mit den Worten: »Sie haben uns sehr maßgebliche Denkanstöße gegeben.«

Sutherland behauptet stets, es gehe bei der Migrationsagenda zuerst um offensichtliche Wirtschaftsargumente, da Einwanderung das Wirtschaftswachstum fördere. Dann schiebt er das demografische Argument sogleich hinterher. Es ist jedoch aufschlussreich, wie wenig er die Einwände des Fragestellers der Oberhaus-Kommission hinsichtlich der niedrigeren Beschäftigungsrate von Migranten in der EU im Vergleich mit den USA entkräften kann. Das lässt den Verdacht aufkommen, dass der Sinn der Migrationsagenda in erster Linie die Abschaffung der Nationalstaaten und der ethnischen Homogenität ihrer Völker ist. Natürlich hören sich diese Vorhaben etwas schockierend an und sind wenig öffentlichkeitsgeeignet, und umso dankbarer muss man Sutherland sein, dass er sie so offen äußert. Denn wenn die Bekämpfung der demografischen Krise tatsächlich ein Hauptmotiv der Migrationsbefürworter wäre, hätte man in der EU schon längst die Einwanderung nur denjenigen ermöglicht, die Garantien dafür liefern, dass sie auch tatsächlich in die europäischen Sozialkassen einzahlen, was bekanntlich nicht der Fall ist.

Schon Milton Friedman wies darauf hin, dass man nicht ein hochattraktives Sozialsystem und gleichzeitig offene Grenzen haben kann. Daher wird die derzeit auf ungeahnt hohem Niveau stattfindende Einwanderung in die europäischen Sozialsysteme den immer weniger werdenden Einzahlern in die Rentenkassen im Gegenteil noch mehr Verpflichtungen aufbürden.

In der öffentlichen Diskussion um den sogenannten demografischen Wandel wird sehr viel mit Angst gearbeitet. Dadurch hat sie – vermutlich gewollt – immer einen etwas aufgeregten, kopflosen Anstrich. Die positiven Effekte eines gewissen Bevölkerungsschwundes unterschlagen globale Führer à la Sutherland grundsätzlich. Stattdessen schüren sie Panik und behaupten, unsere europäische Welt könnte ohne Massenimmigration und die Überführung der ethnisch noch mehrheitlich homogenen europäischen Staaten in einen multikulturellen »Melting Pot« nicht mehr überleben.

Unterschlagen wird in diesem Zusammenhang geflissentlich auch immer wieder das Beispiel Japans, das einen anderen Weg geht. Bei sinkender Bevölkerungszahl behauptet Japan seit Jahren hinter den USA und China seinen Platz als drittgrößte Volkswirtschaft der Welt. Japan hat den höchsten Lebensstandard der Welt. Die Anzahl an Migranten tendiert gegen null.

Bei jeder sich bietenden Gelegenheit argumentiert Peter Sutherland mit der schlechten Geburtenrate in Europa. In der zitierten Anhörung lobte er ausdrücklich Großbritannien, das gezeigt habe, wie man Homogenität aufgeben und offener werden könne, um »überleben« zu können.

Migration, um zu überleben?

Muss eine schrumpfende Bevölkerung also gezwungenermaßen »aufgefüllt« werden? Regelmäßig werden in dieser scheinbaren argumentativen Zwangslage andere Aspekte und Zukunftsfaktoren ausgeblendet.

Ökologische Vorteile, Entlastung der Umwelt

Eine sinkende Bevölkerungszahl würde auch Vorteile bringen – zum Beispiel ökologische. Die Rückführung von Ressourcen- und Flächenverbrauch, der sorgsame Rückbau von Exzessen der Stadtentwicklung wären möglich. Denn die Zubetonierung von Flächen zum Beispiel in Deutschland geht ungebremst weiter – jeden Tag (!) gehen auf diese Weise rund 100 Hektar Land verloren.

Deutschland ist bereits überbevölkert und könnte sich aus eigener Kraft und Landwirtschaft nur noch unzureichend ernähren.

Faktor Innovation und steigende Arbeitsproduktivität

Die Renten können wir trotz schrumpfender Bevölkerung dennoch bezahlen – dank stetig steigender Produktivität und Effizienz unserer Wirtschaft.

»Gesamtwirtschaftlich wurde für Deutschland im Zeitraum 1991 bis 2011 eine Steigerung der Arbeitsproduktivität je Erwerbstätigen um insgesamt 22,7 Prozent und je Erwerbstätigenstunde um 34,8 Prozent verzeichnet.«[24] Nicht schlecht, sollte man meinen.

Faktor Automatisierung und Robotisierung

Migrationslobbyisten negieren die Tatsache, dass die Wirtschaft (zum Beispiel am Hochtechnologiestandort Deutschland) immer weniger Arbeitsplätze für einfache Arbeiten anzubieten hat, da durch Automatisierung und Robotisierung tendenziell immer mehr Arbeitsplätze eingespart werden können.

Höhere Löhne

Über kurz oder lang müssten die Arbeitnehmer auch höhere Löhne im Geldbeutel fühlen können – bei einem knapperen Angebot an Arbeitskräften wäre das die logische Folge. Aber genau das möchten die globalen Wirtschaftseliten vermeiden! Die Lohnstückkosten sollen im

Gegenteil beträchtlich gesenkt werden durch massive Steigerung des Menschenangebots auf dem Arbeitsmarkt – über Massenmigration! Migrationslobbyisten wollen den total-globalen Arbeitsmarkt.

Sutherlands Forderungen für Deutschland

In seiner Funktion als Chef des Global Forum on Migration and Development gab Peter Sutherland (PS) am 2. Oktober 2015 ein Interview für das News Centre (NC) der UNO.[25] Darin äußerte er sich zur Flüchtlingskrise:

> **PS:** Wir sind in Europa in der Lage, dieses Problem zu handhaben. Wir haben 29 Prozent des globalen Wohlstands. Wir haben eine riesige Bevölkerung. Wir haben in der Tat demografische Probleme, die uns abverlangen, mehr, nicht weniger Migranten hereinzubringen, um die Lücken in unserem Wirtschaftssystem zu füllen.
> **NC:** Können Sie das näher ausführen?
> **PS:** Nun, wenn Sie einmal Deutschland als Beispiel nehmen – Deutschland hat die niedrigste Geburtenrate der Welt. Die niedrigste Geburtenrate der Welt erfordert es, dass eventuell über eine Million Einwanderer pro Jahr im Verlauf der nächsten 30 Jahre herkommen, um die Situation zu halten, wo man dieselbe Anzahl von Rentnern gegenüber den Arbeitern in 30 Jahren hat.

Sutherland kündigt hier im Prinzip die Einwanderung von mehr als 30 Millionen Menschen nach Deutschland an!

> **PS:** Also, Deutschland reagiert gut darauf. Ich glaube aber nicht, dass es von der Kalkulation angetrieben ist, die ich gerade beschrieb. Ich denke, Frau Merkel handelt aus den moralischen Gründen, die sie ausgedrückt hat. Und ich habe persönlich gehört, wie sie das betonte. Und ich glaube ihr. Aber ich denke, darüber hinaus gibt es noch ein wirtschaftliches Argument, das auch in anderen Teilen Europas offensichtlich ist, besonders in Spanien, Italien und Portugal zum Beispiel, wo es riesige Probleme in der Zukunft geben wird, wenn Migration nicht stattfindet.
>
> Wir müssen also lernen, dass unsere Zugehörigkeit zur Menschheit eine Menschlichkeit schafft, die wir gegenüber jedermann zeigen müssen, und eine Integrationsfähigkeit, die einige offenbar nicht aktzeptieren können.

Man kann heute nicht eine Gesellschaft haben, die anderen wegen ihrer Rasse oder Religion das Recht auf Teilhabe abspricht. Wir müssen gemeinsame Werte haben, aber nicht dasselbe Blut […]
NC: Was ist Ihre Botschaft an Regierungen?
PS: Ich werde die Regierungen darum bitten, zu kooperieren und anzuerkennen, dass Souveränität eine Illusion ist – *dass Souveränität eine absolute Illusion ist,* die wir hinter uns lassen müssen. Die Tage, als man sich hinter Grenzen und Zäunen verstecken konnte, sind lange vorbei. Wir müssen zusammenarbeiten und kooperieren, um eine bessere Welt aufzubauen. Und das bedeutet, einige dieser alten Schibboleths [hebr. Getreideähre, bedeutet abgedroschene Konvention, Anm.] abzuschaffen, *einige alte historische Erinnerungen und Bilder unseres eigenen Landes abzuschaffen* und anzuerkennen, dass wir alle Teil der Menschheit sind.

Sutherland bezeichnet »Souveränität« als absolute Illusion, dabei geht das internationale Recht von der Souveränität von Nationalstaaten aus. Entzieht man dem Recht dieses Fundament, so stürzt das Rechtsgebäude ein. Und was kommt dann stattdessen? Die »*global governance*« einer globalen selbsternannten Elite, die von Banken und internationalen Konzernen gestellt wird? Peter Sutherland ist dafür der lebende Beweis.

Mit seinem Aufruf an die europäischen Regierungen, »Erinnerungen und Bilder unseres eigenen Landes abzuschaffen« plädiert er offensichtlich für die Abschaffung des historischen Gedächtnisses der einzelnen Völker. Aus diesem identitätsstiftenden kollektiven Speicher möchte er Bilder und Erinnerungen gelöscht sehen zugunsten eines diffusen globalen Menschseins.

Der Internationalist und Multikulturalist Peter Sutherland hat auch die EU-Kommissarin für Innenpolitik, Cecilia Malmström, längst unter seine Fittiche genommen. Malmström erlangte unrühmliche Bekanntheit wegen ihres Richtlinienentwurfs zur Blockierung von Webseiten im Internet auf EU-Ebene.

In einem gemeinsamen Artikel »Herausforderung Immigration: Europäische Politiker sollten soziale Gemeinschaften der Vielfalt akzeptieren« schrieben beide bereits am 20. Juli 2012:

Europa sieht sich einem Zwiespalt bei der Einwanderung gegenüber. Mainstream-Politiker werden von fremdenfeindlichen Parteien als Geisel

> gehalten, übernehmen Anti-Einwanderungsrhetorik, um eine ängstliche Öffentlichkeit zu gewinnen, während die im Ausland Geborenen in Schulen, Städten und am Arbeitsplatz zunehmend an den Rand gedrängt werden. Doch obwohl es in weiten Teilen Europas hohe Arbeitslosenzahlen gibt, fehlen vielen Arbeitgebern die Arbeiter, die sie benötigen. Ingenieure, Ärzte, Krankenschwestern gibt es zu wenige. Genau wie Arbeiter in der Landwirtschaft und Arbeiter im Gesundheitswesen. Und Europa kann nie genug Unternehmer haben, deren Ideen die Wirtschaft antreiben und Jobs schaffen.

Für Sutherland sind Nachteile von Migration sowohl für die Herkunfts- als auch für die Aufnahmeländer schlicht nicht existent.

Auftritt beim Council on Foreign Relations: 45 Millionen Einwanderer für Deutschland

Am 30. September 2015 hatte Peter Sutherland einen Auftritt beim einflussreichen US-Thinktank Council on Foreign Relations (CFR).[26] Teilnehmer der Veranstaltung waren Vertreter der Thinktank-Szene, Premium-Medienleute, Wissenschaftler, Repräsentanten von Nichtregierungsorganisationen und Politiker. Das Thema der Versammlung hieß: »A Global Response to the Mediterranean Migration Crisis« (Eine globale Antwort auf die Flüchtlingskrise im Mittelmeerraum).

Ein weiterer Redner war William Lacey Swing, der Generaldirektor der International Organization for Migration mit Sitz in Genf. Den Vorsitz führte George Rupp, emeritierter Professor der Columbia University und ehemaliger Direktor des International Rescue Committee (eine internationale Hilfsorganisation für Flüchtlinge).

Dort, unter ihresgleichen, redeten Peter Sutherland (PS) und William Swing (WS) bei der anschließenden Aussprache Klartext.

Das fehlende Element für die Weltwirtschaft: der freie Fluss von Menschen

> **WS:** Peter, Sie gründeten die WTO. Und zwar wegen des freien Verkehrs von Kapital, Gütern und Dienstleistungen. Wodurch passiert das? Durch Menschen! *Aber es gibt noch keine freie Bewegung von Menschen!* Und das ist das Element, worüber Sie sprechen, das, was tatsächlich noch fehlt.

Der Einwurf des Generaldirektors der Internationalen Organisation für Migration ist entlarvend. Es geht Vertretern der Migrationsagenda in Wirklichkeit nicht um humanitäre Anliegen, sondern um die Entfesselung der freien Verfügbarkeit von Menschen und darum, eine wichtige Forderung der Welthandelsorganisation umzusetzen. Diese Forderung ist zutiefst unethisch und antihuman, insbesondere, wenn man bedenkt, in welchem Kontext sie derzeit erhoben wird.

> **WS:** Lassen Sie mich Ihnen schließlich zwei oder drei Herausforderungen entgegenschleudern. Also Punkt 1: Die Sicherheitssituation ist ganz wichtig [gemeint sind Visa, Bereitstellung von Jobs, Unterbringung, Anm.], Punkt 2: *Migration in großem Ausmaß ist unvermeidbar, notwendig und wünschenswert.* Punkt 3: die Herausforderungen. Das ist es, was wir haben werden, wenn wir Erfolg haben wollen. *Als Erstes müssen wir das öffentliche Narrativ über Migration ändern.* Jetzt ist es toxisch. Es ist giftig. Migration hat einen schlechten Namen.

Diese Forderung Swings richtet sich ganz unverblümt an die zahlreichen anwesenden Vertreter großer Medien. Sie ist nichts anderes als eine Aufforderung zur Manipulation des öffentlichen Diskurses, welcher der Migrationsagenda zuarbeiten soll.

Swing fährt fort mit einer Eloge auf die großartigen Ergebnisse der Einwanderung in den USA mit Hinweis auf die vielen Nobelpreisträger, die zu 40 Prozent nicht in den USA geboren waren.

Dann entsteht eine Diskussion mit Vorschlägen, wie man das Narrativ über Migration positiv verändern könne.

> **PS:** Ich denke, Fakten zur Demografie sind äußerst wichtig. Ich meine, die niedrigste Geburtenrate der Welt, *Deutschland, die Tatsache, dass es wahrscheinlich 1,5 Millionen pro Jahr braucht* – wenn ich bei dieser Zahl richtig liege –, um über die nächsten 30 Jahre das Verhältnis zwischen Rentnern und arbeitender Bevölkerung aufrechtzuerhalten, Italien und Spanien und so weiter im europäischen Kontext. Dasselbe Problem und sogar noch dramatischer […] stellt sich bei Japan. Ich denke, das ist sehr wichtig!

Es entwickelt sich eine lebhafte Diskussion. Swing erklärt den Medienvertretern, dass Argumente gegen die Migrationsagenda keine Argumente seien, die man ernst nehmen müsse, sondern immer nur

»Ängste«, die keinen Bezug zur Wirklichkeit haben. Medienvertreter müssen demnach in etwa so wie Psychotherapeuten auftreten, welche zwar die Ängste ihrer Patienten ernst nehmen, aber auch gleichzeitig klarmachen, dass diese therapiert gehören.

Ein Argumentationsmuster, das so manch einem irgendwie bekannt vorkommen dürfte.

> **WS:** George [Rupp], kann ich noch einen Punkt anführen? Peter hat mich daran erinnert, und er hat absolut recht: Ich denke, dass die Basis von Beweisen extrem wichtig ist. Die Menschen haben Ängste, und wir müssen uns mit diesen Ängsten befassen. Die haben nichts mit der Wirklichkeit zu tun, aber wir müssen ihnen klarmachen, dass sie nichts mit der Wirklichkeit zu tun haben! Wir haben es mit Stereotypen zu tun!

Dann ergreift Peter Sutherland das Wort:

> **PS:** Ich glaube, es gibt eine große Anzahl von Beweisen über den ausnahmslos positiven Beitrag von Migranten in der ganzen Welt und auch in Europa. Migranten haben niedrigere Arbeitslosenzahlen. Sie machen eher positive Steuerbeiträge, als dass sie eine Bürde für die nationalen Haushalte wären. Sie haben ein höheres Innovationsniveau und haben einen größeren Appetit nach Ausbildung. Das sind Fakten, die nach außen getragen werden müssen. Ich denke also, dass Fakten ein wichtiger Teil davon sind.

Sutherlands undifferenzierte Behauptung rief merkwürdigerweise in der elitären Runde keinen Widerspruch hervor. Dabei vermengte Sutherland die (historische) Einwanderung in klassische Einwanderungsländer (Nordamerika, Australien etc.) unzulässigerweise mit der Massenimmigration nach Europa (insbesondere Deutschland, Schweden, Österreich) wegen der Attraktivität der dortigen sozialen Sicherungssysteme. Da die Einwanderung in erstere Länder heute weitgehend bedarfsorientiert verläuft, gibt es entsprechend auch keine Einwanderung in die (dort kaum vorhandenen) Sozialsysteme, wie es in einigen EU-Ländern stattfindet, weswegen man die Ergebnisse von Migration hier und dort auch nur bedingt vergleichen kann.

Dem »Demografieportal des Bundes und der Länder« ist zu entnehmen: »Menschen mit Migrationshintergrund verfügen in Deutschland tendenziell über ein geringeres Bildungsniveau als andere Deutsche.«

Der Anteil an Arbeitslosen unter Migranten liegt in Deutschland seit Jahren höher als unter Deutschen – alles Binsenweisheiten. Tatsachen werden jedoch nach Belieben manipuliert oder ausgeblendet, wenn es um den guten Zweck der gemeinsamen Agenda geht…

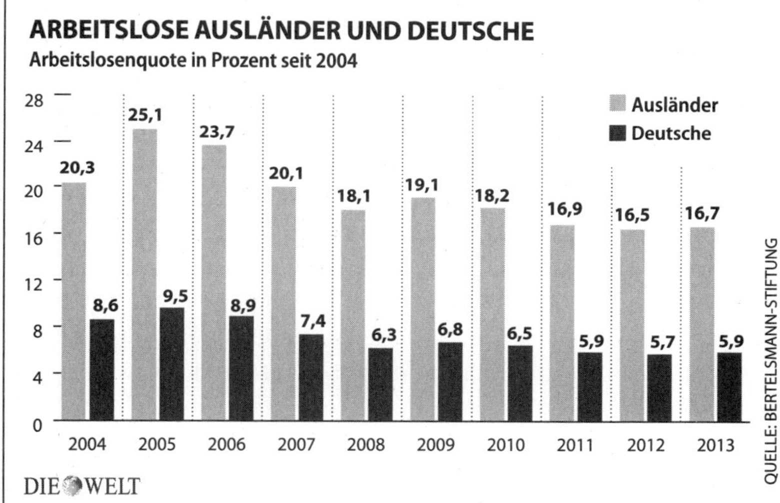

Migranten sind deutlich häufiger von Arbeitslosigkeit betroffen als Deutsche

Foto: Infografik Die Welt

Der »Wirtschaftsexperte« Sutherland käut erneut ein Argument wieder, das geflissentlich die gesteigerte Produktivität der Wirtschaft und den Trend zu mehr Automatisierung unterschlägt, der keineswegs für die Zukunft dieselbe Anzahl von Arbeitenden mehr erforderlich macht, schon gar nicht für die nächsten 30 Jahre.

Sutherlands geforderte 30 bzw. 45 Millionen Einwanderer für Deutschland wären aber mit Sicherheit das Ende unseres Landes, so wie wir es kennen. Aber genau das möchte er – die Homogenität der Völker zerstören!

Sutherland gibt dies ganz offen zu:

PS: Und wenn man Twitter anschaut – ich hab das erst seit Kurzem gelernt. Ich kann es noch kaum. Ich bin so unbedarft darin (Gelächter). Aber die Tweets, die ich erhalte, sind absolut furchtbar. Aber je furchtbarer sie sind, desto mehr Spaß macht es mir, denn jeder Idiot, der sie liest oder

Nichtidiot, der sie liest, der daherkommt und mir sagt, *dass ich dazu entschlossen wäre, die Homogenität der Völker zu zerstören, hat verdammt nochmal absolut recht!* (»*dead bloody right*«) Genau das habe ich vor! (Applaus, Gelächter).

Wenn ich es morgen tun könnte, würde ich sie zerstören, meine eigene eingeschlossen. Ich würde immer noch Irland im Weltcup anfeuern und Ihnen eifrig erzählen, dass Ihr großer Erfolg als Nation [USA, Anm.] natürlich der irischen Einwanderung zu verdanken ist.« (Gelächter).

Sutherland ist mit seiner unverblümten, ja brutalen Wortwahl der wandelnde Beweis dafür, dass die Migrationsagenda in erster Linie eine destruktive ist! Es geht darum zu zerstören. Und es gibt nur Opfer bei dieser ungefragten »Transformation«: Die Aufnahmeländer, deren gewachsene Lebenswelten, Homogenität und soziale Absicherung zerstört werden soll, die Migranten selbst, die sprachlich, familiär und kulturell entwurzelt werden, und die Entsendeländer, die gerade ihrer mobilsten und kräftigsten und wagemutigsten Menschen beraubt werden.

Im weiteren Verlauf der Diskussions- und Fragerunde beim CFR wird völlig ungeniert diskutiert, mit welchen Methoden die politisch nicht interessierte Bevölkerung am besten zu manipulieren und von der Migrationsagenda zu überzeugen sei.

Ein Journalist von *National Geographic,* Chris Bashinelli (CB), entblödet sich nicht, Peter Sutherland (PS) um Rat zu fragen, wie er seine Leser am besten manipulieren könne:

CB: Hi. Chris Bashinelli, *National Geographic.* Haben Sie vielen Dank für alles, was Sie tun! […] Ich bin neugierig darauf, was man mit dem großen Anteil der Bevölkerung machen kann, der an diesem Thema offen uninteressiert ist – wissen Sie, Menschen, die MTV oder TMZ sehen oder das *People Magazine* [die englische Version von *Gala*] lesen, denn das ist der Teil der Bevölkerung, den ich zu erreichen versuche. Und erreichen wir sie besser auf einer praktischen Ebene oder auf einer emotionalen, altruistischen Ebene? Und wie machen wir das?
PS: Nun, Sie sind doch der Experte«! (Gelächter) Ich denke, man muss es auf beide Arten tun, über Emotionen und praktisch. Aber wissen Sie, ich weiß, dass es da einen riesigen Anteil der öffentlichen Meinung gibt, der von der Debatte überhaupt nicht beeinflusst ist. Sie haben angeborene

Vorurteile, es ist nicht wahrscheinlich, dass sie sich ändern. Natürlich ist das richtig. Aber es gibt genauso eine Menge Leute, die offen dafür sind, sich aufklären zu lassen und dazuzulernen. Es ist schon erstaunlich, wenn man sich die Reaktion auf eine emotionale Geschichte anschaut.

Diese kurze Frage-Antwort-Sequenz lässt tief blicken und spricht Bände darüber, wie Narrative in elitären Kreisen ersonnen und dann über willige Medien verbreitet werden. Es macht auch stutzig, wie sich Sutherland des Öfteren geradezu enthusiastisch auf den durchschlagenden emotionalen Erfolg des Fotos des kleinen Flüchtlingsjungen Aylan Kurdi bezieht. In einem solchen Umfeld der offenen emotionalen Manipulation erscheinen Berichte in der englischsprachigen Presse in einem neuen Licht, Berichte, die anhand von Fotos vom Ort des tragischen Geschehens zu beweisen versuchten, dass der Körper des kleinen Jungen absichtsvoll und völlig ohne jeden Respekt von einem mit professioneller Kamera ausgestatteten türkischen Milizionär für die Fotoshoots drapiert wurde.[27] Ein irakisches Elternpaar, das zwei ihrer drei Kinder bei derselben tragisch fehlgeschlagenen Ägäisüberfahrt verloren hatte, behauptete sogar, der Vater des kleinen Aylan sei der Schmuggler gewesen, dem sie 10 000 Dollar für die Überfahrt gezahlt hätten.«[28] Andere Medien ergänzten, die Familie des kleinen Alan Shenu, wie sein tatsächlicher Name lautete, habe bereits seit 3 Jahren in der Türkei gelebt.

Wie dem auch sei, die Story des kleinen Jungen wurde gnadenlos für die Migrationsagenda verwertet. Die europäische Öffentlichkeit in Schock und emotionalen Stress versetzt und wegen Hartherzigkeit und Unmenschlichkeit angeklagt – ein voller Erfolg der »emotionalen Methode« also!

Ein ausdrückliches, wenn auch vergiftetes Lob erteilte Sutherland der deutschen Willkommenskultur inmitten der sogenannten Flüchtlingskrise (in seinem Gespräch mit William Swing beim CFR):

Es gibt eine unglaubliche Offenheit der deutschen Gesellschaft, die, wie man von der politischen Wirklichkeit ausgehend sagen könnte, *eine Menge bezahlen muss, was ihre grauenhaften Taten betrifft, die im Namen des deutschen Nationalismus begangen wurden.* Aber wenn man sich das Öffnen der Häuser anschaut, das Willkommenheißen der Menschen … Also, ich denke, wir müssen uns weiter voranwühlen, *eine Geschichte verkaufen,*

> *an die wir alle glauben können.* Wir können getrost die Hand aufs Herz legen und sagen, dass wir stolz sind dazuzugehören. Aber ich denke, wir müssen unsere Stimme lauter erheben – wir alle!
> **WS:** Wir müssen die Debatte ändern, wir werden nie irgendwo hinkommen mit der Debatte über Identität [....] Wir müssen sie aber ändern. Wenn wir das nicht schaffen, werden wir verlieren.

Sutherland fasst noch einmal mit aller Vehemenz zusammen:

> **PS:** Im Lichte des Gesagten: *Wir müssen hier öffentlich aufstehen, und wir müssen kämpfen.* Und meine Wenigkeit – und ich bin ein winziger, kleiner Akteur in diesem Spiel – *ich denke, dass es von äußerster Wichtigkeit ist, die Medien zu erreichen. Die Medien ins Boot zu holen ist der Schlüssel.* Wir müssen da draußen sein und mit den Medien reden. Es ist großartig, mit euch Leutchen zu sprechen, aber ich vermute, nach den nickenden Köpfen zu urteilen, dass es bedeutet, offene Türen einzurennen. Und ich meine, wir müssen wirklich bei euch offene Türen einrennen, um euch dazu zu bringen, dass ihr die geschlossenen Türen einrennt. Aber wir müssen auch bei dieser Sorte von Spinnern die Türen einrennen, der Beklopptenbrigade, die weite Teile unserer Medien in der modernen Welt beherrschen und eine Giftigkeit schafft, die eine verdammte Schande ist. Und wir müssen anfangen, es zu sagen.

Panik bei den Eliten

Der Ton der Debatte vom 30. September 2015 beim Council on Foreign Relations lässt aufhorchen! Er ist von gewisser Panik geprägt! Die Top-Elite weiß offensichtlich, dass sie auf Messers Schneide geht – daher auch die Forderung danach, die richtige Geschichte zusammenzurühren, die man »verkaufen« könne, und nach einer Kontrolle des öffentlichen Diskurses. »Sonst werden wir verlieren!« Die globale Elite hat mit der völlig außer Kontrollen geratenen Einwanderung das Boot gewissermaßen übersteuert.

Wer dennoch weiterhin an Peter Sutherlands humanitäre Grundmotivation glaubt, sei daran erinnert, wie er sich in Irland nach Hereinbrechen der Finanzkrise 2008 verhielt: Er brandmarkte, dass »Gehälter, Lohnkosten und Pensionen zu hoch« seien, und mahnte die Regierung zu »harten Entscheidungen«.[29]

> Unsere Kosten sind immer noch zu hoch. Wir haben dabei versagt, unsere Kosten zu beschneiden, besonders, aber nicht nur, bei Löhnen und Gehältern, im Verhältnis zu anderen europäischen Ländern.

Wenn Sutherland sagt: »Wir müssen hier alle aufstehen und kämpfen«, was bedeutet das für uns? Wenn »sie« aufstehen und kämpfen sollen, sollten »wir« sitzen und Zuschauer bleiben?

Kapitel 16

Die Internationale Organisation für Migration

Die Internationale Organisation für Migration (IOM) besteht seit 1951 und gehört zur bereits vorgestellten Global Migration Group. Sie ist laut Selbstauskunft eine »führende zwischenstaatliche Organisation im Bereich Migration«[30]. Es sind 162 Staaten bei ihr Mitglied, 9 Staaten haben Beobachterstatus. Die IOM unterhält weltweit 401 Büros mit mehr als 9000 Mitarbeitern. Ihr derzeitiger Direktor ist William Swing, dessen Auftritt beim CFR wir im letzten Kapitel bewerten konnten.

Seit 1954 wirkt die IOM auch in Deutschland und setzt nationale und internationale Projekte zu Migrationsthemen um.

Die Vorläuferorganisation der IOM war das Intergovernmental Committee for European Migration. 1954 wurde Deutschland Mitglied der ICEM/IOM und verschiffte 406 000 Kriegsflüchtlinge und Vertriebene zur Neuansiedlung in die USA und nach Australien. In den 1970ern nahm die BRD auf ICEM-Initiative hin unter anderem Flüchtlinge aus Vietnam auf.

Die IOM fördert immer noch sogenannte Rückkehrerprogramme, ist jedoch unter der Ägide von Swing vollkommen auf die Migrationsagenda der Elite eingeschwenkt, die humanitär getarnt in Wirklichkeit die totale Mobilität und Verfügbarkeit von Menschen erstrebt. Es war der IOM-Direktor William Swing, der Sutherland offen auf dieses noch nicht vollständig erreichte Ziel der WTO ansprach!

2015 feierten IOM und Deutschland das 60-jährige Jubiläum ihrer Partnerschaft. Seit 2010 wurde die Kooperation jedoch auf eine neue Stufe gehoben, 2011 kam es zur Unterzeichnung eines Kooperationsvertrages zwischen Swing und dem deutschen Innenministerium. Seitdem ist Deutschland der Vorzugspartner und größte Finanzierer der IOM. Allein zwischen 2010 und 2013 zahlte die Bundesrepublik Deutschland 66 Millionen Euro an die IOM! Wofür? Für Migrationsprojekte.

Ein Beispiel für ein mit deutschen Steuergeldern finanziertes Projekt hieß »Migration, Diversity and Community Development« (Migration,

Vielfalt und Stadtentwicklung). Ziel des Programmes war es, Migranten in Belgien, Finnland, Frankreich, Deutschland, Spanien, Lettland und Litauen durch den Einsatz von religiösen Führern zu integrieren.

> Religiöse Führer mit Migrationshintergrund haben das Potenzial, positiv zum Integrationsprozess beizutragen, und können bereits existierende Formen der Integration in der Europäischen Union ergänzen. Ziel ist die Förderung der Integration von Drittland-Staatsangehörigen durch Förderung einer aktiven Rolle von migrantischen religiösen Führern als Integrationshelfern in Belgien …[31]

Erstaunlich, was die IOM mithilfe des deutschen Innenministeriums im Rahmen der Euopean Integration Fund so alles fördert – man könnte auf die Idee kommen, dass hier perfekte Parallelgesellschaften auf den Weg gebracht werden. Aber halt, die IOM definiert die Integration nicht mehr als eine Leistung von Migranten, welche diese gegenüber ihrem Aufnahmeland erbringen müssen, sondern die Integration muss von beiden Seiten erfolgen. Das Aufnahmeland muss sich in die migrantischen Gesellschaften integrieren und die Migranten wiederum in ihr Zielland. Der Spezialbegriff der IOM heißt »*two-way integration*«.

> Die IOM fördert die beidseitige Integration und das gegenseitige Verständnis zwischen Einwanderern und aufnehmenden Gesellschaften durch die Einrichtung von Dialogforen und Netzwerken unter religiösen Führern der Migranten und Repräsentanten der Aufnahmegesellschaft einschließlich Zivilgesellschaft sowie nationalen und lokalen Behörden.[32]

Erreicht wurde die Einrichtung multireligiöser Foren in den Zielregionen um Nürnberg, München, Berlin und Düsseldorf. Dazu wurden 86 migrantische religiöse Führer rekrutiert und 43 Vertreter des Aufnahmelandes. Die Veranstaltungen sollten laut IOM-Bericht die religiösen Führer in ihrer Funktion als Mediatoren, Ratgeber und Multiplikatoren sowohl in ihren jeweiligen Communities als auch in ihrer Aufnahmegesellschaft fördern.[33]

Die IOM gibt jedes Jahr einen »Migrationsreport« heraus. 2015 war sein Thema »Migranten und Städte: Neue Partnerschaft, um Mobilität zu managen«. Im Report heißt es:

> Es werden die potenziellen Vorteile beleuchtet, die sämtliche Migrations- und Mobilitätsformen für Städtewachstum und Stadtentwicklung haben. Der Bericht zeigt innovative Beispiele, wie Migrations- und Urbanisierungspolitik zum Wohle der Migranten und der Städte besser gestaltet werden kann.[34]

Abgesehen von städteplanerischen Vorschlägen zum Wohle von Migranten und aufnehmenden Städten setzt sich die IOM grundsätzlich für »humane und geordnete Migration zum Wohle aller« ein und plädiert für eine »internationale Kooperation« bei der Migration. Das tut sie, indem sie »Regierungen und Migranten Dienstleistungen und Rat zur Verfügung stellt«.

Die IOM-Satzung »erkennt die Verbindung zwischen Migration und wirtschaftlicher, sozialer und kultureller Entwicklung an genau wie das Recht auf freie Bewegung«. Die vier Betätigungsfelder der IOM sind:

- Migration und Entwicklung,
- Erleichterung von Migration,
- Regulierung von Migration,
- erzwungene Migration.

Wir wissen bereits, dass IOM-Direktor William Swing die freie Bewegung von Menschen im Sinne der Prinzipien der Welthandelsorganisation WTO fordert (freie Bewegung von Kapital, freie Bewegung von Waren, freie Bewegung von Menschen). Die totale Mobilität von Menschen und damit Dienstleistungen dient natürlich dem Wohle derjenigen, die solche Dienstleistungen möglichst billig in Anspruch nehmen wollen.

Ein Beispiel für hohe Mobilität von Dienstleistungen sind seit Langem die Philippinen. Rund 9 Prozent der 99 Millionen Einwohner verdingen sich in asiatischen und arabischen Ländern als Hausangestellte. Die Rücküberweisungen dieser Arbeitsmigranten leisten einen großen Beitrag für einen besseren Standard der im Land Gebliebenen – allerdings zu einem hohen Preis für diejenigen, die sich ihr Leben lang ohne Aufstiegsmöglichkeit und ohne Aussicht auf eigene Familiengründung in einem »Hamsterrad« befinden. Durch besser Ausgebildete, welche das Land ebenfalls verlassen (Techniker, Gesundheitswesen), macht sich der »*brain drain*« für die Philippinen unangenehm bemerkbar, sodass man sich fragt, was unter dem Strich wirklich für das Land herauskommt, als die Rolle eines Lieferanten von Arbeitsmigranten bzw. neuzeitlichen Sklaven abzugeben. Arm und Reich würden angeblich gleichermaßen in der globalen kapitalistische Wirtschaft durch freien, nichtregulierten Handel mit Waren und Dienstleistungen, freie, nichtregulierte Investitionsbewegungen und die internationalen Aktivitäten multinationaler Konzerne profitieren, so das Credo. Die weltweite Vermögensverteilung gibt da freilich eine ganz andere Auskunft.

Im Jahr 2000 besaß das reichste Prozent der Weltbevölkerung rund 40 Prozent des Weltvermögens. Die reichsten 10 Prozent besaßen zusammen 85 Prozent des Weltvermögens, die ärmeren 50 Prozent zusammen nur 1 Prozent. Nach einer Oxfam*-Studie von 2014 verstärkte sich seither die Vermögenskonzentration noch deutlicher: Die reichsten 85 Menschen verfügen demnach über denselben Reichtum wie die ärmere Hälfte der Erdbevölkerung zusammengenommen. Diese 85 reichsten Menschen verfügten 2014 über ein Vermögen von einer Billion britischen Pfund, was dem Gesamtvermögen der 3,5 Milliarden ärmsten Menschen entspricht.[35] »Gleichermaßen profitieren« sieht anders aus.

Auf dem Höhepunkt der Flüchtlingskrise: Führende Vertreter der Migrationsagenda besuchen das Auswärtige Amt in Berlin

Am 4. November 2015 fand in Berlin ein Runder Tisch zur Migration mit Vertretern der IOM, der UNO und anderen hochkarätigen Teilnehmern statt. Außenminister Steinmeier kündigte dabei weitere 75 Millionen Euro Unterstützung für das UN-Flüchtlingswerk UNHCR und das Welternährungsprogramm an.

Bei der Pressekonferenz im Anschluss an das Treffen mit dem Chef der Internationalen Organisation für Migration »dankte Generaldirektor Swing Minister Steinmeier für seine politische Initiative in der aktuellen Flüchtlingskrise und betonte, dass *die internationale Gemeinschaft nicht nur die Pflicht, sondern vielmehr ein Interesse daran habe, Migration zu fördern*«.[36]

---

* Verbund von verschiedenen Hilfs- und Entwicklungsorganisationen mit Sitz in Großbritannien.

Halten wir einen Moment inne: Anfang November 2015, mitten in einer Migrationskrise historischen Ausmaßes, die die Behörden der Hauptaufnahmeländer bis heute an den Rand des Zusammenbruchs führt, deren Kosten nicht einmal erahnt werden können – ganz zu schweigen von den Sicherheitsproblemen mit Hunderttausenden unregistriert, wild Eingewanderten –, stellt sich William Lacey Swing hin und spricht, als ob nichts geschehen sei, von einer Pflicht, ja sogar von einem Interesse der Migrationsförderung!

Wir können ganz sicher sein: Solange Bundeskanzlerin wie Bundesaußenminister Berater wie Swing und Sutherland haben, wird sich an der sogenannten Flüchtlingskrise nichts ändern, da sie ganz offensichtlich gewollt ist, ja sogar noch zur weiteren »Förderung« von Migration aufgerufen wird.

Der US-Amerikaner William Lacey Swing hatte vor seiner Tätigkeit bei der IOM als US-Botschafter in sechs verschiedenen Ländern gearbeitet. Seltsam, dass er beim CFR-Termin über die globale Antwort auf die Flüchtlingskrise im Mittelmeer – »A Global Response to the Mediterranean Migration Crisis« – die USA nicht dazu aufrief, mehr Flüchtlinge aufzunehmen und die Lasten gerechter zu verteilen. Diese Lasten sollen jedoch ausschließlich in Europa verteilt werden. Momentan sieht die »globale« Antwort auf die Krise so aus, dass Masseneinwanderung nach Österreich, Deutschland und Schweden stattfindet.

William Lacey Swing von der International Organisation for Migration kündigt es sehr klar an:

> Migration in großem Maßstab ist unvermeidlich, notwendig und wünschenswert. […] Dies mag eine noch stärkere Herausforderung sein: Wir werden lernen müssen, unvermeidlich wachsenden Multikulturalismus, Multiethnizität und das Multireligiöse zu managen. Es passiert gerade. Wir kommen nicht daran vorbei. Immer mehr Länder werden unausweichlich all das werden müssen. Und wenn wir nicht lernen, Vielfalt zu managen, wird es sehr schlimm werden …[37]

Teil 3

No border, no nation: Die grenzenlose Agenda der Chaos-Stiftungen

»Illegale und unkontrollierte Zuwanderung ist kein Menschenrecht, sondern führt zwangsläufig in den unerklärten Bürgerkrieg – wie im abgewrackten Athen, wo sich längst schon unter den Augen der Polizei faschistische Banden mit afrikanischen Drogenhändlern und arabischen Obdachlosen einen nächtlichen Straßenkampf liefern. Die Lehre aus solchen Zuständen: Ein Europa als Spiel ohne Grenzen führt den Kontinent ins Chaos.«[1]

— DIRK SCHÜMER IN DER *WELT* VOM 18. MAI 2015

Im dritten und letzten Teil dieses Buches wollen wir uns einer weiteren Gruppe von Drahtziehern widmen, die national wie international gemeinsam mit dem bereits genannten UNO-Netzwerk und EU-Eliten der Migrationsagenda fast unsichtbar, aber dennoch massiv Vorschub leisten: den privaten Stiftungen. In dieser Hinsicht hat sich insbesondere der »Philanthrop« George Soros hervorgetan, dessen Open Society Foundations (OSF) bereits bei zahlreichen Farbrevolutionen eine dubiose Rolle spielten. Seine internationalen Netzwerke von Stiftungen und Denkfabriken haben sich auch in Europa breitgemacht.

Vorbemerkung: Spiel ohne Grenzen

Während täglich Tausende Europas Grenzen überrennen und sich mit dem Ziel Deutschland oder Schweden vor allem auf der sogenannten Balkanroute nach Norden bewegen, sind in Deutschland und Europa Recht und Gesetz anhaltend außer Kraft gesetzt.

Monatelang wurde der ganzen Welt demonstriert, dass die Europäische Union faktisch weder Außengrenzen noch Binnengrenzen hat. In dem gesamten Zeitraum seit Einsetzen der »Flüchtlingskrise« im Sommer 2015 wurde kein Versuch unternommen, die Grenzen des Schengen-Raums zu schützen. Nur auf nationaler Ebene gab und gibt es Versuche, den illegalen Grenzübertritten mit der Errichtung eigener Grenzanlagen entgegenzuwirken.

Die Bedeutung von Grenzen

Grenzen sind überall, und jeder hat sie. Grenzen und Abgrenzung sind Vorbedingungen menschlichen Lebens, sowohl im Bereich der persönlichen Entwicklung als auch im Zusammenleben von größeren Menschengruppen bis hin zu Nationalstaaten.

Jeder Mensch muss im Laufe seines Lebens lernen, eigene Grenzen zu setzen. Findet dieser Prozess aus irgendeinem Grunde nicht statt, läuft es nicht selten auf psychische Probleme, ein mangelndes Selbstwertgefühl, das Gefühl, ausgenutzt zu werden, oder sogar Schlimmeres hinaus. Kein Zweifel: Grenzen sind für Menschen wichtig. Lernt man nicht, diese zu ziehen, ist der Fremdbestimmung Tür und Tor geöffnet, und am Ende steht dann nicht selten die Praxis eines Therapeuten.

Das ist das Problem. Eine Fülle an Ratgeberliteratur bietet Hilfe an: »Wie setze ich Grenzen?«, »Grenzen zu setzen heißt, ›nein sagen‹ zu lernen«, »Wer zu oft selbstlos ist, ist schnell sich selbst los!« Denn der aus ständigem Jasagen, gepaart mit dem Helfersyndrom resultierende massive Stress mündet regelmäßig in totale Erschöpfung und Burnout.

> Ohne persönliche Grenzen kann jeder in deinem Feld herumspazieren, deine Grenzen überrennen und verletzen. Überleg dir gut, ob du das willst.[2]

Ein Ratgeber fragt:

> Ist es dir schon mal aufgefallen, dass du Menschen mit starken und gesunden Grenzen gerne hast und gut mit ihnen umgehen kannst? Du weißt einfach, woran du bist. Nichts macht uns stärker, als gesunde Grenzen zu setzen. (Gesunde Grenzen machen übrigens auch attraktiv.)
>
> Leider gibt es nur sehr wenige Menschen, die bereit sind, für sich, ihre Bedürfnisse und Werte einzustehen. *Ein gut gebauter, gesunder Grenzzaun ist um die 4 Meter hoch. Der Grenzzaun der meisten Menschen hat jedoch nur mickrige 40 Zentimeter. Du kannst dir vorstellen, dass jeder diese Minihürde locker überspringen kann!*[3]

Doch wenn man versucht, Grenzen zu ziehen und zu definieren, wo das eigene Bis-hierhin-und-nicht-weiter liegt, sieht man sich nicht selten mit perfiden Sabotagestrategien konfrontiert, so der zitierte Ratgeber weiter. Die Sabotage-Strategie Nr. 1 ist: Schuldgefühle auslösen:

> Eine sehr wirkungsvolle Strategie, ein »Nein« zu entkräften oder gar auszuhebeln, ist, beim anderen Schuldgefühle auszulösen.
>
> Mache dir hier klar, dass es in einem solchen Fall um eine versteckte Form der Erpressung geht. Du sollst um jeden Preis tun, was der andere von dir will, und um das zu erreichen, spielt derjenige die Schuldkarte aus.[4]

Während wir im persönlichen Bereich starke und gesunde Grenzen als erstrebenswert ansehen, ja mit ihrer Hilfe sogar unsere Attraktivität steigern können, sehen sich staatliche Grenzen in Europa einem anschwellenden Propaganda-Trommelfeuer von Anklage, übler Nachrede, Verleumdung und Dämonisierung ausgesetzt.

Diese Propagandawelle rollt schon seit Jahrzehnten an und baute sich in den letzten Jahren immer steiler auf, wurde aber merkwürdigerweise in der öffentlichen Wahrnehmung weitgehend ignoriert – was sich jetzt rächt!

In der EU-Rhetorik ist der grenzenlose Schengen-Raum wie ein Goldenes Kalb, um das die Eurokraten tanzen, während die Masse der EU-Bürger gegen Grenzkontrollen überhaupt nichts einzuwenden hätte.

Angesichts der Flüchtlingskrise werden Grenzen oder Grenzkontrollen unverdrossen als »unwirksam« und als »Abschottung«

diffamiert oder von Angela Merkel mit dem »Ende Europas« gleichgesetzt. Die erfolgreichen Grenzkontrollen zum Schutz des G7-Gipfels in Elmau, wo der Polizei im Minutentakt Kriminelle ins Netz gingen, sprechen jedoch eine andere Sprache.[5]

Die angeblichen oder tatsächlichen Einbußen für die Wirtschaft werden konsequent nicht mit den Einbußen durch grenzüberschreitende Kriminalität oder den wachsenden Milliardenbeträgen für die Integration von Migranten gegengerechnet.

Kapitel 17

George Soros und sein internationales Stiftungsnetzwerk

Einer der Hauptantreiber der Migrationsagenda, der aber in der europäischen Öffentlichkeit kaum in dieser Rolle wahrgenommen wird, ist der »Philanthrop« und Hedgefonds-Milliardär George Soros, der im Laufe der Jahre ein riesiges Netzwerk privater Stiftungen aufgebaut hat. Wie wir im Folgenden sehen werden, widmen sich viele von ihnen in erster Linie dem Migrationsthema. Natürlich werden dabei humanitäre Gedanken in den Vordergrund gestellt.

Wer ist George Soros?

Nach eigener Aussage spendet Soros jährlich rund eine Milliarde Dollar für wohltätige Zwecke. Er engagiert sich für eine offene Gesellschaft und spielte vor einem Vierteljahrhundert eine wichtige Rolle bei den politischen Umstürzen in Osteuropa.[6]

Der als György Schwartz in Budapest geborene Multimilliardär (Vermögen 24,2 Milliarden Dollar, Stand Juni 2015) hat sich seit Langem einen Namen als Großsponsor gemacht. Er wird häufig in den Medien charakterisiert als »Philanthrop«, »Globalist«, »Staatsmann ohne Staat« oder einfach als »Finanzier«. Zuerst einmal ist Soros aber Verwalter eines milliardenschweren Hedgefonds, des »Quantum Funds«. Die Herkunft der Gelder in seinem Fonds ist nicht nachweisbar, da sie »offshore« angelegt sind: in Curaçao (Niederländische Antillen) und auf den Cayman Islands (britische Überseeterritorien).

Die Anteilseigner der Fonds sind öffentlich nicht bekannt. Eine Quelle berichtete aber, dass die Rothschild-Familie und andere reiche Europäer 1969 eine Summe von 6 Millionen Dollar einzahlten.«[7]

Soros steht den US-Demokraten nahe und war ein Großspender für den Obama-Wahlkampf 2008; einige bezeichnen ihn wegen seiner großzügigen Spenden an die US-Demokraten auch als deren eigentlichen Besitzer.[8]

Soros setzt sein Geld für seine politischen Ziele ein, wo er kann. Neben Zuwendungen an Einzelpersonen – zum Beispiel Hillary Clinton oder Barack Obama – gibt er Spenden an eine nahezu unüberschaubare Zahl von Nichtregierungsorganisationen. Dazu gehören US-NGOs wie das Center for American Progress oder weltweite Kampagnenorganisationen wie MoveOn und Avaaz, die sich wiederum, mit Soros' Geldern ausgestattet, in die große Politik einmischen.

George Soros (2006)

Als Verfechter einer »offenen« Gesellschaft finanzierte seine Stiftung Open Society Foundations die »Öffnung« Osteuropas und ehemaliger Sowjetrepubliken. Hierfür gründete er ein Netzwerk aus Open-Society-Instituten oder ähnlich gelagerten NGOs, die dann tatkräftig mithalfen, die sogenannten Farbrevolutionen aus der Taufe zu heben.

Besonderes Augenmerk legte Soros schon immer auf Europa. »Er ist ein unverbrüchlicher Verfechter der Europäischen Union und der Währung Euro. [...] Seine Open Society Foundations gab auch Geld an Pro-EU- und Pro-Migranten Gruppen wie British Future, die Wahlkampf gegen UKIP und euroskeptische Gruppen machte«, schrieb das neokonservative BreitbartNewsNetwork im September 2015.[9]

EU-Superstaat mithilfe der Refugees?

Auf der Soros-Website *georgesoros.com* kommt am 21. September 2015 Mohamed A. El-Erian, Chef-Wirtschaftsberater der Allianz und Barack-Obama-Berater, zu Wort mit dem Beitrag »Refugees and Reform in Europe« (Flüchtlinge und Reformen in Europa).[10]

Darin verleiht er seinen Hoffnungen Ausdruck, dass die Flüchtlingskrise als Katalysator dienen möge, um die endgültige europäische Vereinigung auf allen Ebenen einzuläuten:

> Die derzeitige Situation könnte auch den Katalysator liefern, um entscheidenden Fortschritt in der unvollständigen politischen, institutionellen und finanziellen Architektur zu machen. Und sie könnte Europa dabei anspor-

> nen, jene politischen Hindernisse zu überwinden, durch die die Lösung langjähriger Probleme blockiert wird – so zum Beispiel die Absicherung, die bestimmte europäische Kreditgeber brauchen, um Griechenland einen höheren Schuldenerlass zu garantieren, dessen bestehende massive Fiskal- und Arbeitsmarktprobleme durch das Einströmen der Flüchtlinge noch verschärft werden. Die derzeitige Situation kann Europa sogar zur Modernisierung seines Regierungssystems treiben, welches ein paar kleinen Ländern erlaubt, Entscheidungen zu torpedieren, die von der großen Mehrheit der EU-Mitglieder unterstützt werden.

Migration als »Katalysator«, der eine chemische Reaktion auslösen soll, hin zu einem europäischen Einheitsstaat? Offensichtlich war man in Washington angesichts des mangelnden Fortschritts bei der europäischen Integration und des Quertreibens kleinerer EU-Länder schon länger unzufrieden. Von dort kommen seit Jahren Aufrufe zu einer tieferen Integration Europas, das so angeblich seine Probleme besser meistern könne. Und die bekanntlich stark amerikaaffine, durch und durch transatlantisch geprägte Kanzlerin mag ebenfalls aus Washington entsprechende Hinweise zu hören bekommen haben, die Flüchtlingskrise für die europäische Integration zu nutzen. Integration durch Migration – ein Leitmotiv der Migrationslobbyisten, das wir schon mehrfach zitierten.

Bisher: Scheitert der Euro, so scheitert Europa – jetzt: Scheitert die Integration der Migranten, so scheitert Europa

Insgesamt ist es sehr wahrscheinlich, dass Angela Merkel und die EU mithilfe der sogenannten Flüchtlingskrise eine neuen Stufe der Machtergreifung einläuten und Quotenregelungen für die Aufnahme von Flüchtlingen durchsetzen wollten. Damit wäre den EU-Mitgliedsländern eines der letzten Instrumente souveräner Nationalstaaten aus der Hand geschlagen: zu bestimmen, wer auf ihrem Territorium lebt.

Am 22. September 2015 einigten sich die EU-Innenminister darauf, 120 000 Flüchtlinge auf die Mitgliedstaaten zu verteilen. Ungarn, Tschechien, die Slowakei und Rumänien stimmten gegen die Verteilungsquote; Finnland enthielt sich. Die autokratischen und selbstherrlichen Entscheidungen der Grenzöffnung und der Mechanismus der Quoten könnten zum Sargnagel des EU-Projektes werden.

Die Ankündigung von Frankreichs Innenminister Manuel Valls am 13. Februar 2016, er werde zu den 30 000 bereits aufgenommenen keine weiteren Flüchtlinge mehr aufnehmen, zeigt das Debakel und das vorläufige Scheitern des Plans, eine noch tiefere europäische Integration durch ein konzertiertes Handeln in der Migrationskrise zu erzwingen.

Brüssel leitete daraufhin Verfahren gegen Mitgliedstaaten ein und versucht so, das Heft des Handelns erneut an sich zu reißen. Der Vorwurf: Einige Staaten hätten gegen bestehende europäische Gesetze zur Anerkennung von Flüchtlingen, über die Mindestnormen für Asylverfahren und über die Aufnahmebedingungen von Asylbewerbern verstoßen, da sie diese nicht in nationales Recht umgesetzt hätten. Sollten diese Länder die bestehende europäische Asylgesetzgebung nach 2 Monaten immer noch nicht ordnungsgemäß umsetzen, droht ihnen eine Anklage vor dem Europäischen Gerichtshof. Von den Verfahren betroffen sind unter anderem Deutschland, Frankreich, Italien, Österreich, Spanien, die Niederlande und Ungarn. Dänemark, Irland und Großbritannien sind dagegen ausgenommen, weil sie an der EU-Asylgesetzgebung nicht teilnehmen.[11]

Soros fordert Neuordnung des Asylsystems

Während sich im Sommer 2015 angesichts der nicht abebbenden Migrantenströme nach Europa Ratlosigkeit breitmachte, erhob George Soros lautstark seine Stimme:

Am 26. September 2015 gab er auf seiner Internetpräsenz[12] Anweisungen, wie Europa das Asylsystem neu zu ordnen habe (»Rebuilding the Asylum System«). Sein Aufruf wurde weithin in den Medien (außer den deutschen) thematisiert. Nach harscher Kritik an der EU für ihr Versagen bei der gemeinsamen Asylpolitik stellt er einen umfassenden Sechspunkteplan vor, um zuallererst mit den syrischen, aber auch mit anderen Asylsuchenden besser umgehen zu können:

> Als Erstes hat die EU auf absehbare Zukunft eine Million Asylsuchende pro Jahr zu akzeptieren.

Die Belastung solle über Abstimmungen mit qualifizierter Mehrheit innerhalb der EU gerecht verteilt werden. Eine angemessene Finanzierung durch die EU sei sehr wichtig.

> Die EU muss 15 000 Euro pro Asylsucher in jedem der beiden ersten Jahre bereitstellen, um die Kosten für Unterbringung, Gesundheit und Schule abzudecken und um die Aufnahme von Flüchtlingen für die Mitgliedstaaten attraktiver zu gestalten.

Soros möchte also die Anreize für EU-Mitgliedstaaten erhöhen, Flüchtlinge aufzunehmen. Pro Jahr geht es bei der einen angenommenen Million Asylsuchendenden um eine Summe von 15 Milliarden Euro, welche die EU bereitstellen müsste. Wie dieser Geldbetrag aufgebracht werden soll, weiß George Soros bereits:

> Die Mittel können aufgebracht werden, indem sie [die EU] ihre nicht genutzte AAA-Leihbonität nutzt und Langzeitbonds auflegt, welche den zusätzlichen positiven Effekt haben, der europäischen Wirtschaft einen gerechtfertigten finanzpolitischen Stimulus zu verschaffen.

Soros schwebt also ein schuldenfinanziertes, EU-weites Konjunkturprogramm mithilfe der hereinströmenden Flüchtlinge vor. Beim Einströmungsprozess solle so wenig Zwang wie möglich ausgeübt werden:

> Man sollte Flüchtlinge dorthin lassen, wo sie hinwollen und wo sie gewollt sind – das ist die *conditio sine qua non* des Erfolges.

Weiterhin müsse die EU jährlich die 4 Millionen Flüchtlinge im Libanon, Jordanien und der Türkei mit 5000 Euro pro Person unterstützen. Allein die Türkei habe einen Bedarf von 20 Milliarden Euro Finanzhilfe pro Jahr. Die Länder der EU-Außengrenze hätten einen Finanzbedarf von 8 bis 10 Milliarden Euro jährlich. Diese Kosten solle die EU ebenfalls über Langzeitbonds aufbringen.

Forderung nach einer zentralen Asyl- und Migrationsagentur der EU

Drittens müsse die EU sofort eine zentrale Asyl- und Migrationsagentur einrichten. Diese Asylagentur übernehme dann in Zukunft alle Entscheidungen zur Lenkung und zum Schutz der Migranten.

Soros' vierte Forderung ist die nach der Einrichtung sicherer Fluchtkorridore nach Europa. Diese müssten in einem ersten Schritt von

Italien und Griechenland aus Richtung Norden eingerichtet werden. Im nächsten Schritt müssten die sicheren Kanäle der Flucht dann bis in die Krisengebiete selbst ausgedehnt werden:

> Der nächste logische Schritt ist der, sichere Strecken in die Gebiete an den Frontlinien auszudehnen, um dadurch die Anzahl der Migranten zu reduzieren, die die gefährliche Überquerung des Mittelmeeres unternehmen.

Über Verhandlungen mithilfe der UNO-Flüchtlingsagentur seien dann in den Frontländern, vor allem in der Türkei, Asylzentren einzurichten. Von dort sollen die Migranten dann ohne eine gefährliche Mittelmeerüberfahrt in der EU verteilt werden.

Mehr als eine Million Flüchtlinge pro Jahr absorbieren

Fünftens müsse das europäische humanitäre und finanzielle Modell zu einem Standard für ein weltweites Migrations- und Asylmodell entwickelt werden und sechstens müsse die EU den privaten Sektor mobilisieren, damit mehr als eine Million Flüchtlinge pro Jahr absorbiert werden könnten. Soros meint Nichtregierungsorganisationen (NGOs), kirchliche Gruppen und Unternehmen, die als Sponsoren herangezogen werden sollten.

Soros möchte direkt aus den Konfliktregionen Nordafrikas und des Nahen und Mittleren Ostens auf nicht absehbare Zeit hinaus mehr als eine Million Menschen sicher nach Europa einströmen lassen.

Wäre George Soros nicht einer der reichsten Männer dieses Planeten und gehörte er nicht zum oberen einen Prozent der Weltelite, so könnte man seine Visionen vielleicht als Schwärmereien abtun. Da der umtriebige Greis jedoch sein Geld nicht nur friedlich auf den niederländischen Antillen wachsen lässt und seine Vorschläge nicht nur theoretisch zur Diskussion stellt, sondern ganz real in vielfältiger Weise ins soziale und politische Geschehen eingriff bzw. eingreift, wie eine große Anzahl von Ereignissen in der Vergangenheit eindeutig bewiesen haben, sollte man sich besser etwas genauer mit ihm auseinandersetzen.

Kapitel 18

Die International Migration Initiative

George Soros' Open Society Foundations betreibt gemäß ihren Überzeugungen eine Internationale Migrationsinitiative. Diese Initiative mit Sitz in den USA und zahlreichen europäischen Dependancen arbeitet zurzeit besonders aktiv in Europa.

Dabei stellt die Initiative ihre bedeutenden finanziellen Ressourcen nicht in den Dienst der Bekämpfung der Ursachen von Flucht und Weggang aus der Heimat, sondern erhebt Flucht bzw. Migration zu einem Wert an sich, als handle es sich dabei um ein zu schützendes, ja zu förderndes und einzuforderndes Menschenrecht.

Mit diesem Pseudohumanismus schützt Soros die Verursacher von Kriegen und Krisen wie auch deren Nutznießer und verlagert die Auswirkungen der Kriege und Krisen von den Verursachern weg. Soros schützt aber auch gewissermaßen sich selbst: In meiner Recherche über die weltweit operierende internationale Kampagnenorganisation Avaaz aus dem Jahre 2012[13] habe ich aufgedeckt, dass Soros maßgeblich und auf mehreren Ebenen hinter dieser Organisation steht. Avaaz trat gleich zu Beginn des sogenannten Arabischen Frühlings aktiv in den Informationskrieg gegen Syrien ein und investierte mindestens 3 Millionen Spendengelder für die Ausrüstung zweifelhafter »Bürgerjournalisten« vom Schlage eines Lügners und Betrügers wie »Danny the Syrian«. Diese Leute wurden von Avaaz via Schmuggelrouten und vorher angelegten Tunnelsystemen vom Libanon nach Syrien eingeschleust. Dies war der Organisation möglich, da Spendengelder nicht kampagnengebunden investiert werden müssen.

Avaaz entsandte sogar eigenes Schulungspersonal nach Syrien, um Personal im Gebrauch der hochmodernen Satellitenkommunikation auszubilden – eine Konsequenz, die man aus dem Tunesien- und Libyen-Engagement der Kampagnenorganisation gezogen hatte.

Bilanz der damaligen Recherche:

> Das ernüchternde Fazit über Avaaz lautet: Avaaz ist eine aus den USA gesteuerte internationale Kampagnenorganisation. Sie erschleicht sich

> das Vertrauen ihrer Mitglieder mithilfe harmloser Kampagnen (»Rettet die Bienen«). Anschließend missbraucht sie das gewonnene Vertrauen ihrer Mitglieder skrupellos, um mithilfe der arglos gegebenen Geldspenden die außenpolitische Agenda der Vereinigten Staaten bzw. ihrer Eliten zu befriedigen. Letzteren gelang es durch Avaaz, außenpolitische Einflussnahme und Einmischung in souveräne Staaten »outzusourcen« bzw. gewissermaßen verdeckt zu delegieren. Zugleich ist dieses Modell ökonomisch äußerst interessant, da die Avaaz-Mitglieder die finanzielle Last tragen (Spenden!), nicht das Avaaz-Direktorium oder die hinter ihm stehenden milliardenschweren US-Stiftungen, Denkfabriken und NGOs.
>
> Avaaz spielt im Falle Syriens die Rolle einer Tarnorganisation und liefert uns ein Beispiel für die moderne Form der Kriegführung auf verschiedenen Ebenen: Avaaz wurde im Informationskrieg erfolgreich aktiv und scheut sich nicht, wie aufgezeigt, auch mit Manipulation, Lüge und Betrug zu arbeiten. Ein Informationskrieg ist neben dem Wirtschaftskrieg und dem Stellvertreterkrieg mithilfe terroristischer Milizen unterschiedlichster Herkunft und Couleur die modernste Form des Krieges und die Methode, souveräne Staaten völkerrechtswidrig zu destabilisieren und in die Knie zu zwingen …

Man muss daher Soros' Rolle im Gesamtzusammenhang sehen: Zuerst beteiligt er sich über den Transmissionsriemen von Kampagnenorganisationen und NGOs an der Destabilisierung Libyens und Syriens, und nun, da die Region erfolgreich in Brand gesteckt ist, greift er weiter in das Geschehen ein.

Soros' Internationale Migrationsinitiative hat es sich zur Aufgabe gemacht, »Ausbeutung, Diskriminierung und Gewalt gegen Migranten auf jeder Etappe ihrer Migrationsreise (»*migration journey*«) zu verhindern.« Soros verwendet tatsächlich den Begriff »Reise«. Diese Rhetorik ist klassisch orwellsch: Die Heimat zu verlieren und/oder vertrieben zu werden ist eines der schrecklichsten vorstellbaren Ereignisse für Menschen. Wie wird aus der Flucht vor einem Krieg eine bloße »Reise«?

Diese und ähnliche pseudohumanitäre Rhetorik hat unter sogenannten Stars und ihren prominenten Initiativen erschreckende Popularität gewonnen. So setzen sich nicht wenige zum Teil an der Seite von einschlägig bekannten NGOs zum Beispiel gegen die Vergewaltigung von Frauen in Kriegs- und Krisengebieten ein und lassen damit vergessen, dass der Krieg an sich eine einzige Vergewaltigung aller betroffenen Menschen ist. Oder pseudohumanitäre Initiativen setzen sich speziell für den Schulunterricht von Mädchen in Krisengebieten ein und blenden dabei aus, dass Krisen und Krieg Schulbildung für alle verhindern, seien es Jungen oder Mädchen. Soros weiter:

> Die Initiative zielt besonders darauf ab, den Schutz von Migranten in den Korridoren der Regionen Asien/Mittlerer Osten und Zentralamerika/Mexiko zu erhöhen sowie die Politik und die Steuerung der internationalen Migration zu verbessern.

Soros' aktive Politik zugunsten der Einwanderung nach Europa hat zwei Aspekte: Sein Eintreten für Migrationskorridore bedeutet, dass seine Migrationsinitiative mit ihren Dependancen vor Ort sowohl in den Herkunfts- als auch in den Zielländern der Migranten tätig wird: »Sie ist auf jeder Etappe der Migrationsreise aktiv.«

Zum Zweiten ist Soros' Initiative tätig, indem sie von ihr finanziell abhängige NGOs (»Graswurzelorganisationen«) mit der Politik zusammenbringt und so versucht, Druck aufzubauen:

> Über Mitwirkungsmöglichkeiten, Änderung von Politik und Gerichtsverfahren zielen wir auf Reformen ab, welche die Lebens- und Arbeitsbedingungen von Migranten signifikant verbessern können.

Zu den selbst gesteckten Zielen von Soros' Migration Initiative gehören außerdem:

- »zunehmender Schutz für Migranten«,
- »die Migrationspolitik verbessern«,
- »bessere Steuerung der internationalen Migration«.

Ein Netzwerk von juristischen Fachleuten

Im Rahmen dieser Agenda möchte Soros vor allem daran arbeiten,

❶ Verstöße gegen die Rechte von Migranten abzustellen und den Migranten leichteren Zugang zu Gerichten zu ermöglichen.

Neben der Verbesserung der Arbeits- und Lebensbedingungen müsse zu diesem Zweck »ein noch stärkeres Netzwerk von juristischen Fachleuten und Organisationen« eingerichtet werden, um den Migranten »verstärkten Zugang zu ihren Rechten« zu gewährleisten, »indem unter Juristen Kapazitäten dafür aufgebaut werden, sodass die Migranten die legalen und gerichtlichen Hürden überwinden können, die sie daran hindern, sich gerichtlich zur Wehr zu setzen«.

Trainings- und Orientierungsseminare für Migranten vor der Abreise

❷ Soros' Wanderungsinitiative möchte Migranten »besser dazu befähigen, ihre Rechte zu behaupten und zu verteidigen, in erster Linie durch verbesserten Zugang zu Informationen. Dies umfasst die Verbesserung der Qualität, der Berichterstattung und der Effizienz von Trainings- und Orientierungsseminaren vor der Abreise und bei der Ankunft in den Zielländern.«

Soros-Anwälte arbeiten Strategien für Migration aus

George Soros lässt Anwälte für sich arbeiten, um auszuloten, wie Migranten mehr Rechte erhalten können, und um bereits bestehende juristische Strategien ständig zu verbessern, damit Refugees letztlich mithilfe spezieller anwaltlicher Unterstützung ihr Ziel erreichen, in Europa bleiben zu können.

Beispiel: Soros' »Migrationsanwalt« im Stab der »Open Society Justice Initiative« ist Simon Cox. Der Londoner Jurist »entwickelt, managt und nutzt juristische Strategien und Projekte, um die Rechte internationaler Migranten weltweit zu fördern. Er arbeitet eng mit der International Migration Initiative der Open Society Foundations zusammen.«[14]

❸ Der dritte Aspekt der selbst gesteckten Ziele will die Beschleunigung von politischen Reformen zugunsten von Migranten und »die Verbesserung der Politik und des Dialogs« zwischen Interessenvertretern erreichen. Damit ist gemeint, mit Aktivisten Druck aufzubauen, um politische Reformen zu forcieren und für eine öffentliche Verbreitung der besten zielführenden Methoden zu sorgen. Soros will Netzwerke errichten, in die Politikmacher, Staat und Zivilgesellschaft eingebunden sind, und eine tolerantere Gesellschaft erreichen mit einer »Öffentlichkeit, die Fremdenfeindlichkeit und Diskriminierung bekämpft«.[15]

Endziele sind die völlig »Offene Gesellschaft«, Staaten ohne Grenzen und eine weltweit ungehinderte Migration in die Wunschländer der Migrationswilligen. Lenkend eingreifen soll dabei lediglich die geplante EU-Asyl- und Migrationsagentur in Brüssel bzw. Malta.

Open Society: Dauerndes Angebot an Jobs

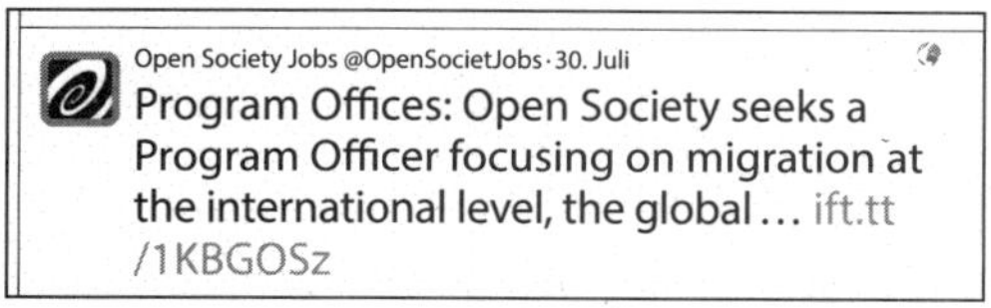
Open Society Jobs @OpenSocietJobs · 30. Juli
Program Offices: Open Society seeks a Program Officer focusing on migration at the international level, the global ... ift.tt /1KBGOSz

Arbeitsangebot der Open Society Migration Initiative. Gesucht: ein Programmangestellter mit Arbeitsschwerpunkt Migration.[16]

Soros bietet weltweit ständig Jobs an und rekrutiert Menschen, die als Angestellte in seinem Sinne und auf seine Rechnung tätig sind. Diese sollen daran arbeiten, dass Migranten in die Lage versetzt werden,

> ... aktiv zu werden und ihre Stimme zu erheben, indem sie sich in Graswurzelinitiativen organisieren, sich in Verbänden und informellen Unterstützungsnetzwerken zusammenschließen und von Migranten betriebene gemeinschaftliche Medien schaffen.

Soros nutzt sein Vermögen, um völlig ungeniert Fördergelder im Sinne seiner Agenda an ihm genehme Pro-Migrations-Organisationen zu vergeben, die von seinem Mitarbeiterstab als geeignet aufgespürt worden sind. In einem Bewerbungsformular wird ein »Program Officer, Migration für Europa« gesucht. Laut der Anzeige wird die zukünftige Tätigkeit dieser Soros-Mitarbeiter so umrissen:

Program Officer, Migration – Open Society Initiative for Europe

The program officer will be part of the migration team of the Open Society Initiative for Europe and will work in the implementation of activity portfolios with migration and inclusion.
The main work will focus around grant making to civil society organizations, building political constituencies and alliances, and, occasionalls, policy advocacy in selected countries of Europe.

$ commensurate with experience

N/A

online application

APPLY NOW

> Der Programmmitarbeiter wird Teil der Migrationsteams der Open Society Initiative für Europa sein und wird an der aktiven Umsetzung des Aktivitätenportfolios arbeiten, das Migration und Inklusion beinhaltet. Die Hauptarbeit konzentriert sich auf das Thema »Vergabe von Spendengeldern für Organisationen der Zivilgesellschaft« und darauf, politische Anhängerschaft und Allianzen aufzubauen und ab und zu auch politische Lobbyarbeit in ausgewählten europäischen Ländern durchzuführen.[17]

Erläuternd heißt es in einer Erklärung vom Juli 2015 weiter zum Migrationsprogramm der Open Society Initiative for Europe:

> Die Initiative wurde im Januar 2013 eingeführt und baut auf 3 Jahrzehnten Arbeit der Open Society Foundations in Europa auf. Die Open Society Initiative for Europe zielt darauf ab, den Abstand zwischen dem Versprechen Europas als Prototyp einer offenen Gesellschaft und der Realität zu verkleinern. Sie ergreift reaktive wie auch proaktive Maßnahmen für Politikreformen und unterstützt Anstrengungen, zivile Freiheiten und Menschenrechte in ganz Europa zu verteidigen. Sie kümmert sich um die Herausforderungen der Migration und bekämpft Diskriminierung – einschließlich Islamophobie und die strukturelle Diskriminierung der Roma …

George Soros' Initiative erklärt künftigen Mitarbeitern ihre Arbeit wie folgt:

- Arbeit mit dem Rest des Migrationsteams an Design und Umsetzung von Aktivitätenportfolios, welche die Vergabe von Fördergeldern, den Aufbau von Anhängerschaften und Lobbyarbeit beinhalten;
- Identifizieren und Auswählen von Spendenempfängern, um Fördergeldervorschläge zu entwickeln und abzuschließen und als Teil des Fördergelderprozesses schriftliche Fördergeldempfehlungen zu entwerfen;
- Überwachung von gewährten Förderungen über den Besuch von Websites und Kontrolle der Tätigkeitsberichte und Finanzberichte; Interaktion mit Fördegeldempfängern und anderen Profis bei Treffen und Zusammenkünften, welche mit dem Programm und dem Thema zu tun haben;
- sich auf dem Laufenden halten über Entwicklungen des Themenfelds durch Nachforschungen und Teilnahme an Konferenzen und Treffen;

- Identifizieren, Aufbauen und Aufrechterhalten von Beziehungen und Netzwerken mit ins Visier genommenen Politikgestaltern, Einflussnehmern und Partnern, die auf dem Feld der Migration arbeiten;
- Aufrechterhalten von breiten und bedeutungsvollen Netzwerken unter NGOs, Verbänden und anderen relevanten Partnern auf dem Integrations- und Inklusionfeld im Hinblick darauf, Allianzen zu bilden.
- Übernahme von administrativen Pflichten, um die Arbeit von Lobbygruppen bei Bedarf zu unterstützen, einschließlich Finanzbudget, Verträge, Programmdokumentation und Logistik für Veranstaltungen.
- Reisetätigkeit, wenn erforderlich.

Man muss George Soros' Migrationsinitiative fast dankbar sein für den Beweis, mit welch ausgefeilten Methoden ihre Lobby- und Netzwerkarbeit ganz praktisch funktioniert und wie sie auf dem Wege finanzieller Förderungen zivilgesellschaftliche Organisationen und Zielpersonen nachhaltig unter ihre Kontrolle bringt.

Wer sich bei Soros um einen Job bewirbt, muss allerdings ein paar Voraussetzungen mitbringen: Wünschenswert sind unter anderem:

- Ein Bachelor-Abschluss und 7 Jahre einschlägige Erfahrung mit der Arbeit in Organisationen im Bereich Menschenrechte oder soziale Gerechtigkeit oder in humanitären oder ähnlich ausgerichteten zivilgesellschaftlichen oder NGO-Organisationen oder eine ähnlich gelagerte Kombination aus Ausbildung und Erfahrung.
- Umfassende Erfahrung mit der *Entwicklung von Migrationsstrategien* und der Zusammenarbeit mit Kollegen und Partnern der Zivilgesellschaft, um diese umzusetzen.
- Relevante Erfahrung bei Fördergeldern, Projektmanagement sowie der Entwicklung und dem Management von Projektbudgets ist von Vorteil, aber kein Muss.
- Erfahrung vor Ort mit Aktivisten, Polizisten und Migranten-Communities selbst ist äußerst wichtig; zusätzliche Erfahrung mit der Arbeit bei Graswurzelorganisationen, mit lokalen oder nationalen Behörden, internationalen Aktivisten und politischen Foren ist wünschenswert.
- Fließendes Englisch ist Grundvoraussetzung, die Fähigkeit, in anderen europäischen Sprachen zu arbeiten, ist äußerst wünschenswert.
- Starke analytische Qualifikation und die Fähigkeit, sich in komplexer politischer Umgebung einzubringen.

- Die Fähigkeit, in einem sich rasch ändernden Umfeld effizient zu arbeiten, Fehler zu diagnostizieren, Projekte zum erfolgreichen Ende zu führen und dabei einen strikten Zeitrahmen einzuhalten, ohne in der Aufmerksamkeit für Details, Budget und Berichterstattung nachlässig zu werden.
- Angenehme, diplomatische Umgangsformen, leichte Interaktion mit Kollegen unterschiedlicher Herkunft und Sensibilität für örtliche Gegebenheiten.
- Diskretion und die Fähigkeit, Angelegenheiten vertraulich zu handhaben.
- Exzellente Computerkenntnisse, Erfahrung in Microsoft Office und Internetrecherche sowie Multimedia-Kenntnisse sind ein Plus.
- Starkes Bekenntnis zu Open-Society-Werten, Sensibilität gegenüber Angelegenheiten wie Gender und Multikulturalismus.[18]

Beeindruckend ist, mit welcher generalstabsmäßigen Stringenz Soros seine Migrationsagenda umsetzt. Dabei lässt der Multimilliardär finanziell und inhaltlich nichts im Ungefähren, die ausgeübte Kontrolle atmet aus jedem Satz. Überraschend ist dennoch, dass seine Migrationsinitiative auch die »Entwicklung von Migrationsstrategien« betreibt – ein weiterer Beweis dafür, dass die Migration nicht dem Zufall überlassen, sondern mit strategischen Planungen vorangetrieben wird. Worum es bei diesen Strategien im Einzelnen geht? Es werden im Weiteren noch zahlreiche Beweise für ein vorsätzliches Vorgehen beigebracht. Nicht zuletzt die Geschehnisse auf der »Balkanroute« sollen dahingehend untersucht werden, welche »Migrationsstrategien« unter Umständen Anwendung fanden.

Kapitel 19

Ein metastasenartiges Netzwerk

George Soros' »Initiativen«, »Institute« und Netzwerke überziehen auch Europa metastasenartig. Wer sich einen ungefähren Überblick über das Imperium des Wohltäters machen will, möge auf die Homepage von *discoverthenetworks.org* gehen.[19]

Dort sind einige Überraschungen fällig: Der Multimilliardär vereint in seinem mit Spenden- und Fördergeldern geschmierten Einflussimperium so unterschiedliche Organisationen wie:

- Planned Parenthood (manch einer erinnert sich vielleicht an den ungeheuerlichen Verdacht der Kommerzialisierung von vermutlich lebend abgetriebenen Föten[20] durch die Organisation);
- National Council of La Raza, eine Lobbyorganisation, die »weißen Rassismus« identifiziert, Diskriminierung anprangert und für die ungehinderte Einwanderung von »Hispanos« in die USA plädiert;
- Amnesty International – Empfänger von Soros-Spenden (2008: 750 000 Dollar[21]), aber auch von Geldern der Ford Foundation (2015: 1,15 Millionen Dollar);
- Center for American Progress (Denkfabrik).

George Soros' Imperium der Open Society Foundations arbeitet unter maximalem Einsatz von Moralin für eine bessere, demokratischere, offenere Gesellschaft und behauptet mit vollem Ernst, dass nur diejenigen, die in den Genuss der selbstlosen Programme des gottgleichen Welterlösers kommen, zum wahren Menschsein in einer »offenen Gesellschaft« gelangen können.

Soros behandelt dabei selbst EU-Staaten wie Deutschland wie ein kürzlich von hochstehenden Kolonisatoren entdecktes »Takatukaland«, das sich erst unter dem mildtätig-warmen Geldregen und dem wohltätigen Wirken seiner zahllosen Initiativen und NGOs in einen demokratischen Rechtsstaat verwandeln könne, wo es sich dann, natürlich nur in einer offenen, multikulturellen Gesellschaft, mit *diversity* und *gender sensibility* lohnt zu leben:

> Die Open Society Foundations arbeitet daran, lebendige und tolerante Demokratien aufzubauen, deren Regierungen ihren Bürgern gegenüber rechenschaftspflichtig sind. Sie arbeiten mit Gemeinschaften vor Ort in mehr als 100 Ländern. Wir unterstützen Gerechtigkeit und Menschenrechte, Meinungsfreiheit und Zugang zum öffentlichen Gesundheitssystem und zu Bildung.

Mit der größten Selbstverständlichkeit regieren Soros und sein Stab in die ureigensten und internen Angelegenheiten europäischer Staaten hinein – was sich diese auch gefallen lassen oder gar noch freudig begrüßen. Es ist bislang kein Politiker bekannt, der daran Anstoß nehmen würde. Gesetzgebungen gegen das Wirken ausländischer NGOs sind bisher nur aus Russland und China bekannt. Wer aber trotzdem noch Fragen hat, sollte diese direkt in New York stellen:

International Migration Initiative
224 West 57th Street
New York, NY 10019, United States
Phone: +1-212-548-0600
Fax: +1-212-548-4600

Die Soros-Krake

Um ein Gespür für die komplexen Netzwerkstrukturen des gigantischen Einflussimperiums von George Soros zu bekommen, sind interaktive Grafiken hilfreich (siehe folgende Seite).[22]

George Soros ist sicher nicht der einzige zur Weltelite gehörende Superreiche, der seit Langem die ungehinderte Migration nach Nordamerika und Europa fordert. Migration ist ein Thema, das die Weltelite geradezu manisch umtreibt. Die Gründe für die Idealisierung, ja Fetischisierung von Migration, Flucht und Heimatlosigkeit könnten unter anderem darin liegen, dass sie in aller Regel die Folge von fehlerhaften oder gar kriminellen politischen Entscheidungen sind und dass der Tanz um die angeblich so wunderbaren Folgen die schlimmen Ursachen vergessen macht. Es gibt aber jenseits der Menschlichkeitsrhetorik noch einen ganz einfachen Grund, der in einem Buch der Lobbygruppe PASOS (Policy Association for an Open Society), die zum Soros-Imperium gehört, lapidar wie folgt beschrieben wird:

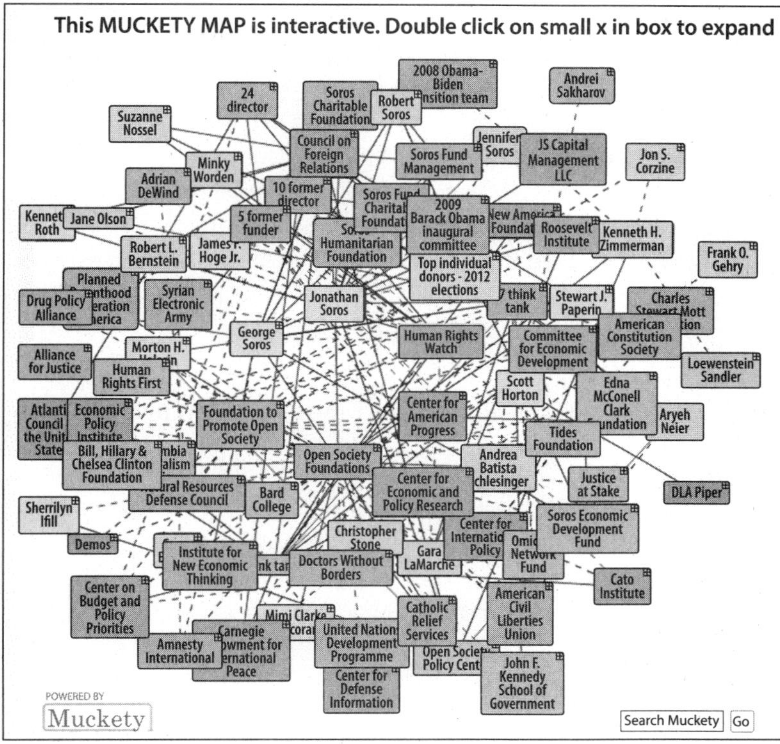

Das obige interaktive Schaubild (hier der Screenshot einer Einstellung) macht klar, warum unser Rechtsstaat die Massierung von gigantischen Vermögen gesetzlich einschränken und ihr Betätigungsfeld via Stiftungen und ähnlichen Einflussvehikeln strikt auf mildtätige Zwecke begrenzen muss.

> Um die Vision eines einheitlichen Marktes [in Europa] umzusetzen, war es notwendig, eine Reihe von Hindernissen für die freie Bewegung von Gütern, Dienstleistungen, Kapital und Menschen beiseitezuräumen.

In den Augen der Superkapitalisten ist Migration der gewünschte Zustand, nachdem die Grenzen als Hindernisse beiseitegeschafft wurden, um die Herrschaft des Finanzkapitals auf dem einheitlichen Markt auf der Suche nach maximalen Gewinnen ungehindert zur Geltung zu bringen. Der ungehinderte *free flow* von Menschen, die Dienstleistungen anbieten, ergibt eine großartige Chance auf maximale Nutzung bzw. Vernutzung von Humankapital und das Entstehen eines breiten

Niedriglohnsektors, wo Menschen ohne den Rückhalt der gewachsenen Gemeinschaften ihrer Heimatländer und oft sogar ohne ihre Familien unter maximalem Druck stehen, jeden Job anzunehmen.

Auch wenn diese Recherche zunächst von der stark herausragenden Person Soros ausgeht, so ist Migrationslobbyismus keineswegs nur ein persönliches Hobby von George Soros & Friends, sondern eine Forderung der Märkte und derer, die von ihnen am meisten profitieren. Dass es europaweit Hunderten von Pro-Asyl- und Pro-Migrationsorganisationen bisher nicht auffiel, mit wem sie sich in ein Boot setzten und von wem sie Gelder erhielten, stimmt nachdenklich.

Die Top-Spendenempfänger des Open Society Institute

Eine Recherche der Website *The Soros Files* setzte sich 2011 mit den 150 Topempfängern von Spenden des Open Society Institute auseinander.[23]

	Name	total 2005–2009
1	Media Development Loan Fund, Inc.	$ 15,695,001.00
2	Drug Policy Alliance	$ 12,500,001.00
3	Tides Foundation	$ 11,038,490.00
4	American Liberties Union Foundation, Inc.	$ 10,979,901.00
5	The Alliance for Climate Protection	$ 10,000,001.00
6	Trust for Civil Society in Central and Eastern Europe	$ 8,522,874.00

Nach einem Screenshot von *The Soros Files*

Auf Position 6 rangiert der Trust for Civil Society in Central and Eastern Europe (gegründet 2001). Demnach erhielt diese »Wohltätigkeitsorganisation« zwischen 2005 und 2009 mehr als 8,5 Millionen Dollar. Ihre Aufgabe war die Bildung von Open-Society-Instituten in Zentral- und Osteuropa. Der Trust for Civil Society in Central and Eastern Europe (CEE Trust) war aus einer Koalition privater Stiftungen hervorgegangen, darunter:

- Ford Foundation
- Charles Stewart Mott Foundation

- Open Society Institute (OSI)
- Rockefeller Brothers Fund
- German Marshall Fund of the United States (GMF)

Hauptaufgabe des CEE Trust ist es, Gelder an Nichtregierungsorganisationen auszuzahlen. Die Website *The Soros Files* schreibt:

> Soros begann sich in den späteren 1980er-Jahren über die polnische Stefan-Batory-Stiftung und andere Soros-Fonds für zivilgesellschaftliche Projekte in Zentral- und Osteuropa finanziell zu engagieren. Indem er sich mit den anderen großen Förderern der Region zusammenschloss, schufen sie sich gemeinsam eine Machtbasis, die mit der Europäischen Union oder einzelnen Regierungen in der Region rivalisierte.

Der CEE Trust gründete laut Recherche von *The Soros Files* mithilfe von 75 Millionen US-Dollar 2012 in Bulgarien, Tschechien, Ungarn, Polen, Rumänien, der Slowakei und Slowenien Ableger des Open Society Institute.

Frucht der Soros-Bemühungen in Zentral- und Osteuropa war unter anderem die Gründung von PASOS – der Policy Association for the Open Society, um die es im nächsten Kapitel geht.

Kapitel 20

PASOS: Keine Grenzen nirgends!

Ein direkter europäischer Ableger des Open Society Institute ist PASOS. Die Organisation wurde nach tschechischem Recht 2004 registriert und hat ihren Sitz in Prag. Ihr Direktor ist Jeff Lovitt.

PASOS hat 56 Mitglieder bzw. Mitgliedsorganisationen und betreibt politische Lobbyarbeit bei politischen Entscheidern in der nationalen und europäischen Politik sowie bei internationalen Organisationen.

Die auch in Osteuropa sehr aktive PASOS bewirbt ein Europa der ungehinderten Einwanderung ohne Visumspflicht und ohne Grenzen. Wie man mit politischer Einflussnahme und entschlossenem Lobbyismus dorthin gelangen kann, beschreibt sehr detailliert und praxisorientiert ein politisches Instruktionsbuch von PASOS-Autor Piotr Kaźmierkiewicz, herausgegeben von Jeff Lovitt:

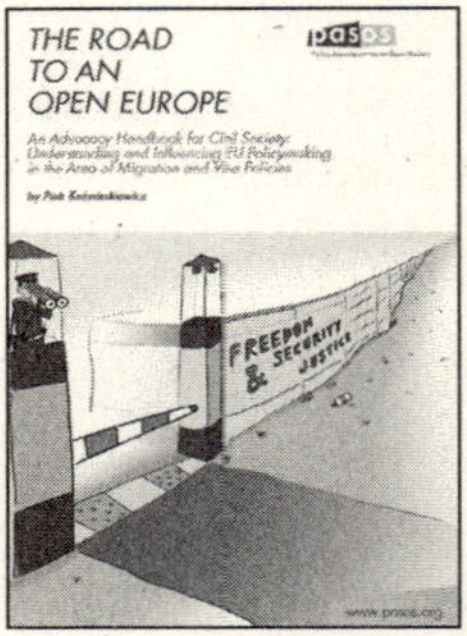

Piotr Kaźmierkiewicz: *Der Weg zu einem offenen Europa. Ein Argumentationshandbuch für die Zivilgesellschaft: Die EU-Politik im Bereich Migration und Visaregelungen verstehen und beeinflussen.*[24]

PASOS-Leitfaden: Politische Einflussnahme und Lobbyarbeit

PASOS-Autor Kaźmierkiewicz weiß um die Stolpersteine des politischen Europa und die Schwierigkeiten, ohne Vorkenntnisse der Strukturen die geeigneten EU-Offiziellen zu identifizieren, um diese der Lobbyarbeit im Sinne der »Open Society« zu unterziehen:

> Man sieht sich auf vielen Ebenen konfrontiert mit der Realität des Regierens in der EU, und es ist *auf keinen Fall eine leichte Aufgabe, EU-Amtsträger korrekt auszumachen und sie dann ins Visier zu nehmen und die Entscheidungsträger und die Öffentlichkeit in EU-Mitgliedstaaten zu beeinflussen.*

Bedarf es eines noch eindeutigeren Beweises, dass George Soros & Friends eine politische Agenda der Einmischung in die inneren Angelegenheiten europäischer Staaten haben? (Diese Recherche kann das Ausmaß der Soros-Einflussnahme über Jahre nur andeuten. Um genauere Ergebnisse der Mechanismen des Soros-Lobbying und seiner Auswirkungen müssen sich in Zukunft breit angelegte Studien kümmern.)

Kaźmierkiewicz gibt konkrete Ratschläge, wo und wie Lobbyisten für ein offenes Europa ohne Visumspflicht und ohne Grenzen mit ihrer Arbeit ansetzen müssen:

> Komitees des EU-Parlaments stellen ein *natürliches Einfallstor für Lobbybemühungen* dar, denn sie gestalten die Gesetzesänderungen aufgrund der Vorschläge der Kommission, die dann anschließend dem Plenum zur Abstimmung vorgelegt werden. Für Lobbygruppen ist die Ansprechperson in einem Komitee der Berichterstatter einer Gesetzesvorlage, der ernannt wird, wenn die Gesetzesvorlage dem Parlament übergeben wird. Es ist auch sinnvoll, die Mitglieder der politischen Parteien zu kontaktieren, welche die Meinungen und Ziele der Lobbygruppe teilen oder ihnen zumindest nahestehen. Mitglieder des Europaparlaments sind allgemein sehr offen für die Zusammenarbeit mit Organisationen der Zivilgesellschaft. Andere Verbindungen, die für Lobbyarbeit genutzt werden können, betreffen die Verbindungen zwischen den politischen Gruppen im Europaparlament und den parlamentarischen Parteien in den Mitgliedstaaten.

Auch für die Einflussnahme auf höchster Regierungsebene hat Autor Kaźmierkiewicz Ratschläge parat:

> Die Kabinette von Ministern, Premierministern oder Präsidenten (je nach dem politischen System) lassen sich besonders von Thinktanks und Forschungsinstituten mit analytischer Kapazität unterstützen – indem diese *parallel zu den Regierungsanalysten arbeiten.* Auf diese Art können zivilgesellschaftliche Gruppen parallele öffentliche Politikanalysen liefern über zur Verfügung stehende Ressourcen und die Planung von Aktivitäten …

Die Schwierigkeiten für die Arbeit von NGOs würden jedoch geringer durch den Prozess der Europäisierung der Migrationspolitik, welcher den Organisationen bei der Förderung ihrer eigenen Agenda helfe.

Die Expertisen und Analysen von Stiftungen, Organisationen und Thinktanks à la Bertelsmann Stiftung, die im »rechten Moment« in die öffentliche Debatte eingreifen, sind uns wohlvertraut. Man lag wohl nicht ganz falsch, wenn man nicht selten den Eindruck hatte, dass Politik nicht mehr von gewählten Volksvertretern, sondern von selbsternannten und selbstermächtigten (»self-empowered«) Experten gemacht wird. Dass solche »Parallel- bzw. Schattenregierungen«, die ausdrücklich aufgefordert sind, ihre Expertisen parallel zu den eigentlichen Beratern und Analysten der Regierungen abzugeben, Programm der Open Society Foundations sind, spiegelt das PASOS-Handbuch wieder.

Natürlich weiß PASOS-Autor Kaźmierkiewicz auch, dass die totale Öffnung Europas nicht nur Befürworter findet. Daher hält er Argumentationsstrategien bereit, um deren »populistische Argumente« zu neutralisieren:

> Eine Kooperation mit Akteuren vor Ort kann hilfreich sein, um mit populistischen Argumenten fertigzuwerden, die schnelle und machtvolle Reaktionen von Personen und Reaktionen erfordern, die den Hintergrund und den Kontext kennen und bereits das allgemeine Vertrauen der Öffentlichkeit genießen. Die Rolle von Fürsprechern aus anderen Ländern besteht darin, die notwendigen Informationen in dem Bereich zu liefern und, wenn das die Botschaft stärkt, als ein sekundierender Verfechter zu agieren. Aktivisten vor Ort sind definitiv von Vorteil, wenn es darum geht, einen populistischen Diskurs zu neutralisieren und die Debatte auf Fakten zu verlagern: Verschiedene Techniken lassen sich zu diesem Zweck nutzen:
>
> ❶ falsche Prämissen angreifen;
> ❷ unehrliche Formen von Argumenten entlarven (beruhen auf Vorurteilen);
> ❸ sich auf Autoritäten und internationale Reputation berufen (die Position der nationalen Regierung, gemeinsame soziale Werte, öffentliche Meinungsumfragen);
> ❹ das menschliche Gesicht der Geschichte präsentieren durch Nutzen von Beispielen aus dem wirklichen Leben.
>
> Natürlich können diese Techniken kombiniert werden, jedoch wird als allgemeine Regel empfohlen, dass die Antwort auf Gegenargumente verhältnismäßig und auf das Wesentliche fokussiert sein soll.

Irgendwie kommt einem so mancher Ratschlag bekannt vor – am vertrautesten sind wohl die Präsentation von Einzelschicksalen – schrecklichen oder glorreichen –, die der Emotionalisierung dienen, jedoch kaum Aussagekraft hinsichtlich des Gesamtproblems oder der Gesamtlage haben. Eine Geschichte »mit menschlichem Gesicht« soll immer emotionalisieren, dem Gegenüber eine bestimmte Sichtweise aufnötigen und den Weg zu rationalen Argumenten versperren. Eine Technik der diskursiven Kriegführung, die wir tagtäglich in unseren Medien bestaunen können.

Kaźmierkiewicz schrieb 2012:

> Der Weg zu einem offenen Europa mag lang sein, und der Weg dahin wird nicht gleichförmig sein, aber verschiedene Akteure spielen verschiedene Rollen dabei, um den Weg zu ebnen. Die Zivilgesellschaft kann die Expertise und die Macht des Arguments einbringen, um dabei zu helfen, die entscheidende Wende (*tipping point* = Kipppunkt) zu erreichen, welche den Weg ebnet.

Viele Menschen in unserem Lande haben genau dieses Gefühl: dass im Jahre 2015 ein Wende- oder Umschlagpunkt erreicht wurde.

Die PASOS-Spender

Wer sich informieren möchte, wer hinter den Zielen der Organisation PASOS steht, kann das gleich auf der ersten Seite ihrer Internetpräsenz tun: Unter »Unsere Spender« sieht man so manch vertraute Organisation,[25] zum Beispiel:

EU, European Parliament, EACEA (Education, Audiovisual and Culture Executive Agency, eine Körperschaft der Europäischen Kommission), National Endowment for Democracy, NATO, UNICEF, Robert Bosch Stiftung, Visegrad Fund, Open Society Foundations, Local Government and Public Reform Initiative.

Kapitel 21

Das European Programme for Integration and Migration (EPIM)

Schon 2012 schrieb die Soros-Angestellte Sheena McLoughlin (Programm-Managerin European Programme for Integration and Migration) in dem Artikel »Plädoyer für die wehrlosen Migranten in der europäischen Politikgestaltung« bei Open Society Foundations etwas mehr über das Sponsoring von Pro-Migrations-NGOs und die Strukturen innerhalb der superreichen Spender-Weltelite.

McLoughlin startete ihre Argumentation mit einer Anklage: Europa sehe sich zunehmendem »Populismus« ausgesetzt, die Politik- und Mediendebatte sei immer stärker polarisiert und diejenigen, die sich für Migranten einsetzen, würden »weniger und weniger«.

In dieser Situation kämpften NGOs »an vorderster Front«, wenn es um konstruktive Politik für Migranten gehe.

> Aber es kostet Zeit und Energie, um Beziehungen aufzubauen und Positionen und Ideen zu festigen, die einen Langzeiteinfluss auf Politikmacher und die Öffentlichkeit haben.

Und daher mussten Soros & Friends den an vorderster Front für ihre Interessen Kämpfenden nachhaltig unter die Arme greifen!

Das Spendenimperium der Zwölf

SheenaMcLoughlin berichtet von der Gründung eines »Europäischen Migrationsprogramms« durch zwölf einflussreiche, superreiche Stiftungen im Jahr 2005:

> Die zwölf Partnerstiftungen (neben den Open Society Foundations) hinter dem *European Programme for Integration and Migration* (EPIM) haben diese Herausforderung seit Langem verstanden und haben gerade zehn neue Förderstiftungen an Lobbyprojekte von NGOs ausgezahlt, die für Asylbewerber, Migranten ohne Dokumente und für die Gleichstel-

lung, Integration und die soziale Inklusion schutzbedürftiger Migranten arbeiten.

Aus 197 Bewerbungen wurden zehn Projekte ausgewählt. Darunter sind paneuropäische Organisationen wie:

OBEN PICUM (Platform for International Cooperation for Undocumented Migrants)[26]

LINKS Médecins du Monde (Ärzte der Welt)[27]

Migreurop/EPIM (European Programme for Integration and Migration[28]

LINKS ECRE (European Council on Refugees and Exiles)[29]

UNTEN European Network of Migrant Women[30]

Aber dazu zählen auch Organisationen auf nationaler Ebene wie:

- AIRE Centre
- Irish Refugee Council
- Stowarzyszenie Interwencji Prawnej

- Consiglio Italiano per i Rifugiati (Italienischer Flüchtlingsrat)
- Vluchtelingenwerk Vlaanderen

> Die Organisationen hinter jedem Projekt werden zusammen mit ihren Projektpartnern über die nächsten 3 Jahre an einem EPIM-Ausbildungsprogramm teilnehmen. Dieses wird Möglichkeiten eröffnen, Wissen und Fähigkeiten innerhalb und zwischen diesen Organisationen der Zivilgesellschaft zu vertiefen. Es ist heute – wie 2005, als EPIM gegründet wurde – für NGOs noch immer genauso wichtig, *ein wirkungsvolles Gegengewicht zu staatlichen Institutionen zu bilden,* wenn die Politik diskutiert wird.

»Ein wirkungsvolles Gegengewicht zu staatlichen Institutionen«? Das oben Gesagte impliziert, dass die NGO der Migrations- und Offene-Grenzen-Befürworter ganz bewusst von interessierter Seite gegen die Staatlichkeit europäischer Länder und ihrer Institutionen aufgebaut wurden und mittlerweile auch weidlich eingesetzt werden.

> Einerseits stimmt es, dass der Vertrag von Lissabon neue Wege für NGO-Lobbyismus eröffnet hat, indem der Menschenrechtscharta ein legaler Status verliehen wurde und die Vollmachten des Europäischen Parlaments in diesem Bereich zunehmen, *doch NGOs hatten Schwierigkeiten dabei, Finanzquellen für ihre Lobbyarbeit zu finden.*

Und an dieser Stelle sprang Big Money ein:

> Die Stärkung der NGOs in effektiver Lobbyarbeit auf europäischer Ebene ist entscheidend, wenn wir eine ausgewogene Politik erreichen wollen.

Und eine ausgewogene Politik ist im Sinne der Open Society eben jene, welche mithilfe von Lobbykoalitionen für Flucht und Migration eintritt und nicht die Ursachen der Heimatzerstörung und des Bedürfnisses oder der Notwendigkeit von Weggang aufdeckt und mit zivilgesellschaftlichen, politischen und finanziellen Mitteln bekämpft.

> Dies erlaubt NGOs, ihre Kenntnisse und Erfahrungen auf die EU-Ebene zu bringen. Das Programm ermutigt auch nationale NGOs, sich in der ganzen EU Partner zu suchen, um effektive Lobbykoalitionen aufzubauen und voneinander zu lernen. Im Gegenzug werden paneuropäische NGOs dazu gedrängt, aus nationalen Erfahrungen Nutzen zu ziehen, um europäische Lösungen für die wichtigsten Herausforderungen zu suchen und zu entwi-

ckeln. Frühere Erfahrungen mit der Finanzierung auf diesem Gebiet zeigen, dass der NGO-Beitrag bei der EU dazu helfen kann, fortschrittlichere und offenere Lösungen für diese Herausforderungen zu entwickeln.

Welches sind nun die zwölf Partnerstiftungen,[31] die an der Seite von Soros die vollständige Öffnung der europäischen Grenzen für Migranten mit Geld unterstützen? (Der Initiator der EPIM-Initiative, die Open Society Foundations, sind in der von EPIM selbst erstellten Blütengrafik nicht aufgeführt – man muss sie sich als 13. Fee in der Mitte, zum Beispiel als Blütenkelch, denken.)

❶ **The Atlantic Philanthropies[32] (Bermuda)**
Gründer: Chuck Feeney, ein amerikanisch-irischer Milliardär (*duty-free shops*); Vorsitzender: Christopher Oechsli; Stiftungsvermögen *1,4 Milliarden Dollar* (Stand 2012, laut Wikipedia).

❷ **Barrow Cadbury Trust[33] (London)**
2007/2008 hatte der Trust ein Vermögen von 69 Millionen (nach anderen Angaben 85 Millionen) britischen Pfund. Für 2010 heißt es auf der hauseigenen Internetpräsenz: »Wir haben 4 Millionen Pfund für soziale Investments eingesetzt (5 Prozent unserer Stiftung).« Demnach hätte das Stiftungsgesamtvermögen damals 80 Millionen Pfund (ca. *108 Millionen Euro*) betragen.

❸ **Fondation Bernheim[34] (Brüssel)**
Über das Gesamtstiftungsvermögen ist nichts zu eruieren. Jedoch gibt der jährliche Tätigkeitsbericht von 2014 Auskunft über das zur Verfügung gestellte Kapital: *1534448 Euro.*[35]

❹ **Compagnia di San Paolo[36] (Turin)**
Vermögen laut eigenen Angaben: »Am 31. Dezember 2008 belief sich der Wert des Portfolios auf *6,2 Milliarden Euro* … Ende des Jahres 2011 lag der Gesamtmarktwert des Portfolios der von der Compagnia di San Paolo gehaltenen finanziellen Vermögenswerte bei *5,1 Milliarden Euro.*«[37]

❺ **European Cultural Foundation (Amsterdam)**
Gesamtvermögen nicht zu eruieren. Gab 2015 €2715900 an Einzelpersonen und Projekte, die eine inklusive Gesellschaft fördern. Diese Summe machte 43% der Gesamtausgaben aus.

❻ **Robert Bosch Stiftung[38] (Stuttgart)**
Stiftungskapital *1,2 Milliarden Euro.*

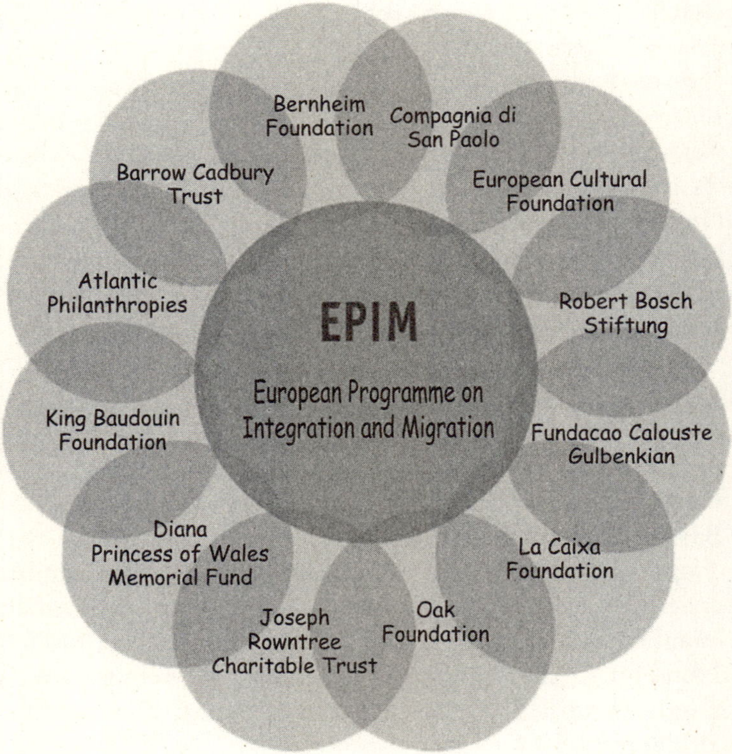

❼ **Calouste Gulbenkian Foundation**[39] **(Lissabon, London, Paris)**
Wurde 1956 vom portugiesisch-armenischen Ölmagnaten Calouste Sarkis Gulbenkian gegründet; nach der Liste der weltweit reichsten Stiftungen liegt das Stiftungsvermögen bei *2,8 Milliarden Euro.*[40]

❽ **La Caixa Foundation**[41] **(Barcelona)**
Stiftungskapital nicht zu eruieren.

❾ **OAK Foundation**[42] **(London)**
Der Mann hinter der OAK-Stiftung ist Alan M. Parker, ein britischer Geschäftsmann, dessen Privatvermögen mit 2,34 Milliarden Pfund angegeben wird (ca. *3,16 Milliarden Euro*).

❿ **The Joseph Rowntree Charitable Trust**[43] **(York, Großbritannien)**
Laut Wikipedia (englisch) hat die Stiftung ein Budget von 8 635 000 britischen Pfund (ca. *11,68 Millionen Euro*). Das Vermögen der Stiftung liegt Medienangaben zufolge bei 200 Millionen britischen Pfund (ca. 254 Millionen Euro).

⓫ **Diana, Princess of Wales Memorial Fund (London)**
Die Stiftung ging im März 2013 in den legalen Besitz des britischen Prinzen Harry und der Royal Foundation of The Duke and Duchess of Cambridge über. Von 1999 bis 2007 gab der Fund über 100 Millionen Pfund an Fördergeldern aus, das sind ca. *135,3 Millionen Euro*[44].

⓬ **King Baudouin Foundation[45] (Brüssel, New York)**
Höhe des Stiftungskapitals nicht eruierbar. 2014 schütteten die King Baudouin Foundation und die von ihr verwalteten Vermögen *30 Millionen Euro* aus, also muss es einen hohen Kapitalstock geben.

⓭ **Open Society Foundations[46] (Brüssel)**
George Soros' geschätztes Vermögen beträgt *24,2 Milliarden Dollar.*

Seit Gründung des Stiftungszusammenschlusses 2005 kamen noch weitere Stiftungen und Unterfonds hinzu, die zu dem Netzwerk aufschlossen. Sie sind in der blütenartigen Grafik noch nicht verzeichnet:

Ein Dokument von 2016 listet folgende zusätzliche EPIM-Unterstützer auf: *Fondation Abbé Pierre,* Paris, Stiftungsbudget ca. 42 Millionen Euro, Stiftungskapital muss daher höher liegen, nicht zu eruieren; *Adessium Foundation,* Reeuwijk, Niederlande, zahlte 2015 18 Million Euro Fördergelder aus; Fondation de France, sie gab in 2015 157 Million Euro an verschiedenste Projekte, darunter auch für Solidaritätsprojekte mit Migranten.

Halten wir einen Moment inne und schließen wir die Augen. Obwohl wir das Stiftungskapital nicht für alle namentlich genannten Stiftungen eruieren konnten, kommt allein mit den zu niedrigen Zahlen, die öffentlich zugänglich sind, schon die unvorstellbare Summe von ca. *40 Milliarden Euro* zusammen!

Was für eine Vielfalt sinnvoller Projekte ließe sich mit diesen Mitteln in Nordafrika oder im Nahen und Mittleren Osten umsetzen! Mikrokredite für kleine Gewerbe, Hilfsgelder für Bauern und den ökologischen Landbau, unentgeltliche volkshochschulartige Bildungsinitiativen vor Ort, Wiederaufbauprogramme für die verheerte Infrastruktur der Länder Libyen, Syrien, Irak, Afghanistan … Zusammenarbeit mit staatlicher Entwicklungshilfe vor Ort … der sinnvollen Arbeit zur ursächlichen Bekämpfung von Flucht und Weggang wären praktisch keine finanziellen Grenzen gesetzt!

Aber nein, man möchte für die Menschen vor Ort nichts (oder im Verhältnis kaum etwas) tun, um sie in ihrer Heimat zu halten, sondern sie nur als Migranten unterstützen! (Ausnahmen werden nachfolgend noch eigens erwähnt).

Und überhaupt: Die superreichen Stiftungen sind nicht wirklich spendabel – sie schütten nur Spenden und Fördergelder von ihren Gewinnen aus und achten stets darauf, dass sich die Substanz mehrt. Soros' geheimnisumwitterter Quantum Funds mit Sitz auf den Niederländischen Antillen ist dafür ein beredtes Beispiel: Es fing 1969 mit einer Einlage von reichen, europäischen Familien (darunter auch die Rothschilds) in Höhe von 6 Millionen Dollar bescheiden an und schwoll dann mit dem Spekulationsgewinn aus Soros' Wette gegen das britische Pfund auf eine Milliarde Dollar an. Seit 2011 verwaltet der Hedegefond ausschließlich Soros' Familien-Milliarden.[47]

Untersuchen wir nun einige der zwölf Partnerstiftungen, die sich im *European Programme for Integration and Migration* (EPIM) zusammengeschlossen haben, genauer: Was sind ihre Ziele, wie sind sie schwerpunktmäßig ausgerichtet, welche Projekte unterstützen sie?

Atlantic Philanthropies (kurz: Atlantic)

Die Stiftung will »dauerhafte Veränderungen im Leben von benachteiligten und wehrlosen Menschen« bewirken. Bis 2014 hat sie laut eigenen Angaben bereits 7 Milliarden Dollar für verschiedene Projekte ausgeschüttet.

Neben Gesundheits-, Bildungs- und Jugendförderung, Unterstützung der Rechte gleichgeschlechtlicher Partnerschaften in Irland und vielem anderen fördert die Stiftung im Rahmen ihrer Social Change Initiative (SCI) die Migration.

> Eines der Hauptprojekte der SCI ist der *Global Migration Learning Exchange,* der auf jahrelanger Arbeit von Atlantic-Fördermittelempfängern aufbaut, welche die Migrationspolitik und -praxis verändert hat. Der Exchange wird erfolgreiche Lobbybemühungen und -taktiken zu diesem drängenden globalen Problem konsolidieren, verbreiten und teilen. Zum Beispiel wird es einen Austausch von Fähigkeiten in Bereichen wie strategische Kommunikation geben, um negative Narrative zu bekämpfen und gleichzeitig auch breite, unterstützende Anhängerschaft für Migrantengemeinschaften zu ermöglichen. Es geht ferner darum, die Gesetzgebung zu beeinflussen und entsprechende Änderungen umzusetzen.

Das Zitat veranschaulicht, dass sich Atlantic Philanthropies ganz offen durch bezahlte Lobbygruppen in die Gesetzgebung europäischer Staaten einmischt und diese in ihrem Sinne beeinflussen will. Zudem beteiligte sich Atlantic an der Unterdrückung einer offenen Diskussion, indem sie »negative Narrative« bekämpft! Atlantic betreibt jedoch auch eine »umfassende Reform der Einwanderungsgesetzgebung in den USA«.[48]

Barrow Cadbury Trust

Neben seinem Engagement für straffällig gewordene Jugendliche und Nachhaltigkeit in der Ressourcenbewirtschaftung setzt sich auch der Barrow Cadbury Trust für Migration ein:

Der Trust unterhält ein »Migration Programme«, von dem ein »Immigrationssystem unterstützt wird, das sowohl gegenüber Migranten als auch gegenüber etablierten Ortsansässigen fair ist. Außerdem soll eine konstruktive, auf Fakten und gemeinsame Werte gestützte Politik und öffentliche Debatte über Migration und Integration verfolgt werden.«

Interessant ist die Wortwahl »etablierte Ortsansässige« (Residenten). Der Trust unterscheidet nicht zwischen dem Volk oder der Bevölkerung, die seit Jahrhunderten ein Land bewohnt, den »Ureinwohnern« würde man außerhalb Europas sagen, sondern nur zwischen »etablierten« und »noch nicht etablierten« Einwohnern.

Im Rahmen ihres Migrationsprogramms lobt der Trust die Finanzierung von Organisationen und Projekten aus:

> Wir wollen finanzieren:
>
> ❶ Organisationen, die mit den wehrlosesten Flüchtlingsgruppen arbeiten, Asylsuchern und Migranten, besonders in Birmingham und Black Country. Das schließt Migranten ohne Dokumente ein, die sich oft beträchtlichen Schwierigkeiten und Diskriminierungen gegenübersehen.
>
> ❷ Projekte, die eine Plattform für Migranten bieten und ihnen eine Stimme geben auf lokaler, nationaler oder internationaler Ebene;
>
> ❸ Kampagnenorganisationen und Graswurzelgruppen, welche die öffentliche und politische Debatte über Migration beeinflussen wollen;
>
> ❹ Arbeit, die ein größeres Verständnis innerhalb der Gemeinschaft fördert und Fremdenfeindlichkeit bekämpft;

5. Arbeit, welche die öffentliche Debatte über Migration und Integration erweitert und vertieft und sicherstellt, dass sie auf der Basis gemeinsamer Werte und faktenbasiert verläuft;
6. Politische Forschung, die geeignete und faire Politik gegenüber Immigration und Integration fördert.

Es wäre interessant zu wissen, welche universitäre Forschungprojekte Geld für ihre Forschung nach Vorgabe durch den Barrow Cadbury Trust erhielten …

Compagnia di San Paolo

Diese Stiftung ist eine alte katholische »Compagnia«, die auf eine 1563 gegründete Bruderschaft zurückgeht. Sie unterscheidet sich deutlich von den vorgenannten Stiftungen und ihren sehr weitgehenden politischen Ambitionen.

Die italienische Stiftung beschäftigt sich schwerpunktmäßig mit Sozialarbeit, darunter auch mit dem humanitären Schutz für politische Flüchtlinge und deren sozialer Integration. Demzufolge kommt die Compagnia di San Paolo dem eigentlichen Auftrag von wohltätigen Stiftungen sehr nahe.

Fondation Bernheim

Die Stiftung hat als Zielgruppe junge Menschen in der Region Brüssel. Sie pflegt keine Migrationsrhetorik auf ihrer Internetpräsenz, finanziert jedoch auch Pro-Migrationsprojekte wie EPIM.

King Baudouin Foundation

Die Stiftung hat laut eigenen Angaben bisher fast 1 Milliarde Dollar schwerpunktmäßig an Projekte in Afrika und Europa ausgezahlt. Sie enthält sich der aggressiven Migrationsrhetorik. Die Stiftung unterrichtet im Fundraising, legt für wohlhabende Spender Geld sinnvoll an und fördert so originelle Projekte wie die Ausbildung der afrikanischen Riesenratte zum Aufspüren von Tuberkulose und Landminen. Die Stiftung pflegt offiziell keine Migrationsrhetorik, finanziert jedoch einschlägige Projekte.

OAK Foundation

Diese Stiftung bekämpft Kindesmissbrauch, Klimawandel, fehlenden Wohnraum für sozial Schwache, ist auch in afrikanischen Ländern unterwegs, streitet für die Durchsetzung der Menschenrechte, enthält sich der Migrationsrhetorik, gibt jedoch auch Geld für Migrationsprojekte.

Diana, Princess of Wales Memorial Fund

Der Diana, Princess of Wales Memorial Fund gab »seit 2007 mehr als 25 Millionen Pfund aus für die Verbesserung der Lebensqualität von Menschen mit HIV/Aids, Krebs oder anderen lebensbedrohlichen Erkrankungen im Subsahara-Afrika sowie für Kinder-Flüchtlinge und junge Asylsuchende in Großbritannien und Menschen, die von den Auswirkungen von Streubomben und anderen explosiven Kriegshinterlassenschaften betroffen waren.«[49]

Die Stiftung taucht immer wieder als Geldgeber bei Migrationsprojekten auf.

Robert Bosch Stiftung

Die Robert Bosch Stiftung ist beim Thema »Migration« in Wort und Tat ganz auf der Linie der Open Society Foundations. Die Unternehmensstiftung widmet sich sechs Hauptthemen: Gesundheit, Völkerverständigung, Bildung, Kultur, Wissenschaft und Gesellschaft. Unter letzteres Stichwort fällt ihr Engagement für Migration und Integration, das in seltsam vertrauter Wortwahl daherkommt:

> Ohne kulturelle und religiöse Vielfalt ist Deutschland nicht mehr denkbar: Schwarz-Rot-Gold ist längst bunt. Für uns und unsere Projektarbeit bedeutet das, von Sonderprogrammen für Migranten zu einer aktiven Gestaltung der kulturellen und religiösen Pluralität der Gesellschaft zu kommen. Durch unsere praxisorientierte Arbeit wollen wir darüber hinaus zu der Etablierung einer wirkungsvollen Willkommens- und Anerkennungskultur für Zuwanderer in Deutschland beitragen.
>
> Bereits seit 2005 beschäftigen wir uns mit aktuellen und gesellschaftlichen Fragestellungen im Bereich Migration und Integration.

Das Jahr 2005 scheint ein Schlüsseljahr für die reichen Stiftungen gewesen zu sein, es ist eben das Jahr, in dem das Spendennetzwerk der Zwölf für Migration errichtet wurde …

Die aktive Gestaltung kultureller und religiöser Pluralität, die sich die Stiftung auf die Fahnen geschrieben hat, bewegt sich bereits gedanklich in der Ära nach der Migration beziehungsweise Einwanderung nach Deutschland, in der die deutsche Leitkultur mit ihrer christlichen Grundierung erfolgreich zu einer unter vielen pluralen Kulturen auf dem Boden des einstmaligen deutschen Nationalstaates mutiert ist.

Die griesgrämige, ja beleidigende, bereits zur vielgehörten Floskel verkommene Behauptung »ohne kulturelle Vielfalt ist Deutschland nicht mehr denkbar« lohnt des Kommentars eigentlich nicht. Die Nutzer solcher Sprechblasen sind offensichtlich nie in deutschen Landschaften über Land gefahren und haben nie ihre Autos, sagen wir alle 10 Minuten, angehalten, um eine Burg, ein Schloss, ein altes Haus oder eine Kirche anzuschauen.

Genauso wenig haben sie offensichtlich die wachsende Gleichförmigkeit in Konsumgütern, Mode, Musik etc. der »pluralistisch-multikulturellen« Vielfalt in den Städten bemerkt.

Gleichwohl maßen sich Vertreter der Robert Bosch Stiftung an, mit einem gewaltigen finanziell unterpolsterten Umgestaltungswillen immer noch mehr dieser einförmigen »Diversity« für ihre schöne neue Welt zu produzieren!

Islamförderung

Die Robert Bosch Stiftung fördert explizit und aktiv den Islam in Deutschland, was im Grunde ein wenig die religiöse »Pluralität« vermissen lässt:

> In unseren Projekten engagieren wir uns für einen pragmatischen [also ideologiefreien, sachbezogenen] Umgang mit dem Islam in Deutschland als Teil einer vielfältigen Gesellschaft.

Vom 8. bis 9. Mai 2015 richtete die Stiftung zusammen mit über 50 muslimischen Jugendverbänden und unter Beteiligung der Akademie der Diözese Rottenburg-Stuttgart die Tagung »Junge Muslime im Web 2.0« aus.

> Das Internet und soziale Medien sind wichtige Elemente des Alltags und der Kommunikation von Jugendlichen. Dies gilt auch für religiöse Fragen. Junge Muslime berichten online über ihre Projekte und ihr Engagement, tauschen sich aus über Fragen ihrer Identitätsfindung, über Religion, Politik und Gesellschaft.

Zugleich problematisierte die Robert Bosch Stiftung mit den islamischen Jugendlichen die Bedeutung sogenannter Cyber-Fatwas, »also islamischer Rechtsgutachten unterschiedlichster Seriosität, die auf verschiedenen Foren angefragt werden können« und »Cyber-Da'was«, »Einladungen, den Islam anzunehmen bzw. ihn im Alltag deutlicher zu leben.

Jihadistische Online-Propaganda und Radikalisierungstendenzen junger Muslime insbesondere durch das Internet sind eine Gefahr.« Die Veranstaltungsreihe soll fortgeführt werden.

Die Islam-Förderung der Stiftung wird auch in ihrer Initiative *Yallah! Junge Muslime engagieren sich* deutlich.

Die Robert Bosch Stiftung nimmt dabei junge Migranten (oder auch die Nachkommen von Migranten) nicht mehr als Türken, Marokkaner, Araber, Syrer usw. nach ihren Herkunftsländern bzw. den entsprechenden Wurzeln wahr – etwa als junge Menschen, welche unter Umständen säkular sein wollen oder den Islam möglicherweise kritisch sehen –, sondern unterstellt jungen Migranten von vornherein, dass sie tiefgläubige Muslime seien, die aus ihrem Glauben heraus handeln:

> Junge Muslime gehören zu Deutschland. Und sie engagieren sich für diese Gesellschaft: Sie organisieren Veranstaltungen zur Berufsorientierung an der Schule und Vorträge zum Islam an der Universität. Sie betreuen Kinder und helfen bei Stadtteilfesten. Sie zeigen soziales Engagement für Senioren oder organisieren Diskussionsveranstaltungen im Jugendzentrum. *Sie tun Gutes und begründen das mit dem Islam und ihrem Glauben.*

Die Robert Bosch Stiftung beschreibt ein normales bürgerschaftliches Engagement, das in Deutschland Tradition hat, aber hierzulande keineswegs mit dem Islam begründet wird. Migranten wird dabei jedoch ein muslimisches Klischee übergestülpt, ja, sie werden sogar zum Islam hingedrängt.

Unser Islam in Deutschland

> Die Robert Bosch Stiftung unterstützt daher Projekte junger Muslime und fördert kreative Ideen, die zeigen, wie bunt unser Islam in Deutschland ist.

Was wohl Mohammed zu solchem Geseich gesagt hätte? Vermutlich: Der Islam ist weder bunt noch farblos, er ist eine Buchreligion und im Koran nachzulesen!

Die Robert Bosch Stiftung fördert alles, was mit Projekt und Initiative zu tun hat, vorausgesetzt nur, dass die Empfänger der Zuwendungen sich als Muslime definieren und sich aus ihrem Glauben heraus einbringen. Wenn man zum Beispiel ein syrischer oder eritreischer migrantischer Jugendlicher ist, der sich über gar keinen Glauben oder gar den christlichen definiert, ist man bei der Stiftung fehl am Platze.

> Gefördert werden Projekte und Initiativen junger Muslime, die in ihrem Lebensumfeld etwas verändern wollen. Projekte, die folgenden Förderkriterien entsprechen, können einen Antrag bei der Robert Bosch Stiftung einreichen:
>
> - Ihr seid eine Gruppe engagierter, junger Muslime und zwischen 16 und 30 Jahre alt. Die Projektidee wurde von euch entwickelt und wird eigenständig durchgeführt.
> - Mit eurem Projekt engagiert ihr euch für die Gesamtgesellschaft und nicht nur für eure eigene Community. Es steht grundsätzlich allen Interessierten offen – egal, welchen Glauben sie haben.
> - *Mit eurem Vorhaben zeigt ihr, wie vielfältig der Islam in Deutschland ist und dass ihr euch aus eurem Glauben heraus gesellschaftlich einbringen wollt.*
> - Ihr seid selbst in einem gemeinnützigen Verein organisiert oder erhaltet Unterstützung durch einen solchen.
> - Euer Vorhaben hat einen klaren zeitlichen und finanziellen Rahmen. Ihr wisst bereits, wann oder in welchem Zeitraum euer Projekt stattfinden wird, und ihr könnt bereits abschätzen, welche Kosten hierfür anfallen.
>
> Unterstützt werden die ausgewählten Projekte mit einer Förderung von 500 € bis 5000 €. Außerdem laden wir die Verantwortlichen zu einem

zweitägigen Projektmanagement-Seminar ein, in dem Kenntnisse u.a. in Antragsbearbeitung, Mittelverwaltung und Öffentlichkeitsarbeit vermittelt werden.

Die Robert Bosch Stiftung ist mit ihrer Förderpolitik eine der großen proislamischen Lobbyorganisationen Deutschlands und befürwortet selbstverständlich Migration und Heimatverlust, Flucht und Asyl – diese werden schlicht zu »Projektideen« verarbeitet:

> Wir nehmen aber auch das eigentliche Migrationsgeschehen in den Blick: Neben der Frage nach einer erhöhten Fachkräftezuwanderung beschäftigt uns vor allem die Zuwanderung von Flüchtlingen aus aller Welt. Gemeinsam mit Migrantenorganisationen, Kommunen, Medien oder Bildungseinrichtungen tragen wir dazu bei, dass auch diese »Newcomers« ihr Potential gewinnbringend für sich und das Gemeinwesen einbringen können. Wir freuen uns insbesondere über Projektideen zu den Handlungsfeldern »Islam in Deutschland« und »Flucht und Asyl«.

Die Robert Bosch Stiftung merkt nicht einmal, wie obszön es ist, das Thema des angeblichen Fachkräftemangels mit Flucht und Asyl zu verquicken, sondern präsentiert sich ungeniert als Nutznießer von Heimatverlust und Flucht. Die proislamische Lobbyarbeit der Stiftung äußert sich in weiteren Initiativen:

JUMA – Jung, Muslimisch, Aktiv soll die Wahrnehmung junger Muslime in der Öffentlichkeit verbessern. Dafür arbeitet die Unternehmensstiftung mit Moscheegemeinden zusammen und verfestigt damit islamische Parallelgesellschaften (niemand weiß genau, was in diesen Gemeinden vor sich geht):

> In enger Zusammenarbeit mit Moscheen und islamischen Organisationen werden zwischen April 2014 und April 2016 rund 100 Jugendliche zu Multiplikatoren und »Brückenbauern« ihrer Gemeinden geschult.
>
> Das Projekt stärkt junge Muslime und die Zusammenarbeit mit Moscheegemeinden und leistet einen Beitrag zum Entstehen eines differenzierteren Islam-Bildes. Neben der inhaltlichen und methodischen Weiterbildung der Teilnehmerinnen und Teilnehmer in Seminaren, Workshops und größeren Kongressveranstaltungen ist der Transfer des JUMA-Konzeptes auf andere Bundesländer ein wichtiger Bestandteil des Projekts.

> Dafür werden in anderen Bundesländern neue Teilnehmer gewonnen und geschult. Regionen für einen Transfer von JUMA sind Nordrhein-Westfalen, Hamburg und Baden-Württemberg.

Statt junge Menschen aus den Moscheen herauszuholen, wo nicht selten radikale Prediger das Zepter schwingen, treibt die Robert Bosch Stiftung junge Menschen, die sich vielleicht dem säkularen westlichen Modell der Trennung von Religion und Staat annähern möchten, buchstäblich wieder zurück in die Moscheen.

Die Islam-Projekte der Stiftung gehen weiter: *Muslime als Partner in Baden-Württemberg – Information, Beratung, Dialog – »Islamberater«* heißt eine weitere Initiative, die den 600 000 in Baden-Württemberg lebenden Muslimen entgegenkommen möchte:

> Ziel ist, die islambezogene Kompetenz in Kommunen in Baden-Württemberg zu stärken und islamische Akteure bei der Einbindung in kommunale Kommunikations- und Entscheidungsprozesse zu unterstützen.

Die Robert Bosch Stiftung leistet damit einen aktiven Beitrag zur Islamisierung der deutschen wie der migrantischen Gesellschaft. Ob das migrantische Deutschland mehr »islambezogene Kompetenz« oder vielleicht eher *grundgesetzbezogene Kompetenz* braucht, hat die Robert Bosch Stiftung bereits augenfällig für sich entschieden.

Muslimische Gemeinden als kommunale Akteure heißt ein weiteres manisch islamzentriertes Projekt der Robert Bosch Stiftung. Darin bietet die Organisation in Zusammenarbeit mit dem Goethe-Institut »eine Fortbildung für rund 100 engagierte Mitglieder muslimischer Gemeinden an. In Hamburg, Essen, Mannheim, Hamm und Ingolstadt haben sie die Möglichkeit, sich mit anderen kommunalen Akteuren auszutauschen und, falls gewünscht, ihre Sprachkompetenz zu verbessern.«

Flucht und Asyl – Modellvorhaben aus der Praxis

Die Robert Bosch Stiftung arbeitet daran, ganz Deutschland im Sinne einer Betreuungsgesellschaft für Asylsuchende bzw. Migranten zu aktivieren. Neben der Finanzierung von Forschungsvorhaben in Sachen Flucht und Asyl sowie dem Austausch zwischen Forschung, Politik und Praxis …

> … fördern wir gezielt modellhafte Praxisprojekte aus ganz Deutschland. Diese widmen sich neuartigen Zugängen und versuchen das gemeinsame Leben für alle Beteiligten – Asylsuchende, Flüchtlinge, Behördenmitarbeiter, Ehrenamtliche und die ortsansässige Bevölkerung – nachhaltig zu verbessern und aktiv zu gestalten. Gefördert wird zum Beispiel VOR ORT Qualifizierung von Freiwilligen im ländlichen Raum zur Arbeit mit Flüchtlingen […] um Ressentiments gegen Flüchtlinge abzubauen, neue Ehrenamtliche zu gewinnen und eine fortlaufende Unterstützung ebendieser zu fördern.

Weiter fördert die Stiftung »Mentorenarbeit für besonders schutzbedürftige Flüchtlinge, Xenion e. V., Berlin […] Derzeit gibt es etwa 60 Mentorenschaften sowie ein Netzwerk von ca. 200 Ehrenamtlichen. Das Projekt erhält laufend Anfragen von Ehrenamtlichen, die sich engagieren möchten.«

Die Arbeit der Robert Bosch Stiftung beteiligt sich maßgeblich daran, die Ursachen von Flucht und Migration zu verniedlichen, indem sie deren Folgen vorwiegend als Organisationsproblem für die aufnehmende Gesellschaft sieht und diese zu maximalem Engagement auffordert und gleichzeitig die Vorteile (Behebung des angeblichen Fachkräftemangels) ungeniert herauskehrt.

Der auf diese Weise automatisch entstehende Fachkräftemangel in den Herkunftsländern, aus denen Millionen von jungen und (zumindest nach Kenntnis der Robert Bosch Stiftung) zu Facharbeitern geeigneten Menschen weggehen, ist kein Thema der Stiftung. Auch auf das Schicksal der alten, schwachen und noch ärmeren Zurückgelassenen, die sich nicht mehr zur Flucht in der Lage sehen, geht die Stiftung nicht ein.

Es muss eine Aufgabe der zukünftigen Politik sein, die Robert Bosch Stiftung auf die Notwendigkeit aufmerksam zu machen, in Deutschland die Trennung von Staat und Religion anzuerkennen und dementsprechend säkulare Projekte zu fördern.

Die Politik ist umgekehrt nachdrücklich daran zu erinnern, dass es die Pflicht zu einer staatlichen Stiftungsaufsicht gibt! Eine Gesetzesänderung, die Stiftungen auf mildtätige Projekte verpflichtet (Armenspeisungen, kostenlose Kinderferien, renovierte Altenheime etc.) würde hoffärtigen Unternehmungen wie der Robert Bosch Stiftung guttun.

Das Network of European Foundations (NEF)

Die zuvor vorgestellten Stiftungen sind zusätzlich in einem europäischen Stiftungsnetzwerk namens »Network of European Foundations« (NEF)[50] organisiert, das in Serbien registriert ist und seinerseits auch pro Migration agiert.

Es ist nicht ungewöhnlich, dass sich private Stiftungen zu einem Verbund zusammenschließen, um ihre Ziele in Gesellschaft und Politik noch nachdrücklicher durchsetzen zu können. In den USA gibt es bereits seit 1949 den »Council on Foundations«[51], der sich zu dem Zusammenschluss wie folgt äußert:

> Der Council on Foundations *ist ein strategischer Führer, der Themen von gemeinsamem Interesse auf die Agenda setzt.* Er weitet das Denken über unser Themenfeld aus, baut Unternehmungen zur Zusammenarbeit auf und reißt Barrieren nieder, die einer effektiven und dynamischen Philanthropie im Wege stehen [...] Hohe professionelle und ethische Standards einschließlich einer *Verpflichtung auf Multikulturalismus und Inklusion* bauen ein öffentliches Vertrauen in die Philanthropie auf. Die Philanthropie ist Nutznießer einer vereinigenden Stimme, welche die Vollmacht hat, ihre Interessen voranzutreiben.[52]

Wie viele Milliarden Dollar mögen wohl hinter diesem strategischen Zusammenschluss von US-Stiftungen stehen?

Zurück zum europäischen Network of European Foundations (NEF): Das NEF-Stiftungsnetzwerk enthüllt in einer PDF-Datei sein Finanzierungsmodell[53], das in der Grafik auf der gegenüberliegenden Seite originalgetreu nachgebildet wurde.

Anhand der Grafik ist klar zu erkennen, dass die im Stiftungsnetzwerk NEF zusammengefassten Stiftungen nie direkt spenden, sondern die Gelder immer 1–3 Stufen durchlaufen, bevor sie ihr Ziel erreichen. Dies scheint eine gängige Praxis zu sein, die natürlich dazu geeignet ist, Spuren zu verwischen und die Herkunft von Geldern zu verschleiern. Die Stiftung gibt Fördergelder zuerst immer einer Partner-NGO, einem zwischengeschalteten Spender oder einer anderen Stiftung. Von dort gehen die Mittel an einheimische NGOs oder an einheimische Spender des Ziellandes und erst von dort an gemeinschaftliche Organisationen oder an dort arbeitende NGOs. Allerdings kann Fördergeld

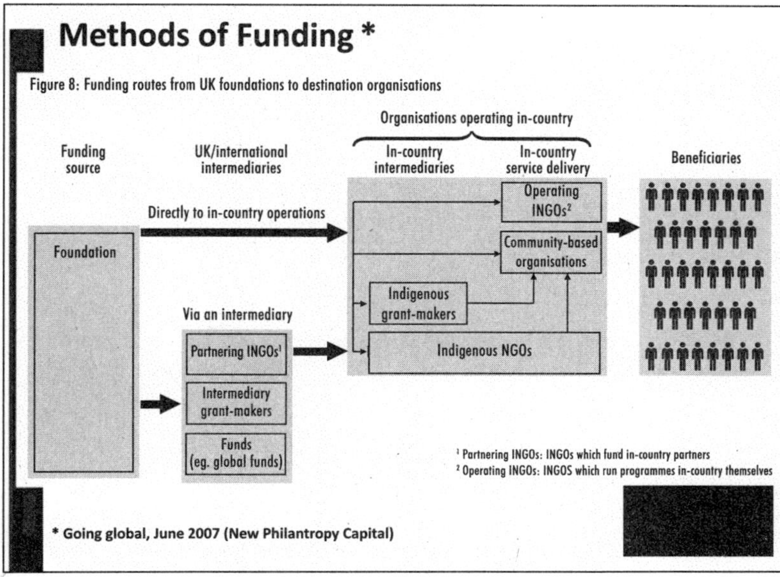

»Methoden der Finanzierung« nach eigener Darstellung des NEF

offensichtlich auch unter Auslassung des zweiten Schrittes von der Stiftung direkt an eine vor Ort operierende NGO oder eine gemeinschaftliche Organisation gehen, erst dann erreicht es die Begünstigten.

Im Network of European Foundations (NEF) sind noch weit mehr Stiftungen als die besprochenen zwölf zusammengefasst. Auch das NEF selbst hat sich Migration auf die Fahnen geschrieben, seine Aktivitäten sind weit gefächert: Fördergelder, Konferenzen, Stipendien, Trainingsprogramme, Foren, Lobbying und die Ausbildung »zukünftiger Führungskräfte«.

Das NEF-Netzwerk hat für 2016-2018 ein Budget von 4 Millionen Euro. Alle Partner sind der Meinung, dass »Migration in Europa ein äußerst wichtiges gesellschaftliches Thema ist, das alle involvierten Stiftungen in Angriff nehmen«

Das EPIM-Programm

Mit seinen nahezu unbegrenzten finanziellen Ressourcen ging das European Programme for Migration and Integration (EPIM) seit seiner Gründung 2005 mit gebündelter Kraft und unter der Ägide seines

QUELLEN Bild oben: *https://vimeo.com/64067114*; Bild rechts: *www.epim.info*

Urhebers George Soros daran, aus Europa einen Migrations- bzw. Einwanderungskontinent zu machen.

Ein von der EPIM-Initiative produziertes Video (siehe obigen Screenshot), in dem die Ziele der Initiative beschrieben werden, bestätigt, dass die Stiftungsinitiative 2005 eigens zu dem Zweck gegründet wurde,

- eine migrationsfreundliche Richtungsänderung europäischer Politik auf EU-Ebene zu erreichen;
- Gelder an Nichtregierungsorganisationen (NGOs) auszuschütten, die sich um Migration kümmern;
- sie zu schulen, das heißt beim »Ausbau ihrer Fähigkeiten zu unterstützen«;
- »Netzwerkarbeit zu betreiben«.

EPIM: mehr als 450 Organisationen in 45 europäischen und außereuropäischen Staaten

Das EPIM-Partnernetzwerk hat seit seiner Gründung mittlerweile mehr als 450 Organisationen in 45 europäischen Staaten und Migrationsherkunftsländern als Partner angeworben[54] und mit Finanzen ausgestattet! Darüber hinaus wurden 55 Konferenzen durchgeführt und 35 Publikationen veröffentlicht.

Seit seiner Gründung hat EPIM laut obiger Selbstdarstellung bis 2011 3,6 Millionen Euro an 24 NGOs und 31 Projekte ausbezahlt, die auf seiner Linie liegen. 3,8 Millionen gingen 2013-2015 in zehn Projekte.

Partnerorganisationen, die durch EPIM finanziert werden

Am finanziellen Tropf von EPIM hängen unter anderem folgende Organisationen (dies ist jedoch nur ein kleiner Überblick):

1. AIDA – Asylum Information Database
2. ARCA, Forum für Flüchtlinge und Migranten, Rumänien
3. Association for Legal Intervention (Stowarzyszenie Interwencji Prawnej, Vereinigung für rechtliche Interventionen zugunsten von Migranten), Polen
4. Association pour les droites des étrangers (Vereinigung für die Rechte von Ausländern), Belgien
5. Association Primo Levi, Frankreich
6. Asylum Aid, Vereinigtes Königreich
7. Bulgarian Helsinki Committee, Bulgarien
8. Bulgarian Lawyers for Human Rights Foundation, Bulgarien
9. Center for Legal Aid – Voice in Bulgaria, Bulgarien
10. Comisión Española de Ayuda al Refugiado (Spanische Kommission für Flüchtlingshilfe)
11. COMPAS, Vereinigtes Königreich
12. Consiglio Italiano per i Rifugiati, Italien

Screenshot der EPIM-Website

13. COSPE, italienische NGO
14. Detention Action, Vereinigtes Königreich
15. Doctors of the World, Vereinigtes Königreich
16. ECRE, European Council on Refugees and Exile, Belgien
17. EMHRN, Euro-Mediterranean Human Rights Network (europäisch-mediterranes Netzwerk für Menschenrechte), Dänemark
18. Estonian Human Rights Centre, Estland
19. European Alternatives, Rumänien
20. European Anti-Poverty Network, Belgien
21. European Network Against Racism, Belgien
22. European Network of Migrant Women, Belgien, Zypern, Tschechische Republik, Dänemark, Finnland, Frankreich, Deutschland, Griechenland, Irland, Litauen, Polen, Portugal, Rumänien, Schweden
23. European Trade-Union Confederation (Europäischer Gewerkschaftsbund), Belgien
24. European Women's Lobby, Belgien
25. European Youth Forum, Belgien
26. FIDH, International Federation of Human Rights Leagues (Internationaler Verbund von Menschenrechtsligen), Belgien
27. Flemish Refugee Action (Vluchtelingenwerk Vlaanderen), Belgien
28. Forum réfugiés-Cosi, Frankreich
29. Foundation for Access to Rights (FAR), Bulgarien

30. France Terre d'Asile, Frankreich
31. Future Worlds Centre, Zypern
32. GRAMI AC, Groupe de Recherche et d'Action sur les Migrations en Afrique, Afrique central, (Forschungs- und Aktionsgruppe Migration in Afrika/Zentralafrika), Belgien
33. Greek Refugee Council, Griechenland
34. Hungarian Helsinki Committee (Ungarisches Helsinki-Komitee), Ungarn
35. Immigration Council of Ireland, Irland
36. Institute of Race Relations, Vereinigtes Königreich
37. JRS, Servicio Jesuita a Refugiados, Italien
38. KISA, »antirassistische« Organisation, Zypern
39. Médecins du Monde, Belgien
40. Médecins du Monde, Bulgarien
41. Médecins du Monde, Deutschland
42. Médecins du Monde, Frankreich
43. Médecins du Monde, Griechenland
44. Médecins du Monde, Niederlande
45. Médecins du Monde, Portugal
46. Médecins du Monde, Schweiz
47. Médecins du Monde, Spanien
48. Médecins du Monde, International Network, Belgien
49. Menedék, Ungarische Vereinigung für Migranten
50. Migrace, Vereinigung für Integration und Migration (Sdružení pro integraci a migraci), Tschechische Republik
51. Migrant Forum in Asia, Philippinen
52. Migrants Resource, Vereinigtes Königreich
53. Migrant Rights Centre Ireland, Irland
54. Migration Institutions, Litauen
55. Migration Policy Group, Belgien
56. Migreurop, Observatoire des frontières (Beobachtungsstelle Grenzen), Frankreich
57. NIDOS, britische NGO, Vereinigtes Königreich
58. Norfolk Community Law Service, UK (Rechtsberatung Gemeinde Norfolk), Vereinigtes Königreich
59. PICUM, Platform for International Cooperation on Undocumented Migrants (Plattform für Internationale Kooperation für Migranten ohne Papiere), Belgien

60. Platform of European Social NGOs, Belgien
61. PLN, Progress Lawyers Network (Anwaltsnetzwerk Fortschritt), Belgien
62. Portuguese Council for Refugees (Portugiesischer Flüchtlingsrat), Portugal
63. Pro Asyl, Deutschland
64. Solidariedade Imigrante, Portugal
65. The Aire Centre, Advice on Individual Rights in Europe (Rechtsberatung für Migranten), Vereinigtes Königreich
66. The People for Change Foundation, Malta
67. The People in Need Trust, Irland

Warum sich für Migration engagieren? Es warten Schatzkisten!

Der EPIM-Werbefilm *Why engage* ruft NGOs zum Engagement auf. Er zeigt, dass Aktivisten oder NGO-Vertreter, die sich mit den Themen »Stimme der Migranten«, »Medien und Migranten« und »Migranten ohne Papiere« beschäftigen, am Ende eine Schatzinsel mit drei großen Truhen voller Geldstücke finden! Wenn das keine Motivation ist! So plakativ das Anwerbefilmchen auch gestaltet sein mag – es bringt den Kern der Sache jedoch in aller Deutlichkeit auf den Punkt! Macht man Migranten und Migration nach Europa zu seinem Lobbythema, so hat man keine Geldsorgen mehr!

Wurde man nach einer Bewerbung bei EPIM als förderungswürdig akzeptiert, so beginnen Einladungen nach Brüssel oder in andere Hauptstädte Europas, und spezielle Schulungen setzen ein.

Still: EPIM-Werbefilm: *Why engage*

EPIM-Schulungen

»Wir geben nicht einfach nur Geld an Gruppen, sondern rufen sie zusammen und entwickeln ihre Fähigkeiten in Workshops«, sagt Juliet Prager, ehemalige EPIM-Vorsitzende.

Neben speziellen EPIM-Schulungen gibt es noch gemeinsame Lerninitiativen, Workshops, Seminare, die spezifisch auf die jeweiligen NGOs zugeschnitten sind, wie Verbesserung der kommunikativen Fähigkeiten und Kommunikationsstrategien, Arbeit mit Medien, Lobbying bei der EU und Erstellen von Nachrichten für die EU, Erlernen von Methoden der strukturellen Stärkung von NGOs (Evaluierung, Geldbeschaffung, Netzwerkarbeit, Entwicklung von Partnerschaften), Erfolgsüberprüfung, Erstellung von Lernmaterial, Online-Toolkits etc.

EPIMs Joint Learning Initiatives (JLIs), also die Initiativen für gemeinschaftliches Lernen, sind mit einem Extrafonds ausgestattet. Dieser finanziert gezieltes Training in organisatorischen Fähigkeiten, High-level-Management, Budgetplanung, Fördergeldanträge-Verfassen, Konflikt-Management, Mitarbeiterbewertung, Entwicklung von gemeinsamen Kommunikationsbotschaften und Lobbystrategien.

Außerdem werden spezielle Berufsgruppen wie Anwälte und Richter in Überzeugungsarbeit und Schulungen eingebunden.

Beeinflussung der Politik

Da 2005 mehr und mehr nationale Kompetenzen nach Brüssel verlagert wurden, entschloss man sich, EPIM zu lancieren, um direkt vor Ort Migrations- und Asylpolitik mitzugestalten. EPIM will ausdrücklich Nichtregierungsorganisationen dabei unterstützen, sich mit der Entscheidungssphäre der EU-Politik auseinanderzusetzen und »ein effektives Gegengewicht zu offiziellen staatlichen Einrichtungen zu sein«. Wie das konkret verwirklicht wird, werden wir noch sehen.

EPIM: Zentralkomitee in Brüssel

Laut dem derzeitigen EPIM-Vorstand Stefan Schäfers haben alle unter dem Dach der Organisation vereinten Stiftungen ein zentralisiertes Büro, das bei NEF (Netzwerk europäischer Stiftungen) in Brüssel untergebracht ist, wo alle Fäden zusammenlaufen. Es mache die

Lobbyarbeit effektiver, so Schäfer – abgesehen von der räumlichen Nähe zu EU-Institutionen.

Vorsitzender des Pro-Migrationsverbundes EPIM war von 2011 bis 2014 Olaf Hahn von der transatlantisch geprägten Robert Bosch Stiftung. Hahn ist Bereichsleiter für Kultur und Gesellschaft und daher auch verantwortlich für die Programme zur Islamisierung bzw. Re-Islamisierung von Migranten in Deutschland, wie bereits bei der Vorstellung der Stiftung thematisiert.

»Racism, extremism, populism on the rise«

Die Frage nach dem »Warum?« für die Bildung eines solch massiven Lobbyverbundes beantwortet EPIM seit Jahren damit, dass Migranten in der EU besonders im Zuge der Finanzkrise fundamentale Rechte verwehrt würden, der »Populismus« im Aufstieg begriffen sei und die Haltung gegenüber Immigranten stetig härter werde.

Typisch für solch alarmistische Behauptungen sind Aussagen des britischen EPIM-Mitarbeiters und konservativen Europaabgeordneten Sajjad Karim, der bei einer EPIM-Konferenz über die Gefahren angeblich restriktiver Migrationspolitik sagt:

> Heute bin ich wirklich zutiefst beunruhigt darüber, wo wir uns als Kontinent befinden. Es ist für mich klar, dass es eine wachsende, extrem ungesunde Form von Nationalismus gibt, der in einfach allen Mitgliedstaaten der gesamten Europäischen Union auftritt. Man muss nur das Wahlverhalten anschauen und die steigenden extremistischen Aktivitäten beobachten, die beginnen aufzutreten. Deswegen ist es besonders bedeutsam, dass wir hier über Einwanderung reden und im Besonderen über den Teil der Einwanderer, die sich in einer Situation ohne Papiere befinden, und wie wir mit diesen Menschen umgehen und sie behandeln. Es ist in der Tat so, dass wie heute keine ehrliche offene und transparente Debatte über Immigration in der EU haben, und solange wir nicht damit auf offene und ehrliche Weise umgehen, insbesondere, *indem wir die wirtschaftlichen Gründe für Einwanderung in die Europäische Union darlegen,* solange wir nicht damit auf dieser Basis umgehen, fürchte ich, dass wir einfach nur eine Bewegung hin zum Extremen sehen werden auf der Grundlage dessen, was man als Populismus bezeichnet, aber ich sehe es nicht als Populismus, ich sehe es als reinen Extremismus. Punkt.[55]

»Racism is on the rise«, »Populism/extremism is growing« – das sind Standard-Beschwörungsformeln, die eine jede EPIM-Veranstaltung würzen. Solche Rhetorik ist es, welche die Migrationsagenda unterstützende NGOs unaufhörlich vor sich hin murmelnd im Innersten zusammenhält, NGOs – die dank EPIM ein gutes Auskommen haben und in Brüssel bei Konferenzen mit den Mächtigen auf Tuchfühlung gehen dürfen.

Und: Mit falschen oder zumindest stark übertriebenen Anklagen lässt sich leichter eine überzeugende Existenzbegründung herstellen, als der Öffentlichkeit die schwierige Frage zu beantworten, warum ausgerechnet George Soros & Friends ihr Herz für Migranten entdeckt haben. Denn Migranten sind Menschen, und Menschen interessieren Soros nicht, sonst würde er zum Beispiel seinen Quantum Funds Steuern zahlen lassen und sich nicht im Steuerparadies auf den Niederländischen Antillen verschanzen; er hätte in Osteuropa auch nicht den Schockkapitalismus nach 1989 mitgeplant oder Wetten gegen das britische Pfund und die thailändische Währung getätigt, wodurch Millionen von Menschen verarmten oder zumindest ärmer wurden …

Forderung nach Billiglohnarbeitern

Der konservative britische Europaparlamentarier Sajjad ist ein gutes Beispiel für die Verquickung von EPIM-Aktivitäten mit der Brüsseler Politik. Seine Forderung nach offenem und ehrlichem Umgang mit den »wirtschaftlichen Gründen für Einwanderung« macht seine EPIM-Kollegin Judith Sargentini (Europaabgeordnete Grüne/European Free Alliance group) noch deutlicher:

> Es gibt hier in der Tat zwei Themen: Menschen, die jetzt in der Europäischen Union ohne Papiere sind, und einen Bedarf an Migranten-Arbeitern. Diese beiden könnten einander helfen. Wenn wir nicht so streng mit unseren Migrationsgesetzen wären und es *mehr Migranten legal erlauben würden, in der Europäischen Union in Niedriglohnjobs zu arbeiten,* würden wir es nicht mit so vielen Migranten ohne Papiere zu tun haben.

So die Abgeordnete am 6. Dezember 2011 auf der EPIM-Konferenz »Restriktive Migrationspolitik und die Rolle der Medien. Die Rolle von Migranten ohne Dokumente.«[56]

EPIM setzt sich also für Billiglohnjobs und eine schnelle Zulassung von Migranten (auch ohne Ausweisdokumente) zum Arbeitsmarkt ein, eine Forderung, die mit dem wachsenden Notstand, der aus den Flüchtlingsströmen resultiert, schneller in die Realität umgesetzt werden wird, als wir momentan noch glauben. Erste Forderungen aus der Wirtschaft, den Mindestlohn wegen der Notsituation zu kippen, sind bereits sichere Anzeichen dafür, was auf uns zukommen wird. Auch die CDU diskutierte »Ausnahmen vom Mindestlohn für Flüchtlinge«, ebenso will die österreichische Industriellenvereinigung »eine Arbeitserlaubnis für Asylbewerber, allerdings für geringere Bezahlung«.

Und natürlich behaupten die Vertreter der Migrationsagenda allenthalben, dies werde keine Auswirkungen auf den bereits bestehenden Niedriglohnsektor und prekäre Beschäftigungsverhältnisse in Deutschland, Österreich und anderswo haben!

Auffallend, wenngleich an dieser Stelle nicht mehr ganz so erstaunlich ist, dass EPIM völlig offen Lobbyarbeit bei Politikentscheidern in Brüssel betreibt und Politikmacher auf EU-, aber auch auf nationaler Ebene unterstützt, um erwünschte Gesetzesvorhaben auf den Weg zu bringen und unerwünschte abzuwehren.

Ein Beispiel für die EPIM-Lobbyarbeit in der Politik: Big Money und der politisch-mediale Komplex live!

Veranstaltung: »EuroPhilantopics: Das Narrativ über Migration ändern – das wirtschaftliche und gesellschaftliche Potenzial willkommen heißen«.

> Am 4. und 5. November 2014 veranstaltete das *Network of European Foundations* (NEF) […] zusammen mit dem *European Foundation Centre* (EFC), der *European Venture Philanthropy Association* (EVPA) und dem *Donors and Foundations Networks in Europe* (DAFNE), den EuroPhilantopics Event in Brüssel, […] die EPIM-Session »Changing the narrative on migration – welcoming the economic and societal potential[57] [Das Narrativ über Migration ändern – das wirtschaftliche und gesellschaftliche Potenzial willkommen heißen].
>
> *Der Event gab Politikmachern und Philanthropen Raum, um Wissen über die Herausforderungen der EU auszutauschen und potenzielle neue Partnerschaften aufzubauen.*

»EuroPhilantopics«: November 2014

Also ganz langsam: Hier kommt bei einer Abendveranstaltung alles, was in Europa an Stiftungen und »Donors« (Geldspendern) Rang und Namen hat, zusammen, um mit Politikern neue Partnerschaften aufzubauen – zum Wohle der Migration nach Europa und deren positiver Darstellung durch Änderung der bisherigen Narrativs.

> EPIM-Geschäftsführer Stefan Schäfers moderierte die Sitzung, auf der auch Marc Richir von der *Europäischen Kommission* (Generaldirektion Migration und innere Angelegenheiten), Heather Grabbe, *Open Society European Policy Institute* (OSEPI) [George Soros' EU-Abteilung!] und Sunder Katwala, *British Future,* auftraten.

Die Soros & Friends-Inititative EPIM sitzt also wie selbstverständlich zusammen mit der EU-Kommission für Migration, mit Soros' Open Society Institute und British Future und überlegt, wie man Migration in die EU besser verkaufen kann, indem man das »Narrativ« verändert.

Und wer ist *British Future*? Eine NGO, die Lobbyarbeit für Migration und Migranten in Großbritannien betreibt. Wer finanziert sie nach eigenen Angaben? Der Barrow Cadbury Trust, der Diana, Princess of Wales Memorial Fund, die OAK Foundation, die wir bereits als EPIM-Finanzierer kennen, sowie Unbound Philanthropy, die Spenden dafür ausgibt, um sicherzustellen …

> ... dass Migranten, Flüchtlinge und ihre Familien mit Würde und Respekt behandelt werden und dass sie sich voll in ihrer neuen Umgebung einbringen und schließlich in einer Gesellschaft bestehen können, welche die Verschiedenheit und die Chancen als angenehm empfindet, die Einwanderung mit sich bringt.[58]

Zudem bekommt British Future Geld vom wohltätigen Trust for London, der jährlich Spenden von über 7 Millionen Pfund vergibt, und von der Open Society Foundations des Herrn Soros, dessen höchste Priorität »Menschen in ausgegrenzten Communities« sind!

British Future erhielt überdies Geld aus dem Heritage Lottery Fund, Universities UK, der Paul Hamlyn Foundation und der Europäischen Kommission in Großbritannien.

George Soros saß beim Event »EuroPhilantopics« 2014 also gleich dreimal mit am Tisch: via EPIM, via Open Society European Policy Institute und via British Future!

Analysieren wir nun weiter den EPIM-Eventbericht:

> EuroPhilantopics 2014 war eine pragmatische, lösungsorientierte Diskussionsveranstaltung, die sich mit einigen Schlüsselfragen befasste: *Welche Rolle spielen oder können Stiftungen spielen, mit welcher Ebene des Narrativs befassen wir uns, und wie können wir die toxische Debatte über Migration neu ausrichten?*

Der Event ist wahrlich ein Paradebeispiel dafür, wer in unserem System Debatten anstößt, die Narrative bestimmt und Diskussionen in der Öffentlichkeit »neu ausrichtet«! Die Lufthoheit über den öffentlichen Diskurs hat hier sicher nicht eine angebliche »Öffentlichkeit«, sondern die im Auftrag von Interessen einer kleinen, reichen Minderheit bestellten Öffentlichkeitsdarsteller!

Die Grafik auf der nächsten Seite entstammt einer Präsentation von Sunder Katwala von der Soros-Filiale British Future, die bei der EuroPhilantopics-Konferenz gezeigt wurde. Sie wurde der EPIM-Homepage entnommen, vergrößert und originalgetreu nachbearbeitet.

Was man dort zu sehen bekommt, ist äußerst aufschlussreich! Im November 2014 ist Europa bereits mit steigenden Flüchtlingszahlen konfrontiert, und man sucht bei Stiftungen, NGOs und der EU-Kommission augenscheinlich dringend nach einem »Märchen für Erwach-

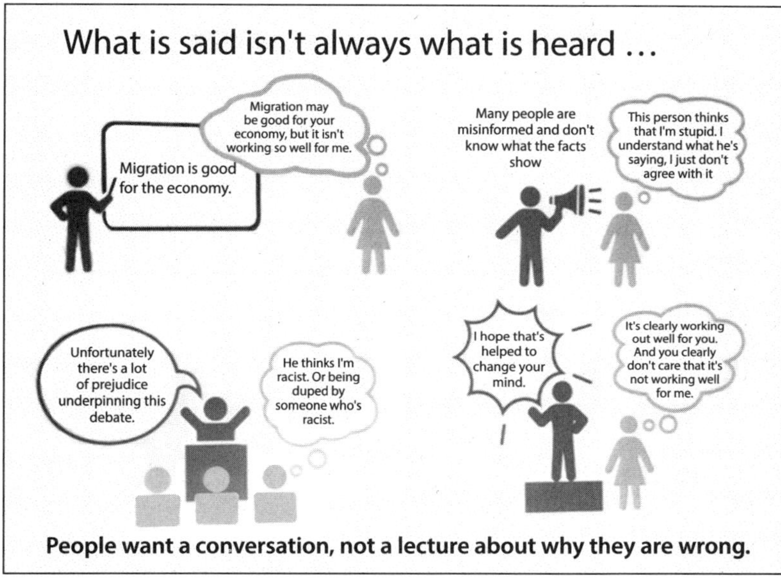

Migration ist gut für die Wirtschaft« – so wird »öffentliche Meinung« gemacht!

»Menschen wollen eine Konversation, keine Belehrung darüber, warum sie falsch liegen.« Mit anderen Worten: Die zu Belehrenden (wir alle!) liegen selbstverständlich falsch, nur sollte man sie nicht zu offensichtlich darüber belehren! Die Kommunikationsstrategie ist das Entscheidende, deshalb heißt es in der Überschrift der Folie auch: »Was man sagt, ist nicht immer das, was gehört wird.« [S = Sprecher, Z = Zielperson]

S: »Migration ist gut für die Wirtschaft.« (Nicht gut herübergebracht.)

Z: »Migration mag ja gut für seine Wirtschaft sein, sie funktioniert für meine nicht so gut.«

S: »Viele Menschen sind falsch informiert und kennen die Fakten nicht.« (Falsch herübergebracht.)

Z: »Der denkt wohl, ich sei dumm. Ich verstehe sehr wohl, was er sagt, nur sehe ich das halt ein wenig anders.«

S: »Leider schwingen viele Vorurteile in dieser Debatte mit.« (Falsch herübergebracht.)

Z: »Er hält mich für rassistisch. Oder verführt von einem Rassisten.«

S: »Ich hoffe, Sie konnten Ihre Einstellung jetzt ändern!« (Nicht gut herübergebracht. Das Gegenüber fühlt sich überrollt.)

Z: »Klar, es läuft gut für ihn. Und er macht sich offensichtlich keine Gedanken, dass es für mich nicht gut läuft.«

sene«, einem »Narrativ«, wie man der Öffentlichkeit das Kommende positiv vermitteln kann. Dabei werden geschickte Kommunikationsmethoden vorgestellt, um die Story auch sicher an den Mann bzw. die Frau bringen zu können. Die vermutlich zufällig abgebildete Instruktionsfolie soll Fallstricke des Diskurses aufzeigen und erklären, wie man Diskussionen mit einer zu überzeugenden Person *nicht* führen sollte.

Leider liegen uns die Folien für eine erfolgreiche Überzeugungsstrategie, um das »Narrativ« zu ändern, nicht vor…

Was war das Ergebnis der Konferenz?

> Die Gruppe kam zu dem Schluss, wir sollten besser nicht ein neues Narrativ über Migration konstruieren, um es gegen ein altes auszutauschen; stattdessen sollten wir alle bestehenden Narrative berücksichtigen und in eine Langzeitstrategie investieren, die darauf abzielt, die toxischen Faktoren der Debatte genau zu verstehen.

Man beachte: Es geht hier wie selbstverständlich nicht um wahrheitsgemäße Darstellung oder Berichterstattung, sondern darum, »Narrative« über die Wirklichkeit zu erfinden, die dann den Erfindern und deren Agenda dienen! Es geht bei der Veranstaltung in Brüssel um nicht weniger als um eine bewusste Manipulation der Öffentlichkeit!

Der nächste Satz des EuroPhilantopics-Berichts ist der »Kracher«:

> Eine Reihe von Kommentaren und Fragen aus der Zuhörerschaft drückte den dringenden Bedarf für Aktionen vor Ort auf einer philanthropischen Ebene aus, um diese Narrative zu ergänzen.

Mit anderen Worten – die anwesenden NGO-Vertreter und Politiker wollen ja gerne ihre Pflicht tun, und diese positiven Narrative der Migration verbreiten, dafür ist aber noch der Impakt der »philanthropischen Ebene« erforderlich – etwas mehr Geld eben, und das dringend!

> Die Sprecher teilten mit, um das zu erreichen, *müssen wir die europäischen Bürger beruhigen und die Skeptiker der »Mitte« gewinnen, indem man ihnen zusätzlich zu Zahlen und Fakten Erfolgsstorys von Migranten in den Medien präsentiert.*

Eine Ungeheuerlichkeit! Hier lesen wir offensichtlich einen Bericht von Leuten, die aus einer Position der absoluten Überlegenheit und Unangreifbarkeit heraus gewohnheits- bzw. gewerbsmäßig die Öffentlichkeit betrügen und manipulieren!

Interessant ist, dass die mittlere Schicht einer Gesellschaft als eigentliche Zielgruppe der Narrative gesehen wird, die es zu beschwichtigen gilt. Warum wohl?

Vielleicht aus folgendem Grunde: Die Unterschicht und die arbeitende Bevölkerung, die sich nicht zur Mittelschicht rechnen kann, sind ohne Einfluss und Stimme, sie sind bereits jetzt zu sehr mit ihrem Überleben beschäftigt oder zu apathisch, als dass man sie als Faktor oder Zielgruppe für Narrative berücksichtigen müsste. Sie wären im Grunde der eigentliche Gegenspieler des Migrationsnarrativs, denn sie werden als Erste Federn lassen müssen, wenn wir durch Masseneinwanderung über kurz oder lang ein Heer von Billiglöhnern in Konkurrenz haben werden.

Die Oberschicht steht nahezu geschlossen aufseiten der Erfinder des Migrationsnarrativs, verbreitet es selbst eifrig und stützt die Migrationsagenda mit ihren großen finanziellen Möglichkeiten.

Was am Ende bleibt, ist die mittlere Sektion der Gesellschaft, die sich eingequetscht zwischen Skylla und Charybdis findet und einem buchstäblichen Trommelfeuer durch das Migrationsnarrativ ausgesetzt ist, dem sie bisher auch weitgehend erlegen ist. Sie ist es aber, die das Schwungrad unserer Wirtschaft am Laufen hält, sie ist im Wesentlichen das Drittel, das in unserem Land Steuern zahlt und für die Umsetzung der Migrationsagenda finanziell wird aufkommen müssen!

Am Schluss heißt es im Bericht:

> Wir können kollektiv lernen, wie wir effektiv die Stereotype über Migration in den Nachrichten und in der Gesellschaft verändern können, indem wir *mehr mit den Medien selbst arbeiten* sowie mit anderen Stiftungen und EU-Instituten.

Wer bisher ein merkwürdiges Gefühl angesichts einer flächendeckend surrealistischen Berichterstattung zum Thema »Flüchtlinge« hatte, die seltsam regrediert zwischen »piep piep, piep, wir haben uns alle lieb« und wüsten Drohungen und Verwünschungen gegen Bedenkenträger sowie deren medialer Entlarvung und Brandmarkung oszillierte, darf dieses Dokument einer konzertierten Meinungsmache und Manipulation der Öffentlichkeit nunmehr als Bestätigung seines Verdachts nehmen.

Es geht im Kern um eine unerträgliche Einmischung in die Politik – vor allem durch demokratisch nicht legitimierte, »wohltätige« Stiftungen der superreichen Weltelite, von denselben Stiftungen finanzierte NGOs und deren ebenfalls nicht demokratisch bestellte Vertreter. In Brüssel treffen sich diese Leute mit EU-Repräsentanten, die sich zum Teil ebenfalls von jenen Stiftungen bezahlen lassen, und konspirieren durch konzertierte Meinungsmache gemeinsam gegen Europas Bürger!

Auf dieses und ähnliches Treiben im fernen Brüssel muss in Zukunft ein starker Lichtkegel gerichtet werden, wenn das Wort »Demokratie« noch irgendeinen Wert haben soll. Das Ausmaß der Manipulation trägt bereits jetzt totalitäre Züge, und der über Jahre aufgebaute Filz in Brüssel kann vermutlich nicht mehr entwirrt, sondern nur noch abgeschnitten werden.

Ein riesiger NGO-Apparat als Einflussinstrument für Soros & Friends

Die Soros-Initiative EPIM schulte seit 2005 kontinuierlich und äußerst professionell europaweit Personal, das sich auf vielen Ebenen für Migration nach Europa einsetzt. Die bereits aufgelisteten Organisationen und Gruppen stellen nur einen kleinen Überblick über einen Apparat dar, der über Jahre aufgebaut wurde und Soros & Friends nunmehr voll zur Verfügung steht.

Hunderte von Organisationen und Tausende von Menschen arbeiten mit denselben Schulungsmaterialien, werden wieder und wieder zusammengerufen, sprechen nunmehr ein und dieselbe Sprache, nutzen dieselben Schlüsselbegriffe: Ein machtvolles Netzwerk steht den Kräften, die Lobbyarbeit für Migration nach Europa machen, zur Verfügung!

Die Tatsache, dass die von der superreichen Weltelite seit Jahren finanzierten und gesteuerten NGOs bisher unter jedem medialen Schirm hinweggleiten konnten, spricht nicht für die Unabhängigkeit unserer Medien.

Eine EPIM-Denkfabrik in Brüssel

EPIM hat sich nicht nur ein NGO-Netzwerk aufgebaut, sondern auch noch einen Thinktank in Brüssel lanciert – das European Policy Centre (EPC). Der von Soros & Friends üppig ausgestattete Thinktank leistet dem NGO-Netzwerk lautstarke Schützenhilfe mit intellektuellem Anstrich. EPC hatte 2014 ein Budget von 2,16 Millionen Euro. Finanziert wird das EPC außer durch Mitgliedsbeiträge von der King Baudouin Foundation (dem »hauptsächlichen strategischen Partner«) und von der EU (über das Budget des Programms Europe for Citizens)[59].

Das *European Policy Centre* (EPC) stattet die kollaborierenden NGOs mit Materialien, Analysen und Argumenten aus:[60]

> Die thematisch fokussierten Analysen haben das Ziel, die Lobbyarbeit zu unterstützen, die von den Organisationen verrichtet wird, die bei EPIM engagiert sind, indem wir ihnen Informationen liefern, angefangen bei jüngsten politischen, gesetzgeberischen und rechtlichen Initiativen auf EU-Ebene, die für die drei hauptsächlichen Themengebiete von EPIM relevant sind:
>
> ❶ Asylsuchende
> ❷ Migranten ohne Papiere
> ❸ Gleichberechtigung, Integration und soziale Inklusion von schutzbedürftigen Migranten

So warnte EPC/EPIM in einer Verlautbarung vom Oktober 2015:

> Die Schengen-Krise wird mit großer Sicherheit zukünftig populistische Debatten befeuern und Argumente, die sich darauf konzentrieren, sich hinter nationalen Grenzen zu verstecken. Was für einige EU-Bürger verlockend sein kann, könnte die nationalen politischen Debatten noch mehr als jetzt schon vergiften und einem europäischen Kernsymbol noch mehr Schaden zufügen: der grenzenlosen Union.
>
> Die Folgen einer dauerhaften Wiedereinführung von Grenzkontrollen [...] wären für die EU und ihre Bürger in der Tat überwältigend [»*overwhelming*«].[61]

Überwältigend positiv – aber das meinte das »Policy Update« von EPC/EPIM vermutlich nicht.

EPC und EPIM veröffentlichen Studien und Themenpapiere, die zeigen, wo sie die EU sehen möchten. Gleichzeitig wird ihre vollständige Verquickung mit EU-Politikmachern deutlich. In einer von der Generaldirektion für Innenpolitik der EU-Kommission in Auftrag gegebenen Studie »Das gemeinsame europäische Asylsystem weiterentwickeln«[62] spricht man von der …

> Möglichkeit, eine EU-Migrations-, Asyl- und Schutz-Agentur (EMAPA) einzurichten. Die Agentur soll zentralisierte, EU-weite Entscheidungen über Asylanträge machen. Die Möglichkeit einer »freien Wahl«, welche die Vorlieben der Asylsuchenden berücksichtigt und zu ihrer nachfolgenden Integration in der zukünftigen aufnehmenden Gesellschaft beiträgt, diese Möglichkeit würde auch sekundäre Bewegungen [der Asylbewerber] reduzieren.

Wir erinnern uns: Genau dies sind Forderungen von George Soros. Die EU steht mit ihrem Projekt einer zentralisierten EU-Migrationsagentur offensichtlich vor einem entscheidenden Schritt, sich die einzelnen Mitgliedstaaten noch weiter zu unterwerfen.

Wer verfasste eigentlich die zitierte Studie, auf welcher der Name einer EU-Generaldirektion prangt? Es ist neben dem EU-eigenen, 1983 gegründeten Thinktank »Centre for European Policy Studies (CEPS)« auch eine gewisse Miss Garlick, International-Migration-Initiative-Stipendiatin der – einen schönen guten Tag auch! – Open Society Foundations und ferner Mitarbeiterin des Migration Policy Institute Europe.

Es wird in der Zukunft eine Aufgabe der Politikwissenschaft sein, sämtliche Gesetzesvorhaben der Europäischen Kommission danach zu durchforsten, wer hier eigentlich die Gesetzestexte in Auftrag gab und vorformulierte. Wenn man sich das riesige Netzwerk von NGOs und Stiftungen anschaut, das direkt in Brüssel zum Zwecke der Einflussnahme installiert ist, so braucht man nicht viel Fantasie, um sich vorzustellen, nach wessen Rezeptbuch Europa seit Jahren umgestaltet wird!

Das Migration Policy Institute (MPI)[63] ist ein weiterer Akteur im Bestreben, Europa im Sinne der Migrationsagenda in einen Kontinent der grenzenlosen Migration zu verwandeln. Das MPI hat seinen Hauptsitz in Washington, D. C.:

Contact the Migration Policy Institute
1400 16th Street NW
Suite 300
Washington, DC 20036
For general inquiries, please email *Info@MigrationPolicy.org.*
Or call +1 202-266-1940.

Die europäische Filiale befindet sich im Residenzpalast in Brüssel:

Residence Palace
155 Rue de la Loi, 5th Floor
1040 Brussels
+ 32 (2) 235 2113

Die Spenderliste des Instituts für Migrationspolitik ist eindrucksvoll, zeigt aber auch gleichzeitig, mit welchen Gegenspielern wir, die Bürger Europas, bzw. die einzelnen europäischen Staaten es zu tun haben. Bisher hat sich offenbar noch niemand gefragt, warum eine Vielzahl in den USA beheimateter Foundations und Thinktanks sich ausgerechnet die Migration nach Europa zur Herzenssache gemacht haben. Diese Frage sollte man versuchen zu beantworten!

Annie E. Casey Foundation	Inter American Development Bank
Atlantic Philanthropies	International Organization for Migration
Barrow Cadbury Trust	International Rescue Committee
Bertelsmann Stiftung	JM Kaplan Fund
Berry Appleman & Leiden LLP	Kendeda Fund
Booz Allen Hamilton	King Baudouin Foundation
Boston Foundation	John S. and James L. Knight Foundation
Bureau of Population, Refugees, and Migration, U. S. Department of State	Luso-American Foundation (FLAD)
Calouste Gulbenkian Foundation	John D. and Catherine T. MacArthur Foundation
California Community Foundation	Mathematica Policy Research, Inc.
Carnegie Corporation of New York	Manhattan Institute

Carnegie Endowment for International Peace	Marin Community Foundation
Catholic Legal Immigration Network, Inc.	m-Via
Center for Applied Linguistics	Suzette Brooks Masters and Seth Masters
Center for Global Development	Andrew W. Mellon Foundation
Centre on Migration, Policy and Society (COMPAS), Oxford University	Napa Valley Community Foundation
The Chicago Council on Foreign Relations	National Conference of State Legislatures
Community Foundation of Greater Atlanta	New Global Initiatives, Inc.
Danish Institute for Human Rights	Northwest Area Foundation
Danish Refugee Council	Stavros S. Niarchos Foundation
Delegation of the European Union to the United States	National Center for Border Security (NCBSI), University of Arizona
European Commission – Directorate General for Employment, Social Affairs, and Equal Opportunities, and Directorate General for Home Affairs	Office of Refugee Resettlement, U. S. Department of Health and Human Affairs
Ford Foundation	Open Society Foundations
Foundation for Child Development	Organization for Economic Cooperation and Development (OECD)
Foundation for Population, Migration and Environment (BMU), Switzerland	Public Interest Projects, Inc.
The Bill and Melinda Gates Foundation	Public Welfare Foundation
German Marshall Fund of the United States	The Rockefeller Foundation
Global Commission on International Migration	Russell Sage Foundation
Government of Canada, Citizenship and Immigration, Canada	SEIU – Service Employees International Union
Government of Finland, Ministry of Foreign Affairs	Smith Richardson Foundation

Government of Germany, Bundesministerium des Innern (BMI)	Southeast Asia Resource Action Center
Government of Greece, Ministry of Foreign Affairs	Tinker Foundation, Inc.
Government of Italy, Ministry of Labor and Social Policy	Unbound Philanthropy
Government of Mexico, Ministry of Foreign Affairs	UNITE HERE
Government of Moldova	UN High Commissioner for Refugees
Government of the Netherlands	UN Office for the Coordination of Humanitarian Affairs
Government of Norway, Ministry of Justice and Ministry of Children, Equality and Social Inclusion	Urban Institute
Government of Spain, Ministry of Labor and Immigration	U. S. Census Bureau
Government of Sweden, Ministry of Justice and Ministry of Employment	U. S. Chamber of Commerce
Government of Taiwan, National Immigration Agency	U. S. Conference of Catholic Bishops Migration and Refugee Services
Government of the United Kingdom, Home Office and Department of International Development	U. S. Department of Homeland Security
Grantmakers Concerned with Immigrants and Refugees	Walmart
Evelyn and Walter Haas, Jr. Fund	Western Union Foundation
Hamburg Institute of International Economics (HWWA)	Winthrop Rockefeller Foundation
Helsing-Simons Foundation	W. K. Kellogg Foundation
Charles Evan Hughes Memorial Foundation	World Bank
Illinois Coalition for Immigrants and Refugee Rights	World Health Organization
	Zellerbach Family Foundation

Das MPI beforscht nach eigenen Angaben die Interaktion von Immigranten und deren Herkunftsländern mit den Einwanderungsländern. Sein INTERACT-Projekt tritt für eine »verstärkte Kooperation zwischen Herkunfts- und Zielländern bei der Steuerung der Integration« ein. Das Projekt wird mitfinanziert vom European Integration Fund[64] und dem European University Institute (EUI), dem Europäischen Hochschulinstitut der EU.

Die Verfilzung des amerikanischen Migration Policy Institute mit EU-Einrichtungen ist ebenfalls beeindruckend! Bevor wir im Rahmen dieses Buches einen Versuch machen, die Involvierung vielfältiger Organisationen mit Hauptsitz in den Vereinigten Staaten zu bewerten, sei noch auf eine wichtige Tatsache hingewiesen, die man im Blick haben muss, wenn man nach den Ursachen für den seit 2015 zunehmenden Flüchtlingsansturm auf Europa fragt.

Auslöser der Flüchtlingskrise 2015

»Nach Angaben des Hohen Flüchtlingskommissars der UNO[65] befinden sich zurzeit [d.h. Sommer 2015] fast 2 Millionen syrische Flüchtlinge in der Türkei, 1,2 Millionen in Jordanien, 600 000 im Jemen, 250 000 im Irak und 250 000 in Ägypten.

Vor diesem Hintergrund sind humanitäre Einrichtungen der UNO wie das World Food Programme am Rande des Bankrotts und nicht in der Lage, die fundamentalsten Bedürfnisse der Schutzbedürftigen zu gewährleisten.«

Das treffe auch somalische und sudanesische Flüchtlinge in Kenia, so der Bericht.

> Zusammen mit der Unmöglichkeit der Flüchtlinge, in ihre Heimatländer zurückzukehren, haben diese verschlechterten Bedingungen signifikant zum Ansteigen der Flüchtlingszahlen Richtung EU beigetragen.

Am 3. September 2015 brachte der britische *Guardian*[66] einen Bericht über die fatale finanzielle Lage der UNO angesichts der Flüchtlingskrise. Hierzu waren UNO-Repräsentanten befragt worden. Die zur Verfügung stehenden Finanzmittel seien gegenüber 2014 um 10 Prozent gefallen, man habe Essensrationen kürzen und Kliniken schließen müssen. Allein im Monat August habe man aufgrund der Knappheit an Finanzmitteln 184 Kliniken schließen müssen; 3 Millionen Iraker seien nunmehr ohne medizinische Versorgung.

Der syrische Flüchtlingsplan benötige eigentlich die veranschlagten 1,3 Milliarden Dollar, es seien aber nur 35 Prozent dieser Summe eingegangen. Besonders die Situation im Libanon und in Jordanien sei unerträglich und »treibe frische Flüchtlingswellen nach Europa«. »Die globale humanitäre Gemeinschaft ist nicht zerbrochen – als Ganzes ist sie effektiver denn je, aber wir sind finanziell am Ende«, so Antonio Gutérres, UNO-Hochkommissar für Flüchtlinge, gegenüber dem *Guardian*. Und weiter:

> Wenn man das humanitäre Budget weltweit anschaut, so liegt es irgendwo zwischen 20 und 30 Milliarden Dollar. Ich kenne kein einziges Bail-out, nicht einmal das einer mittelgroßen Bank, welches nicht mehr als das gekostet hätte. Nicht mehr für humanitäre Hilfe auszugeben ist eine schlechte Strategie, um nicht zu sagen: eine suizidale.

Schließen wir erneut einmal die Augen und überlegen uns: Hier werden Millionen von Menschen die Essensrationen gekürzt, Kliniken für die Ärmsten der Armen geschlossen! Hier könnten, nein müssten George Soros & Friends eingreifen.

Rank	Hedge Fund	Net gains (after fees) since inception to Dec. 31, 2011 (billions of US $)	Year Founded
1.	Bridgewater Pure Alpha	$ 35.8	1975
2.	Quantum Endowment Fund	$ 31.2	1973
3.	Paulson & Co.	$ 22.6	1994
4.	Baupost	$ 16.0	1983
5.	Brevan Howard	$ 15.7	2003
6.	Appaloosa	$ 13.7	1993
7.	Caxton Global	$ 13.1	1983
8.	Moore Capital	$ 12.7	1990
9.	Farallon	$ 12.2	1987
10.	Point72 Asset Management	$ 12.2	1992

Diese Grafik weist die Nettogewinne (bis 2011) der weltweit reichsten Hedgefonds aus (Quelle: Wikipedia)

Allein die zehn finanzkräftigsten Hedgefonds der Welt wiesen schon vor Jahren Nettogewinne von ca. 185 Milliarden Dollar aus.

George Soros gründet die Open Coffers Initiative!

Versuch einer Erklärung anhand einer Satire
Dies ist nunmehr der Moment von George Soros: Er stellt sich an die Spitze der moralischen Weltgemeinschaft und ruft eine »Open Coffers Initiative« aus. In dieser Flüchtlingsnot, in der die Gefahr besteht, dass Hunderttausende marginalisiert und sogar vom Leben selbst ausgegrenzt, um nicht zu sagen ausgemerzt werden, ist seine Stunde gekommen, seinen ganzen Einfluss bei all den wohltätigen Foundations, Stiftungen und Trusts in die Waagschale zu werfen, die Geldkoffer zu öffnen und einfach mal das Scheckbuch für das UNO-Flüchtlingshilfswerk zu zücken!

Nun wollen wir die Augen wieder öffnen und die üble Realität betrachten: Die Mammonisten geben niemals grundlos Geld. Sie spenden nur, wenn sie am Ende noch viel mehr Geld als Gewinn in Aussicht haben.

Wie der Hohe Flüchtlingskommissar der UNO treffend sagte: Als die Banken gerettet werden mussten, waren die Milliarden da. Wenn es aber gilt, Flüchtlingen in der Nähe ihrer Heimat einen einigermaßen würdigen, zeitlich begrenzten Aufenthalt mit medizinischer Grundversorgung und den nötigen Kalorien im Essen zu gewährleisten, bis sie wieder in ihre Heimat zurückkehren können (ausgestattet mit einem Wiederaufbaukredit von mindestens 30 000 Euro pro Person von der moralischen Wertegemeinschaft), so ist plötzlich kein Geld da. Die Schlussfolgerung daraus kann nur lauten, dass die Flüchtlingsströme nach Europa politisch gewollt waren.

Hinzu kommt die schändliche Sanktionspolitik, auch vonseiten der EU, gegenüber Syrien,[67] und das angesichts der Tatsache, dass das Land wegen des IS vor dem Eingreifen Russlands kurz vor dem staatlichen Zerfall stand. Die syrische Armee leistete einen wichtigen Beitrag gegen den Islamischen Staat. Doch die EU versucht weiterhin, das Land trotz massiver interner Flüchtlingsprobleme noch zusätzlich auszuhungern. Die Sanktionen betreffen unter anderem den Bankensektor, die Einfrierung von Vermögen, den Boykott der syrischen Öl- und Gasindustrie sowie Handelsembargos.

Es bleibt keine andere Schlussfolgerung als die, dass George Soros und die globale Elite der noch verbliebenen Nationalstaatlichkeit Europas den Krieg erklärt haben. Die Migrantenströme und die sie begleitende Menschlichkeitsrhetorik dienen dabei lediglich als Rammbock. Die reichen Drahtzieher läuteten ein Menschenexperiment noch nie da gewesenen Ausmaßes ein, das an Zynismus seinesgleichen sucht.

Am Ende hofft eine machtgierige EU ihren zentralistischen Apparat in Brüssel endgültig zu etablieren, und die Hedgefonds und Konzerne lecken sich jetzt schon ihre Lippen, da die Armutsinvasion dabei ist, Europa in einen Niedriglohnkontinent zu verwandeln.

In diesem Tun haben sie willige Vollstrecker und Teilhaber in Europa selbst gefunden sowie blinde Anhänger, die hier wie dort freudig Heimat zerstören, weil sie den größten Antihumanisten dieses Planeten auf den Leim gehen.

Eines darf man nicht vergessen, um den Ansturm auf Europa in den richtigen Zusammenhang zu stellen: Die USA stehen finanziell am Abgrund!

Das Land war bereits mehrmals zahlungsunfähig. Durch den allmählichen Wandel der Welt hin zu einem multipolaren Gefüge fällt es dem US-Finanzsystem immer schwerer, das nötige Geld aus aller Welt anzuziehen, das die Dollarmaschine am Laufen hält.

Die USA brauchen pro Tag mindestens 2 Milliarden Dollar

Schon im November 2008 sagte Richard Nathan Haass, der Präsident des Council on Foreign Relations, in einem Memorandum an den frisch gewählten Präsidenten Barack Obama:

> Amerikas Fähigkeit, anderen zu gebieten, was sie tun sollen, oder sie durch Beispiele zu überzeugen, ist sehr geschrumpft. Handel ist nicht das einzige Gebiet, wo Amerika sicherstellen muss, dass wir für Geschäfte offen bleiben. Wir müssen andere dazu ermutigen, damit weiterzumachen, ihre Dollars wieder zu recyclen – zum Teil, indem sie amerikanische Firmen kaufen und in sie investieren. *Wir benötigen 2 Milliarden Dollar pro Tag, nur um liquide zu bleiben.*

Die Summe, die Amerika täglich braucht, um flüssig zu bleiben, ist im Jahr 2015 noch deutlich gestiegen. Könnte es sein, dass jemand ein

Interesse hat, Chaos in Europa zu fördern, um den Wert des Euro gegenüber dem US-Dollar sinken zu lassen? Je chaotischer sich Europa entwickelt, je mehr Menschen ungehindert die Schengen-Außengrenzen überqueren, desto mehr wird das große Kapital wieder in den »sicheren« Dollar investieren.

Dies ist jedoch nur ein Gedanke …

Kapitel 22

Der Dschungel von Calais und die Charities

Monatelang hatte der sogenannte Dschungel von Calais immer wieder für Schlagzeilen gesorgt: Rund 6000 Migranten hatten sich in einer provisorischen Zeltstadt nahe der französischen Stadt Calais bis Ende 2015 eingerichtet mit dem Ziel, irgendwie den Eurotunnel zu durchqueren und Großbritannien zu erreichen. Dabei kam es häufig zu heiklen Situationen für die Fahrer großer Lastwagen. Junge Männer versuchten, diese von hinten aufzubrechen und zu entern. Oder Migranten, die es irgendwie in den Eurotunnel geschafft hatten, wurden darin von Zügen überrollt.

Aufgrund der hygienischen Zustände, so die offizielle Begründung, ordneten die französischen Behörden Ende Februar 2016 eine Räumung des Camps an. Dabei kam es zu massiven Ausschreitungen von einigen Lagerbewohnern und NGO-Aktivisten gegen die Polizei, welche die französische Präfektur der britischen No-Border-Bewegung anlastete.

Aktiv im Lobbying für die Bewohner des Dschungels von Calais waren folgende NGOs:

- Afrique-Europe-Interact
- Anti-Raids Network (London)
- Askavusa Lampedusa
- Boats4People
- Calais Migrant Solidarity Berlin
- Campagne in Lotta
- Cardiff Migrant Solidarity
- CISPM
- Clandestino
- Detained Voices
- Exilés dans les Balkans
- Exiles in Greece
- Exiles in the Balkans
- Fortress Europe
- Getting the Voice Out
- Global Detention Project
- Indymedia
- Infomobile
- La Marmite aux Idées
- Lille Indymedia
- Melting Pot Europe
- Migrants at Sea
- Migreurop
- No Border Netherlands
- No Borders Leeds
- No Borders Morocco
- No Borders Nottingham

- No Borders Ventimiglia
- No One Is Illegal
- Observatoire des violences policières en Belgique
- Passeurs d'hospitalités
- Precarious Workers Brigade
- Résistons Ensemble
- Right to Remain
- Sexion Doudou
- Solidarity with Fighting Refugees in Choucha
- Squat.net
- Stop Deportations! (UK)
- The VOICE Refugee Forum Germany
- Tracing Movements
- UKBAstards
- UNITY Centre Glasgow
- Voice of Choucha
- Walled In
- Watch the Med
- Welcome to Europe

Einige dieser Organisationen sind schon namentlich bekannt, andere werden noch vorgestellt werden. Das gemeinsame Motto all jener ist: »Frontex abschaffen: Die Abschottung Europas beenden. Freie Wahl des Fluchtlandes und bedingungsloses Bleiberecht für alle Geflüchteten!«[68]

Guy Adams von der britischen Tageszeitung *Daily Mail* war im Zusammenhang mit den Geschehnissen in Calais aufgefallen, dass einige wohltätige Charities sich massiv in die politischen Entscheidungen einmischten. Er recherchierte ihren finanziellen und personellen Hintergrund in einem Artikel mit der Überschrift:

> Die Wohltätigkeitsstiftungen, die IHR Geld nutzen, um alle Bemühungen zu sabotieren, die Migration zu begrenzen: Wie eine Kabale aus Gruppen, die mit Steuergeldern finanziert werden, einen bösartigen Krieg gegen Minister führt, die versuchen, die Krise in Calais zu lösen.[69]

Adams stellte eine Zunahme an Attacken wohltätiger Organisationen gegen die Politik der Regierung fest, einige drohten sogar damit, die britische Regierung vor Gericht zu verklagen, oder taten dies auch. Genau diese Charities erhalten aber jährlich Millionenzahlungen aus Steuergeldern von ebendieser Regierung. Wie passt das zusammen? Adams kam zu dem Ergebnis, dass Personen aus dem linken politischen Lager die Wohltätigkeitsstiftungen instrumentalisiert haben, um damit gegen die Politik der Regierung vorzugehen bzw. diese zu unterminieren. Diese Erklärung hält die Autorin für zu kurz gegriffen, aber folgen wir erst einmal der Recherche Adams'.

David Cameron hatte 2015 entschieden, Großbritannien werde nicht nach Brüsseler Umverteilungsschlüssel Migranten aufnehmen. Auch den Bewohnern des Lagers in Calais gewährte man keinen Einlass nach England aus humanitären Gründen, wie gefordert wurde. Den aufmerksamen Reporter ärgerte insbesondere, dass die politische Debatte über Migrationspolitik in der Öffentlichkeit nicht von den Parlamentariern angeführt wurde, sondern dank der Medien »von einer feindseligen Kabale kämpferischer Charities«.

Guy Adams liefert dafür beredte Beispiele:

Der Chef von *Refugee Action*, Stephen Hale, behauptete, die Regierung suche ein Klima der Furcht und Desinformation gegenüber Asylsuchenden zu erzeugen. Doch die größte Finanzquelle von Refugee Action ist laut eigenem Rechenschaftsbericht das britische Innenministerium und die staatliche Lotterie.[70] Erst in zweiter Linie rangieren auch private Spender unter den Geldgebern. 19,3 Millionen Pfund des Gesamtbudgets von 20,3 Millionen stammen vom Innenministerium.

Der PR-Officer von *Asylum Aid* sagte gegenüber der BBC, die Krise zu beobachten sei »schrecklich« und »eine absolute Schande«. Die Organisation wurde gegründet, um Asylsuchenden freie Rechtsberatung zu ermöglichen. Rund ein Viertel des Jahresbudgets von ca. 800 000 Pfund stammt von einer staatlichen Stelle, der Legal Aid Agency. Weitere Kofinanzierung erfolgt durch die UNO und den European Council on Refugees and Exiles, der wiederum vom EPIM-Netzwerk der Zwölf (George Soros) unterstützt wird. Nur 13 Prozent seines Budgets kann Asylum Aid durch Mitgliedsbeiträge und Spenden abdecken.

Der *Refugee Council* ließ mit Blick auf die Migranten in Calais verkünden, David Cameron benutze eine »schreckliche, unverantwortliche und entmenschlichende Sprache«, die »äußerst hetzerisch« sei. Gemeint war Camerons Kommentar, die Ursache der Situation in Calais sei »ein Schwarm von Menschen, die auf der Suche nach einem besseren Leben über das Mittelmeer kommen«. Der Flüchtlingsrat möchte Flüchtlingen und Asylsuchern jedoch »dabei helfen, ein neues Leben zu beginnen«. Auch der Flüchtlingsrat wird vom britischen Steuerzahler unterhalten: Das jährliche Budget von 8 Millionen Pfund wird mit 5,56 Millionen zum Großteil allein vom britischen Innenministerium bestritten. Einnahmen über Spenden entsprechen nur etwa 18 Prozent des Jahresbudgets.

Prominente Unterstützer des Refugee Council sind die Schauspielerin Emma Thomson und Baron Morris of Handsworth, ein Gewerkschaftsfunktionär jamaikanischer Herkunft.

In den Chor der Skandalisierer stimmte der *Charity Joint Council for the Welfare of Immigrants* ein, der empört verkündete, Menschen als einen »Schwarm« zu bezeichnen sei herabwürdigend und fache die Flammen des Fremdenhasses an. Die Organisation mit einem Jahresbudget von 320 000 Pfund will Gerechtigkeit und Fairness bei der Einwanderung fördern. Sie wird ebenfalls durch die staatliche britische Legal Aid Agency gefördert. Durch Spenden konnte sie nur 0,3 Prozent des Budgets abdecken.

Eine weitere wohltätige Organisation, *Detention Action,* verklagte die Regierung auf Steuerzahlerkosten – wegen eines Asylschnellverfahrens für festgenommene illegale Migranten. Das Verfahren sei »systematisch unfair und ungerecht«. 320 Asylsuchende mussten im Zuge des Gerichtsverfahrens erst einmal wieder freigelassen werden. Guy Adams weist auf die insgesamt sehr niedrige Rate von Inhaftierungen hin – es geht dabei um rund 5,4 Prozent von Personen in britischen Asylverfahren. Detention Action »unterstützt und berät Migranten in Haft«. Von einem Jahresbudget von 260 808 Pfund konnte die Organisation nur 12 739 Pfund über Spendenzuwendungen abdecken.

Doch dann fällt Guy Adams etwas auf: dass alle staatlich alimentierten Wohltätigkeitsorganisationen auch noch von immens reichen Privatstiftungen finanziert werden. So gibt die schwerreiche *Esmee Fairbairn Foundation* (gegründet 1961) Fördergelder an den Refugee Council, den Joint Council for the Welfare of Immigrants und an Detention Action. Die Esmee Fairbairn Foundation verfügt nach eigenen Angaben über ein Vermögen von 869 Millionen Pfund und spendet im Jahr mehr als 40 Millionen Pfund an gemeinnützige NGOs in Großbritannien.

Ähnlich der *Joseph Rowntree Charitable Trust,* der 200 Millionen Pfund schwer ist. Er spendet jährlich ca. 6,7 Millionen Pfund an Pro-Immigranten-Gruppen, darunter auch Detention Action. Die Stiftung gab zudem Fördergelder an *Cage,* eine muslimische Menschenrechtsorganisation in Großbritannien. Der Direktor von Cage charakterisierte in einer Presseerklärung den IS-Kopfabschneider Jihadi John (eigentlich Mohammed Emwazi aus London) als »extrem freundlich und nett, von vorsichtiger Wortwahl und bescheidener Sprache«

und löste damit einen Skandal aus, den der britische *Telegraph* dokumentierte.[71] Die britische Charity-Kontrollkommission verlor jedoch gleichwohl einen Rechtsstreit gegen Cage, bei dem es darum ging, dass wohltätige Organisationen keine umstrittenen Gruppen mehr finanzieren dürfen, die Verbindungen zum IS haben.

Oder der *Barrow Cadbury Trust,* 85 Millionen Pfund schwer. Er vergibt jährlich Fördergelder in Höhe von beinahe 5 Millionen Pfund, unter anderem auch an Refugee Action, Asylum Aid und Detention Action.

Oder die von dem gleichnamigen Medienmogul gegründete *Paul Hamlyn Foundation,* 600 Millionen Pfund schwer mit einem jährlichen Spendenbudget von 25 Millionen Pfund; sie spendete einer Vielzahl von Pro-Migranten- und Asyl-NGOs, darunter auch Detention Action.

Guy Adams' Erklärung für all das ist, dass es sich bei den wohltätigen Charities um eine Art »fünfte Kolonne« des linken Lagers handle, die über den Weg dieser Organisationen Stimmung gegen die konservative britische Regierung macht. Dabei übersieht Adams, dass Stiftungen, NGOs und andere Organisationen, die sich der Migrationsagenda verschrieben haben, immer Stimmung gegen die Regierung machen, gleich welcher politischen Couleur oder Konstellation sie auch ist. Diese Gegenstimmung braucht die Regierung (nicht nur in Großbritannien) wiederum, um ihre Migrationsagenda Stück für Stück voranzutreiben. Dazu gehört auch, dass gerichtlich beschlossene Abschiebemaßnahmen mit Blick auf Migrationsaktivisten schon lange nicht mehr durchgesetzt werden. Dieses Kasperletheater mit verteilten Rollen lässt sich die Regierung einiges kosten: jährliche Unterstützungszahlungen in Millionenhöhe aus dem Steuersäckel gerade an die Organisationen, welche die Regierung am lautstärksten verurteilen.

Der ehemalige britische Außenminister David Miliband glitt 2013 von der Regierungsverantwortung hinüber auf den Chefsessel des in New York beheimateten Flüchtlingshilfswerks *International Rescue Committee* (IRC). Miliband war unter Tony Blair bis 2010 Außenminister gewesen und hatte 2003 im Parlament für den Irakkrieg gestimmt. Ganz selbstlos ist sein Engagement für Migranten jedoch nicht, er lässt es sich mit 550 000 Euro im Jahr vergüten, fand die britische *Daily Mail* heraus. Das Hilfswerk will »auf die schlimmsten humanitären Krisen der Welt reagieren und hilft dabei, Gesundheit,

Sicherheit, Bildung, wirtschaftliches Wohlergehen zu ermöglichen und jenen Menschen Kraft zu geben, die von Konflikten und Katastrophen betroffen sind« – Konflikten und Katastrophen wie dem Irakkrieg, so möchte man ergänzen.

Der *Daily-Mail*-Autor Sebastian Shakespeare merkte dazu sarkastisch an:

> Als Ali G-Star Sacha Baron Cohen und seine Frau, die Schauspielerin Isla Fisher, diese Woche 500 000 Dollar an das International Rescue Committee spendeten, wollten sie verzweifelten Flüchtlingen in Syrien helfen. Aber was dem großzügigen Paar nicht bekannt gewesen sein dürfte, ist, dass ihre Spende nicht einmal ausreichte, um das Gehalt des amerikanischen Charity-Bosses David Miliband zu bezahlen.
>
> Ich kann enthüllen, dass dem Blairschen ehemaligen Außenminister vom Internationalen Rettungskomitee die unglaubliche Summe von 600 000 Dollar pro Jahr zugesprochen wurde. Das stellt die 413 000 Dollar in den Schatten, die sein Vorgänger Georg Rupp erhielt, und entspricht fast dem Dreifachen der 142 500 Pfund, die unserem Premierminister bezahlt werden.[72]

Das International Rescue Committee erhält großzügige Spenden von einem alten Freund Milibands: George Soros. Die *Daily Mail* weiß, dass dieser Milibands Rückkehr in die britische Politik begrüßen würde. »Aber«, so schließt der Artikel süffisant – »könnte sich David das drastische Absinken seines Einkommens überhaupt leisten?«

Kapitel 23

Betreutes Fliehen: George Soros und das Netzwerk um PRO ASYL

EPIM schaffte es über die Jahre, sich als wichtige Drehscheibe in Sachen Migration nach Europa zu etablieren und sich eine Reihe von Partnerorganisationen an die Seite zu stellen – darunter auch die 1986 gegründete deutsche Organisation PRO ASYL. EPIM und PRO ASYL sind Kooperationspartner.

Zum Beispiel finanzierte EPIM 2013 ein Projekt »Access to Protection: a Human Right« (Zugang zu Schutz, ein Menschenrecht). Darin geht es um den Schutz für Asylsuchende in dem Moment, wo sie an der EU-Außengrenze erscheinen. Sie werden dort mit Informationen und Hilfsleistungen ausgestattet und erhalten eine Rechtsberatung, sodass man sie nach Möglichkeit nicht mehr zurückschicken kann. Die Migranten sollen in diesem entscheidenden Moment kostenlos rechtlich beraten werden, und zwar so, dass sie in der Lage sind, gegen ihre Abweisung zu prozessieren. Im Rahmen dieses Programmes wurden in verschiedenen EU-Ländern Workshops abgehalten mit Vertretern aus verschiedenen Ministerien, Polizeidepartments, Anwälten und Richtern, die in das Projekt eingebunden wurden. Am Ende wurde für jedes Land ein »National Report« erstellt.

Das Projekt »Zugang zu Schutz« wurde von dem Deutschen Christopher Hein geleitet, der Chef des Italienischen Flüchtlingsrates und neuer Berater des Päpstlichen Migrantenrates ist.[73] Teilnehmer des EPIM-finanzierten Projekts waren[74] das Ungarische Helsinki-Komitee, The People for Change Foundation, der Griechische Flüchtlingsrat, PRO ASYL sowie eine spanische und eine portugiesische Flüchtlingsorganisation. Am Ende der Kampagne stand eine europaweite gemeinsame Konferenz.

Die EPIM-finanzierte Publikation »Access to Protection: Bridges, not Walls, 2014« (Zugang zu Schutz: Brücken, keine Mauern) vereinte Erkenntnisse verschiedener EPIM-Länderberichte. Den EPIM-Bericht für Deutschland schrieb Dominik Bender von PRO ASYL.[75]

EPIM hat 2013 ein Video erstellt über einen Workshop in Lissabon 2013 zum Thema, wie man geeignetes EU-Lobbying betreibt. Mit dabei war PRO ASYL.

Screenshot EPIM-Video[76]

Zwischen 2012 und 2015 hat EPIM zehn Projekte ausgesucht, die Fördergelder erhielten, darunter der European Council on Refugees and Exiles (ECRE). Bei ECRE ist PRO ASYL Mitglied.[77]

PRO ASYL ist auch bei EPIM-finanzierten Konferenzen mit Vertretern vor Ort,[78] so bei der Konferenz »European Borders: Access to Protection? Bridges, not Walls«, die am 28. Oktober 2014 im Residenzpalast in Brüssel stattfand.

George Soros erklärt sich

Am 2. Oktober 2015 sah sich George Soros' Open Society Foundations zu einer Presseerklärung genötigt, in der es heißt:

> Jüngste Verdächtigungen, dass George Soros oder die Open Society Foundations die Herstellung oder Verteilung von Material finanziert hätten, die Menschenschmugglern helfen oder irgendjemanden dazu ermutigen würde, sein eigenes Land zu verlassen, sind falsch und bar jeglicher Fakten. Die Open Society Foundations setzen ihre Unterstützung von Organisationen der Zivilgesellschaft in Europa fort, die daran arbeiten, die Flüchtlingskrise in einer humanen und verantwortlichen Art zu bewältigen.

> Aufbauend auf einer 25-jährigen Präsenz in Europa unterstützt die Open Society Foundations die Zivilgesellschaft in Zentral- und Mitteleuropa in Ländern, die von der Flüchtlingskrise betroffen sind, einschließlich Kroatien, Mazedonien, Serbien und Ungarn ...[79]

Soros erwähnt noch, dass er Menedék, eine Flüchtlingshilfsorganisation in Ungarn, finanziere, die mit Rechtsbeistand hilft, und dass er ähnliche Organisationen in Serbien, Kroatien, Mazedonien, Italien und Griechenland unterstütze.

Die Autorin erlaubte sich daraufhin, bei George Soros' »Communication Officer«, Herrn Daniel Makonnen, etwas genauer nachzufragen:

> **Sent:** Saturday, October 03, 2015 10:58 PM
> **To:** Daniel Makonnen
> **Subject:** your press release of Oct. 2nd
> **Übersetzung:**
>
> Lieber Herr Makonnen,
> angesichts der fortdauernden Asyl- und Flüchtlingskrise in Europa, insbesondere in Deutschland, gehen dauernd Gerüchte um, dass die Open Society Foundations oder sogar George Soros persönlich Pro-Einwanderungsorganisationen finanziere und/oder Migranten direkte Unterstützung gebe.
>
> Derartige Spekulationen werden hauptsächlich von rechtsgerichteten oder populistischen Medien überall im Internet verbreitet.
>
> In Ihrer jüngsten Pressemitteilung gehen Sie auf diese Themen ein. Sie erwähnen die »Zivilgesellschaft« in Zentraleuropa neben anderen als Spendenempfänger von Open Society.
>
> Ich wäre dankbar, wenn Sie Ihre Information noch genauer darlegen und somit – hoffentlich ein für alle Mal – jene Verdächtigungen aus der Welt räumen könnten.
>
> Ich muss Ihnen nicht erklären, dass Deutschland eine Schlüsselrolle dabei spielt, mit der aktuellen Situation fertigzuwerden, und welche Bedeutung es hat, seine Fähigkeit zu stärken, sich auf friedliche Weise von einer monoethnischen in eine multiethnische Gesellschaft zu transformieren.
>
> Mit freundlichem Gruß ...

Gesendet: Dienstag, 06. Oktober 2015 um 16:38 Uhr
[redacted]
Von: »Daniel Makonnen« <*daniel.makonnen@opensocietyfoundations.org*>
Betreff: RE: your press release of Oct. 2nd
[**Übersetzung:**]

Liebe Friederike Beck,
danke für Ihre Nachricht.
Ich bestätige, dass Gerüchte über unser Involviertsein in der Flüchtlingskrise, die von rechtsgerichteten und populistischen Medien verbreitet werden, falsch sind und jeder Grundlage entbehren.

Allerdings unterstützen wir Organisationen der Zivilgesellschaft, die arbeiten, um die Flüchtlingskrise auf humane und verantwortliche Weise in Europa zu bewältigen. In Ungarn zum Beispiel unterstützen wir die Menédek Hungarian Association for Migrants und das Ungarische Helsinki-Komitee, das neben anderen Dienstleistungen für die Migranten und Flüchtlinge juristische Hilfe bereitstellt.

Ich hoffe, dass die E-Mail Ihre Fragen beantwortet, und ich stehe Ihnen für jedwede weitere Information zur Verfügung.
Regards,
Daniel Makonnen

Daniel Makonnen | Communications Officer |
www.opensocietyfoundations.org |
+36 1 882 3236 | Mobile: +36 30 588 8920 |
@dan__mak

Die Autorin fühlte sich nun ermutigt, noch einmal nachzusetzen:

Lieber Daniel Makonnen,
danke für Ihre rasche Antwort und Ihre Informationen. Lassen Sie mich zunächst sagen, dass ich selbst und meine Organisation langjährige Unterstützer der Organisation »PRO ASYL« sind, die hauptsächlich durch Privatspenden und öffentliche Finanzierung unterhalten wird.

Angesichts einer Flüchtlings- und Asyldebatte in Deutschland, die immer bitterer wird, gibt es Teile der deutschen Öffentlichkeit, welche versuchen, Verschwörungstheorien über George Soros zu verbreiten, der angeblich Flüchtlinge dabei unterstütze, nach Europa zu kommen und Geld an PRO ASYL und Gruppen wie W2Europe gebe.

Als Langzeit-Unterstützer von PRO ASYLs Anstrengungen, Verständnis und Hilfe für die Bedürfnisse der Wehrlosesten sowohl in der Zivilgesellschaft als auch in der Gesetzgebung zu fördern, erfüllt es mich mit gewissem Ärger, dass die wertvolle Arbeit von PRO ASYL und Graswurzelgruppen wie W2Europe jetzt als Teil des »Spendenimperiums« von Open Society Foundations dargestellt wird.

Soweit ich weiß, waren Organisationen wie PRO ASYL weder direkt noch indirekt jemals Spendenempfänger von Open Society Foundations.

Was W2Europe anbelangt, so bin ich nicht sicher, da es eine ziemlich neue Graswurzelbewegung zu sein scheint.

Ein paar zusätzliche Informationen wären hilfreich, um Argumente für die laufende Debatte zu haben.

Erneut vielen Dank.

Freundliche Grüße …

Ich hörte nie mehr etwas von Herrn Makonnen, auch nach einer freundlichen Erinnerung nicht …

Kein Wunder: Soros unterstützt EPIM, EPIM unterstützt PRO ASYL, EPIM unterstützt auch ECRE, ECRE unterstützt auch PRO ASYL, und PRO ASYL unterstützt W2EU.

Im Folgenden werden einzelne Projekte, die auf der Förderliste von Soros & Friends stehen, genauer analysiert.

PRO ASYL – kein Einzelfall!

Bevor wir uns damit befassen, in welcher Verbindung PRO ASYL mit den beschriebenen, von George Soros iniziierten Migrationsnetzwerken steht, muss man sich zuerst die Organisation selbst ein wenig genauer ansehen.

PRO ASYL – Untertitel: »Der Einzelfall zählt« – wurde bereits 1986 von Jürgen Micksch gegründet. Der evangelische Theologe setzte sich als einer der Ersten in Deutschland für die »multikulturelle Gesellschaft« ein.

Natürlich hatte Micksch das Konzept des Multikulturalismus nicht selbst erfunden, sondern aus den Diskursen der nordamerikanischen Einwanderungsgesellschaften übernommen. (Der Multikulturalismus gilt als ein Konzept oder Phänomen, bei dem in einer Gesellschaft

PRO-ASYL-Gründer und langjähriger Vorsitzender Jürgen Micksch (links) und der heutige Geschäftsführer Günter Burkhardt

als Folge von Immigration verschiedene kulturelle Gruppen existieren. In Kanada zum Beispiel wurde der Multikulturalismus seit den 1970er-Jahren Teil der offiziellen Politik.)

Jürgen Micksch ist der Gründer einer Vielzahl von Vereinen und Initiativen, deren Vorsitz er teils jahrzehntelang selbst innehatte. Neben PRO ASYL gründete er unter anderem (gemeinsam mit Muslimen) bereits …

- 1981 die Konferenz für Islamfragen der EKD;
- 1994 den Interkulturellen Rat in Deutschland, seitdem dessen Vorsitzender;
- 2002 das »Deutsche Islamforum«, das den Islam in Deutschland integrieren will; er ist seitdem dessen Sprecher; ferner gründete er Islamforen in Nordrhein-Westfalen und Hessen (2003), Forum Muslime in den neuen Ländern (2004), Islamforum Rheinland-Pfalz (2004), Islamforum Bayern (2005) und den Koordinierungsrat der Islamforen in Deutschland (2006);
- als Ergänzung kam 2014 die »Stiftung für die Internationalen Wochen gegen Rassismus« hinzu, eine praktische Ergänzung zu seiner Lobbyarbeit für den Islam in Deutschland und für die Einwanderung nach Deutschland, die es ermöglicht, diejenigen, die seine Bemühungen kritisch hinterfragen, als »Rassisten« zu brandmarken.

Mitgründer der Stiftung waren DGB, die Evangelische Kirche in Hessen und Nassau, der Förderverein PRO ASYL e. V., der Interkulturelle Rat in Deutschland e. V. und Theo Zwanziger (ehemaliger DFB-Präsident).

Zum Stiftungsrat gehören wiederum Theo Zwanziger als Vorsitzender, die Grünen-Abgeordnete Claudia Roth (Stellvertreterin) und Giovanni Pollice, Vorsitzender des Vereins »Mach meinen Kumpel nicht an!«

Andreas Lipsch ist heute Nachfolger Mickschs als Vorsitzender, Günter Burkhardt Geschäftsführer von PRO ASYL. Die Organisation sieht sich als Sprachrohr der Flüchtlinge, Migranten und Asylanten in Deutschland bzw. Europa. Ihr stehen erhebliche Mittel für ihre Arbeit zur Verfügung.

Der millionenschwere Konzern PRO ASYL

Nachfolgend wird vom PRO-ASYL-Lobbykonzern gesprochen werden, denn die millionenschwere Organisation setzt sich aus mehreren »Bausteinen« bzw. Gruppierungen zusammen, welche jedoch unverkennbar zusammenarbeiten und untereinander personelle und finanzielle Kooperation pflegen.

- Es gibt den Asylverein PRO ASYL e. V. (seit 1986).
- Seit den 1980er-Jahren gibt es die sogenannten Flüchtlingsräte, die eng mit dem PRO-ASYL-Konzern verquickt sind und von dort (neben der öffentlichen Förderung) auch inhaltliche und finanzielle Unterstützung erfahren. Die Landesflüchtlingsräte seien »unabhängige« Vertretungen der in den Bundesländern engagierten Flüchtlingsselbstorganisationen, Unterstützungsgruppen und Solidaritätsinitiativen, so die Eigendarstellung. Die Landesflüchtlingsräte sind untereinander vernetzt und Mitglied in der
- Bundesweiten Arbeitsgemeinschaft für Flüchtlinge PRO ASYL e. V. »PRO ASYL fördert die Arbeit von Flüchtlingsräten in den Bundesländern und arbeitet eng mit ihnen zusammen.«[80]

  Die Bundesarbeitsgemeinschaft PRO ASYL setzt sich aus Mitarbeitern von Flüchtlingsräten, Kirchen- und Gewerkschaftsvertretern, Wohlfahrts- und Menschenrechtsorganisationen zusammen.
- Förderverein PRO ASYL e.V. seit 1988.
- Stiftung PRO ASYL, seit 2002.
- Des Weiteren koordiniert der PRO-ASYL-Konzern ein transnationales PRO-ASYL-Netzwerk namens »Informations- und Kooperationsforum« (ICF).

  Sein Ziel ist es, »gemeinsam Grenzen zu überwinden«. Das ICF »setzt sich für eine Verbesserung der sozialen Aufnahmebedingungen von Asylsuchenden ein und wird vom Europäischen Flüchtlingsfond gefördert … Partner im ICF sind Menschenrechtsorganisationen aus Deutschland, Österreich, Polen, der Slowakei, Slowenien, der Tschechischen Republik und Ungarn. Koordiniert von PRO ASYL, stärkt ICF die Zusammenarbeit von Menschenrechtsorganisationen in den Mitgliedstaaten im Westen und in den neuen Mitgliedstaaten an der östlichen Außengrenze der Europäischen Union (EU)«, beschreibt der Lobbykonzern seine Aufgabe.

Ein Jahresabschluss wurde nur für den Förderverein PRO ASYL e. V. veröffentlicht. Bei Pro Asyl e.V., den Flüchtlingsräten, der Bundesarbeitsgemeinschaft PRO ASYL und beim ICF können wir nicht hinter die finanziellen Kulissen blicken.

2014: PRO-ASYL-Förderverein-Einnahmen bei 3,42 Millionen Euro

2014 generierte der PRO ASYL Förderverein e. V. Einnahmen in Höhe von 3 420 879,59 Euro. 38,7 Prozent davon stammten aus Mitgliedsbeiträgen, 56,6 Prozent aus Spenden und 4,7 Prozent aus anderen Quellen (z. B. Bußgeldern). Unter der Rubrik »Spenden« sind wahrscheinlich auch die Unterstützungen einzuordnen, die vom Soros-Netzwerk EPIM zur Förderung von Projekten, Publikationen etc. eingingen. Im *Schwäbischen Tagblatt* war am 31. November 2011 zu lesen:

> Stolz sind Burkhardt und Micksch vor allem auf die Rückendeckung von mehr als 15 000 Fördermitgliedern, die rund eine Million Euro im Jahr für die Arbeit von Pro Asyl zur Verfügung stellen. *Eine weitere Million kommt von Spendern und Sponsoren.* »Dadurch können wir unabhängig von politischen Interessen für das Wohl der Schutzsuchenden wirken«, sagte Burkhardt bereits 2011. »Das ist einzigartig in ganz Europa.«

Das Soros/EPIM-finanzierte Projekt »Zugang zu Schutz – ein Menschenrecht«. PRO ASYL ist dabei (optische Hervorhebungen durch die Autorin).

DAS ASYLVERFAHREN AN DEUTSCHEN FLUGHÄFEN:

VÖLKERRECHTSWIDRIGES „PUSH BACK" ODER MODELL FÜR EIN ASYL-SCHNELLVERFAHREN AUF HOHER SEE?

Überlegungen zur Begrenzungswirkung der Hirsi-Entscheidung des EGMR für asylrechtliche Schnellverfahren an Flughäfen, Landgrenzen und auf hoher See

Von Rechtsanwalt Dominik Bender

National Report im Rahmen des EPIM-Projektes: „Access to Protection: a Human Right"

stiftung PRO ASYL

Epim

Ausschnitt der PRO-ASYL-Publikation »Das Asylverfahren an deutschen Flughäfen« (2014): Nicht selten prangt das Siegel des von George Soros initiierten Spendennetzwerks der Zwölf, EPIM, auf PRO-ASYL-Veröffentlichungen – wenn man genau ins »Kleingedruckte« schaut! (Hervorhebungen durch Autorin)

Im Impressum ist Folgendes über die Publikation zu lesen: »Der vorliegende Bericht (»National Report«) ist im Rahmen des EPIM-Projektes »Access to Protection: a Human Right« entstanden und gefördert worden« – will sagen finanziert.

Im Finanzbericht des Fördervereins PRO ASYL für 2014 (siehe Abbildung auf der folgenden Seite) fallen als höchster Posten die Personalkosten von insgesamt 962 705,94 Euro auf.

Der PRO-ASYL-Konzern verfügt laut eigener Internetpräsenz über 22 Mitarbeiter (10 im Vorstand, 12 in den Geschäftsstellen).

Das heißt allerdings nicht, dass diese Anzahl deckungsgleich mit der Anzahl der Mitarbeiter des Fördervereins ist. Vermutlich hat der Förderverein also weniger Mitarbeiter. Gehen wir vom unwahrscheinlichen Fall aus, dass alle Angestellte des Fördervereins PRO ASYL e. V. sind.

Hochgerechnet würde dies bedeuten, dass statistisch auf jeden Mitarbeiter jährlich die stattliche Summe von 55 211,09 Euro Bruttogehalt entfiele (dies sind 4600 Euro im Monat).

RÜCKLAGEN — 31.12.14 3.217.120,00 € / Vorjahr 2.842.320,00 €

Bezeichnung	Wert 01.01.14 EUR	Verbr./Auflösung 2014 EUR	Zuführung 2014 EUR	Wert 31.12.14 EUR
Betriebsmittelrücklagen				
Personalkosten	800.000,00	800.000,00 (V)	900.000,00	900.000,00
Raumkosten	90.000,00	90.000,00 (V)	100.000,00	100.000,00
Projektrücklagen				
landesweite Flüchtlingsräte 2014/2015	420.000,00	322.000,00 (V)	420.000,00	518.000,00
landesweite Flüchtlingsräte 2015/2016	420.000,00	0,00	0,00	420.000,00
Projekt Mobilisierung gegen Rechts 2014/15	125.000,00	100.000,00 (V)	125.000,00	150.000,00
Projekt Mobilisierung gegen Rechts 2015/16	125.000,00	0,00	25.000,00	150.000,00
Gem. Fonds mit Landesflüchtlingsräten	24.320,00	24.320,00 (V)	24.320,00	24.320,00
Treffen Landesflüchtlingsräte	5.000,00	5.000,00 (V)	5.000,00	5.000,00
Rechtshilfefonds	250.000,00	250.000,00 (V)	325.000,00	325.000,00
Homepage/Presse/IT	100.000,00	0,00	0,00	100.000,00
STIFTUNG PRO ASYL	15.000,00	15.000,00 (V)	15.000,00	15.000,00
Projekt Griechenland/Türkei	68.000,00	68.000,00 (V)	109.800,00	109.800,00
Freie Rücklage nach § 62 Nr. 1 AO	400.000,00	0,00 (V)	0,00	400.000,00
	2.842.320,00	1.674.320,00	2.049.120,00	3.217.120,00

Ausschnitt aus dem Tätigkeits- und Finanzbericht des PRO-ASYL-Fördervereins aus dem Jahr 2014[81] (Hervorhebungen durch die Autorin)

Löhne und Gehälter				
Gehälter	–	773.992,82 €		
Gehälter Projekt Türkei	–	19.215,45 €		
Studentische Aushilfen	–	33.215,70 €		
Gehälter Projekt EFF	–	136.281,97 €	–	962.705,94 €

Detail, Ausschnitt aus dem Tätigkeitsbericht 2014

Seit 2002: Stiftung PRO ASYL

Im Jahr 2002 wurde zusätzlich zu Verein und Förderverein PRO ASYL e.V. für »langfristige Projekte« die Stiftung PRO ASYL gegründet. Vorstand bzw. Geschäftsführung besorgen wie schon beim Verein erneut das bewährte Tandem Andreas Lipsch und Günter Burkhardt.

Die Einnahmen der Stiftung PRO ASYL wurden 2014 zu 90,3 Prozent aus staatlichen Zuschüssen generiert, die 2014 bei 134312,05 Euro lagen. Die Spenden (8851,60 Euro) machten 6 Prozent der Gesamteinnahmen von 148621,22 Euro aus.

Asylrecht als gegen den Staat einklagbares Recht ohne Steuerungsmöglichkeit

PRO ASYL behauptet, das Asylrecht sei ein einklagbares Grundrecht für jedermann/frau, das potenziell allen Menschen dieses Planeten angeboten werden müsse.

Mit den Worten des PRO-Asyl-Geschäftsführers Günter Burkhardt:

> Asylrecht ist ein Recht des Einzelnen, was der Einzelne hat, gegen den Staat, jenseits der Steuerungsmöglichkeiten.[82]

Dies erklärte Burkhardt auf einer Veranstaltung des Vierten Europäischen Salons mit dem Motto: »Entgrenzung des Staates und Gewährleistung der Menschenrechte? Perspektiven der europäischen Migrationspolitik«. Die Veranstaltung wurde vom EPIM-Mitglied »Robert Bosch Stiftung« gefördert.

PRO ASYL tritt für ein Europa der offenen Grenzen ein, das jedem, der den Schengen-Raum betritt, ohne Ausnahme ein Asylverfahren ermöglichen müsse. Das dürfe jedoch unter keinen Umständen mit einer Abschiebung, sondern immer nur erfolgreich oder zumindest mit dem Verbleib der geflüchteten Person in Europa enden.

2014: Rechtshilfefonds mit 325000 Euro

PRO ASYL plädiert folgerichtig für das uneingeschränkte Bleiberecht eines jeden Flüchtlings, das heißt, Deutschland soll automatisch Siedlungsraum all jener werden, denen es gelingt, bis nach Deutschland zu »flüchten«. Seit 2003 gilt die Kampagne: »Hier geblieben! Recht auf Bleiberecht«.

Um das »Hierbleiben« zu garantieren, betreut der Verein Migranten, Flüchtlinge und Asylsuchende bei ihren jeweiligen Asylverfahren juristisch. Für seinen Rechtshilfefonds stellte der Förderverein PRO ASYL e. V. 2014 die Summe von 325000 Euro zur Verfügung.

Mehr Einfluss auf Bundesebene: Die »Bundesarbeitsgemeinschaft PRO ASYL«

Mit der sogenannten Bundesarbeitsgemeinschaft PRO ASYL ist der Verein seit 1988 geschickt mit sogenannten Flüchtlingsräten, Kirchen, Gewerkschaften sowie Wohlfahrtsverbänden und anderen Menschenrechtsorganisationen vernetzt. »Zu wichtigen flüchtlingspolitischen Themen stößt die Arbeitsgemeinschaft PRO ASYL Kampagnen an«, heißt es auf der Netzseite.[83]

Mitglieder in der Bundesarbeitsgemeinschaft PRO ASYL sind neben Einzelpersonen auch Vertreter sämtlicher Flüchtlingsräte der einzelnen Bundesländer.

Als Berater fungierte bis Juni 2015 Hans Ten Feld, Vertreter des Hohen Flüchtlingskommissars der Vereinten Nationen (UNHCR) in Deutschland und Österreich.

Ten Feld liegt ganz auf der PRO-ASYL-Linie mit der Auffassung, dass der Staat in das Asylrecht nicht steuernd eingreifen könne: »Die Zahl der Asylsuchenden kann man nicht quotieren. Das ist das Wesen des Asylrechts.«

Aber die Tatsache, dass das Asylrecht zu den wenigen legalen Wegen nach Europa gehört, stört ihn: »Gäbe es mehr legale Möglichkeiten, Schutz zu finden«, davon ist er überzeugt, »müssten sich nicht so viele in die Hände skrupelloser Schlepper begeben«.[84]

An dem Problem der derzeit massenhaft stattfindenden illegalen Einwanderung unter Missbrauch des Asylrechts sei Europa folglich selbst schuld und könne von Europa selbst leicht behoben werden: Die illegale (»illegalisierte«) Migration wird einfach in eine legale umgewandelt – so jedenfalls PRO ASYL und Ten Feld – und schon hat sich das Problem buchstäblich verflüchtigt.

Mitglieder des Vorstands der Bundesarbeitsgemeinschaft PRO ASYL sind:

VORSITZENDER Andreas Lipsch, Frankfurt am Main
STELLVERTRETENDER VORSITZENDER Hubert Heinhold, München
SCHATZMEISTER Andreas Schwantner, Frankfurt am Main
BEISITZENDE *Nevroz Duman,* Hanau; Volker Maria Hügel, Münster; Angelika von Loeper, Karlsruhe; Katharina Vogt, Berlin.

Die in den verschiedenen Bundesländern beheimateten Flüchtlingsräte wurden nicht, wie man dem Namen nach meinen könnte, vorrangig von (ehemaligen) Flüchtlingen als Vertretung gewählt, sondern sind ausschließlich selbst ernannt.

Sie sagen von sich selbst:

> Die Landesflüchtlingsräte sind unabhängige Vertretungen der in den Bundesländern engagierten Flüchtlingsselbstorganisationen, Unterstützungsgruppen und Solidaritätsinitiativen. Die Landesflüchtlingsräte sind vernetzt und Mitglied in der Bundesweiten Arbeitsgemeinschaft für Flüchtlinge PRO ASYL. Die Landesflüchtlingsräte sehen es als staatliche Aufgabe an, Flüchtlingen unter seriöser Beachtung ihrer Fluchtgründe und humanitären Nöte großzügige Aufnahme, effektiven Schutz, nachhaltige Integration und eine selbst bestimmte Zukunftsperspektive einzuräumen.

Die Flüchtlingsräte sind häufig als e. V. registriert und haben Gemeinnützigkeitsstatus. Nicht selten gehen sie trotzdem mit linksextremen Organisationen Bündnisse ein. So geschehen anlässlich des Aktionsbündnisses »Stop G7 Elmau 2015« – um das nächstbeste Beispiel herauszugreifen.

In dem unter anderen vom Bayerischen Flüchtlingsrat und Antifa-Gruppen (zum Beispiel Forum Autonomer Umtriebe Landshut), GEW, Attac, der DKP, der Grünen Jugend, der interventionistischen Linken und der LINKEN unterzeichneten Aufruf hieß es:

> Dort [in Elmau] wollen die Staats- und Regierungschef*innen Deutschlands, der USA, Japans, Großbritanniens, Frankreichs, Italiens und Kanadas über Außen- und Kriegspolitik, Weltwirtschaft, Klima und »Entwicklung« beratschlagen. Die Repräsentant*innen der reichsten und mächtigsten Staaten der Welt erheben den Anspruch, über die Geschicke der gesamten Welt zu entscheiden, ohne eine Legitimation dafür zu haben. Die Politik der G7-Staaten bedeutet neoliberale Wirtschaftspolitik, Krieg und Militarisierung, Ausbeutung, Armut und Hunger, Umweltzerstörung und Abschottung gegenüber Flüchtenden.[85]

Daher hieß eine Forderung: »*Grenzen auf für alle Menschen – Solidarität mit den Migrant*innen und Flüchtenden*«.

Die Kurzbewertung des G7-Gipfels ist durchaus treffend, die Geißelung der »neoliberalen« Wirtschaftspolitik legitim, die neoliberalen Konsequenzen (der Abschaffung der Grenzen), die daraus gezogen werden, daher umso erstaunlicher!

Die Politik der offenen Grenzen für »alle Menschen« ist inzwischen umgesetzt. Dieses Ziel vereint in wundersamer Weise langjährige Bestrebungen der superreichen Weltelite mit Forderungen linker bis hin zu extremistischen Gruppierungen.

Neben der LINKEN, Kommunisten, Marxisten, Leninisten, Gewerkschaften und dem PRO-ASYL-geförderten Bayerischen Flüchtlingsrat findet sich in dem besagten Aufruf auch die »Interventionistische Linke« (IL), eine gewaltbereite Truppe, die »laut Bundesverfassungsschutz […] eine »Scharnierfunktion« hat. »Das informelle ›Bündnis‹ soll gezielt den Anschluss an nicht gewaltbereite Linke suchen, um diese über einen ›Diskurs‹ für ›militante Aktionsformen‹ zu gewinnen.«[86]

Die Interventionistische Linke sagt über sich selbst:

> »Die IL ist ein Zusammenschluss linksradikaler Gruppen und Menschen aus der undogmatischen Linken im deutschsprachigen Raum.« Sie steht »für ein europäisches Recht auf Asyl und Bewegungsfreiheit – *für alle und über alle Grenzen hinweg*«.

Screenshot Interventionistische Linke: »Willkommen in Europa. Die Kommune Europa.«

George Soros, das Stiftungsnetzwerk der Zwölf (EPIM), PRO ASYL, Flüchtlingsräte, kirchliche Gruppen, Antifa und Interventionistische Linke sind vom Grundsatz her in ihrem Wunsch vereint, alle Menschen dieser Welt (derzeit überwiegend noch »Non-Citizens«) zu Bürgern Deutschlands zu machen, denn »kein Mensch ist illegal«. Die Bewertung der Tatsache, dass Gruppen der Antifa regelmäßig für verletzte Polizisten und massive Ausschreitungen bei Demonstrationen verantwortlich sind, muss hinter der Bedeutsamkeit der gemeinsamen »humanitären« Anliegen zurückstehen.

Die Gruppe »Antifa-Umtriebe« Landshut erklärt im Namen von Flüchtlingen:

> Wir sind Non-Citizens. Heute haben wir unseren Protest auf die Straße getragen, um aufzuschreien: dass wir, als ersten Schritt, unseren Namen selbst wählen wollen.
>
> Wir glauben daran, dass wir Non-citizens sind, Non-Citizens, die an dem Zugang zu den Rechten, die Bürger_innen in dieser Gesellschaft haben, gehindert werden. Von all den grundlegenden Rechten von Menschen bleibt uns, Non-Citizen, nur ein Platz zum Schlafen, Essenspakete zum Essen, Albträume von Abschiebungen und ein Leben in Angst und Terror. […]
>
> Ein Kampf, der daran glaubt, dass Non-Citizens zu Bürger_innen werden, unabhängig von Geschlecht, Sprache, Nationalität oder Kultur. Es ist das Recht eine_r/s jeden Non-Citizen dies zu verwirklichen. Non-Citizens müssen sich organisieren – und die Form dieser Organisation muss von uns ausgehen und für uns sein.
>
> An die Non-Citizens, die uns hören können: *es ist unser Recht, zu Bürger_innen zu werden,* auch wenn die deutsche Regierung und Bürger_innen denken, dass wir dies nicht Wert seien. Wir sagen: Wir sind es!
>
> Lasst uns zusammenkommen und dafür kämpfen, unsere Rechte zu erhalten und zu Bürger_innen zu werden![87]

Die Antifa pflegt dieselben Rituale wie andere einschlägige Organisationen (PRO ASYL, Flüchtlingsräte. Kirchen etc.), die behaupten, Flüchtlinge seien allein *ihre* Schutzbefohlenen und nur *sie* seien autorisiert, in ihrem Namen zu sprechen, obwohl es auf der Hand liegt, dass gewisse »Citizens« der BRD den »Non-Citizens« das meist krude Kauderwelsch in den Mund gelegt haben und die Flüchtlinge nur

Manövriermasse derer sind, die sich mithilfe der »*refugees*« selbst immer mehr Bedeutung (politisches Gewicht, Posten/Fördergelder etc.) zuschanzen und Druck aufbauen – denn sie wollen ganz offensichtlich eine andere Republik. Im Übrigen ein schäbiger Missbrauch von Menschen, die, der deutschen Sprache kaum mächtig, das politische Kalkül dahinter nicht verstehen!

Antifa, Kirchen, Gewerkschaften und PRO ASYL – alle plädieren sie für die »offene Gesellschaft« à la George Soros ohne Grenzen, das Ende des Nationalstaates, wo kein Asylrecht mehr die Menschen dieser Welt daran hindert »Bürger_Innen« Deutschlands zu werden.

Offen gegen geltendes Recht

PRO ASYL tritt in ihrer Öffentlichkeitsarbeit ganz offen gegen geltendes Recht auf, so in den Kampagnen gegen Dublin III, also die Bestimmung, dass ein Flüchtling dort Asyl beantragen muss, wo er den Boden der EU zuerst betreten hat: »Wir treten ein! Für Flüchtlingsschutz. Gegen Dublin III«.

PRO ASYL: »Wir treten ein! Für Flüchtlingsschutz. Gegen Dublin III«

Freie Wahl des Fluchtstaates

PRO ASYL sieht sich in Übereinstimmung mit Gruppierungen wie AWO, DGB, Diakonie, Deutscher Anwaltsverein, Neue Richtervereinigung, Jesuiten-Flüchtlingsdienst, Paritätischer Wohlfahrtsverband und die LINKE, die alle die Dublin-Verordnung kippen wollen.

Für die genannten Organisationen geht es lediglich um die Frage der Verteilung der Flüchtlinge. In einem Memorandum vom Mai 2014 der genannten Organisationen heißt es:

> Das heutige maßgebliche Kriterium für die Asylzuständigkeit – der »Ort der illegalen Einreise« – muss gestrichen werden. *Ersetzt werden muss die-*

ses durch das Prinzip der freien Wahl des Mitgliedstaates. Asylsuchende sollen also selbst bestimmen können, in welchem Land der EU sie den Antrag auf Schutzgewährung stellen und ihr Asylverfahren durchlaufen möchten. Etwaige finanzielle Ungleichgewichte können durch Finanztransfers ausgeglichen werden.

Wer jedoch diesen verantwortungslosen Ansatz kritisiert, Europa faktisch in einen Asylkontinent für den Rest der Welt zu verwandeln, mit Deutschland und Schweden als europäischen Asylländern schlechthin, wird gebrandmarkt als »Rassist«, und entsprechende Argumente werden als »Nationalismus«, »Populismus« oder »Rassismus« bezeichnet.

Denn PRO ASYL ist die Organisation der lebenden Anklage und des stets erhobenen Zeigefingers. Mit ihr zu sachlich zu diskutieren ist quasi schon vom Grundsatz her kaum möglich, da sie bei Meinungsverschiedenheiten dem Gegenüber sogleich die »Instrumente zeigt«. Sie geriert sich als Stimme aller Flüchtlinge und Asylsuchenden und gegenüber dem deutschen Staat und seinen Gesetzen gleichzeitig als Ankläger und Richter. Ergebnis ist ein autistischer Nondialog, der alles beschneidet und ausgrenzt, was nicht auf der PRO-ASYL-Linie liegt. Der Lobbykonzern hat es geschafft, in Deutschland eine faktische Deutungshoheit über den gesamten Themenkomplex Asyl/Flüchtlinge zu erringen, und umgibt sich mittlerweile schon mit einer quasi staatlichen Aura.

Geschickte Kooperation gefördert von George Soros

Durch geschicktes Kooperieren und Fördern weitet PRO ASYL seinen Einflussbereich ständig aus: Die Organisation ist aktiv im »Netz gegen Rassismus«, einem Netzwerk von sogenannten Antirassismusorganisationen, das vom Deutschen Gewerkschaftsbund (DGB) koordiniert wird. Mitglieder sind dort auch der Zentralrat der deutschen Juden, der Zentralrat der Sinti und Roma, viele muslimische Vereine, der Deutsche Sportbund und die evangelische Kirche.

Das Netz gegen Rassismus arbeitet auf europäischer Ebene mit dem Dachverband ENAR (European Network Against Racism)[88] zusammen.

ENAR wird von »alten Bekannten« finanziell gefördert: von Soros' Open Society Foundations, der EU und dem Rowntree Charitable Trust (EPIM-Mitglied, in George Soros' Netzwerk der Zwölf).

Wie dieser Ausschnitt von der ENAR-Homepage zeigt, bezieht die Organisation Unterstützung von der EU, von George Soros' Open Society Foundations, dem Joseph Rowntree Charitable Trust und der ENAR Foundation. Dies macht erneut die Verfilzung von EU-Politik mit superreichen Stiftungen und NGOs deutlich.

ENARs Arbeit besteht darin, »spezifische Formen von Rassismus« und »rassistische Gewalt in Diskursen« zu identifizieren und Lobbyarbeit im Europaparlament zu betreiben.

Die rassistische Gewalt in Diskursen besteht nicht selten darin, dass man mit den Argumenten einer Organisation des Lobbyverbundes nicht konform geht oder dem Rechtsstaat Geltung verschaffen möchte. Was Rassismus genau sein soll, bleibt allerdings ENARs Geheimnis. Das Ganze hat Methode: Je nebulöser und umfassender der Rassismusbegriff angelegt ist, desto mehr Bedarf besteht für die Arbeit der NGO. Dementsprechend möchte die ENAR-Gruppe Andersdenkende weiträumig verfolgen lassen und träumt ganz offensichtlich von einem EU-weiten antirassistischen Polizeistaat. Dazu will die Organisation erreichen, dass die EU gegen jene EU-Mitgliedstaaten wegen Regelverstoß juristisch vorgeht, welche die EU-Gesetze zur Bekämpfung von Rassismus noch nicht durchgesetzt haben. Deutschland hat die Gesetze angenommen.

ENAR fordert einen EU-weiten legalen Rahmen, der rassistisch motivierte Verbrechen definiert und verfolgt und gesetzlich zu ihrer Untersuchung verpflichtet sowie solchermaßen definierte Verbrechen härter bestraft.

Forum Menschenrechte

Der Radius von PRO ASYL ist beträchtlich. Der Lobbykonzern kooperiert auch mit dem Forum Menschenrechte[89], einem Zusammenschluss von fünfzig überregional tätigen Menschenrechtsorganisationen, die sich »für die Achtung der Menschenrechte im Ausland wie im Inland einsetzen«.

> PRO ASYL koordiniert regelmäßig stattfindende Gespräche von Mitgliedsorganisationen des »Forum Menschenrechte« mit Abgeordneten des Innenausschusses des Deutschen Bundestages.

Das bedeutet, PRO ASYL hat sich selbst und assoziierten NGOs eine Vermittlerfunktion zuerkannt, welche bis in die Regierung hineinreicht.

Einfluss bis in den Innenausschuss des Bundestages

Der Innenausschuss des Bundestages ist ein wichtiges Organ. Es berät zu Fragen »von Ausländer- und Asylpolitik bis zum Zivil- und Katastrophenschutz: Der Innenausschuss hat breit gefächerte Aufgaben. Dabei versucht er, innere Sicherheit für die Gemeinschaft und Bürgerrechte für den Einzelnen in Einklang zu bringen. Neben der parlamentarischen Kontrolle des Bundesministeriums des Innern und dessen nachgeordneter Bundesbehörden bereitet er auch wichtige Gesetzesvorhaben vor, bevor diese im Plenum beschlossen werden können. Zudem werden Anhörungen durchgeführt, um Informationen zu Detailfragen von Sachverständigen einzuholen.«

Günter Burkhardt – Deutschlands mächtigster Asyllobbyist

Der PRO-ASYL-Lobbykonzern gilt dem Innenausschuss des Deutschen Bundestages als »sachverständig«, und seine Vertreter, allen voran der umtriebige Geschäftsführer Günter Burkhardt, haben über die »regelmäßig stattfindenden Gespräche« Einfluss auf die Gesetzgebung.

Der damalige Vorsitzende des Innenausschusses, Wolfgang Bosbach, begrüßte bei einer Anhörung am 2. Juli 2014[90] Burkhardt als quasi alten Bekannten in diesem Gremium. Der Asyllobbyist saß dort zusammen mit dem EPIM-Ausbilder Christopher Hein (Italienischer Flüchtlingsrat)! George Soros' Einflussnetzwerk hat es also mittlerweile bis in den Deutschen Bundestag geschafft!

Bei der besagten Anhörung im Juli 2014 ging es um einen Antrag der Fraktion der LINKEN zur Abschaffung der EU-Grenzschutzorga-

EPIM-Ausbilder und Migrationslobbyist Christopher Hein

nisation Frontex und um Möglichkeiten der legalen Migration nach Europa, humanitäre Asyl-Visa und Ähnliches. Die Dublin-Verordnung (Asylantrag im Land der Einreise in die EU) solle geändert werden, »sodass Asylsuchende die Wahl haben, in welchem der Mitgliedstaaten sie ihr Asylverfahren durchführen wollen, etwa wegen familiärer Bindungen oder besonderer Sprachkenntnisse«. Das Ergebnis der *»free choice«* sehen wir seit Monaten, auch ohne dass sie in geltendes Recht gefasst worden wäre. Es hat wohl weniger mit Familienzusammenführung und Ähnlichem zu tun, dafür aber umso mehr mit der Höhe der sozialen Leistungen der Zielländer.

Burkhardt und Hein plädierten erwartungsgemäß für ein Ende der »Push-back«-Praxis (Zurückweisungen) an der Außengrenze und die Eröffnung legaler Wege, sodass Menschen »physisch nach Europa hereinkommen« können.

Der Einzige, der unter den geladenen Sachverständigen damals einen Kontrapunkt setzte, war der Konstanzer Professor Kay Hailbronner. Er warnte, eine Erweiterung der Zugangswege sei kontraproduktiv, »weil sie letztlich zu einem Verlust der Steuerung führt«. Grenzüberwachung und Einwanderungskontrolle seien daher unverzichtbar.

Die Welt bezeichnete das Gesicht von PRO ASYL in einem Artikel im Juli 2015 mit der Überschrift »Bei Flüchtlingsaufnahme gibt es keine Obergrenze«[91] folgendermaßen:

Die Welt: Günter Burkhardt ist Deutschlands mächtigster Asyllobbyist. Die Integration der vielen Flüchtlinge hält er für machbar. Seehofer wirft er vor, den Nährboden für Anschläge auf Asylheime zu bereiten. Europa entwickele sich zu einem »Europa der Zäune«.

So dicht können diese Zäune nicht sein, wenn im laufenden Jahr in Deutschland 450 000 [Stand Juli 2015!] Asylbewerber prognostiziert werden, das ist, verglichen mit 2009, eine Verzehnfachung. Allein Deutschland und Schweden verzeichnen mehr als die Hälfte aller Asylanträge der EU. Gibt es auch für das Asylsystem in reichen Ländern Grenzen des Wachstums?

Burkhardt: Bei Flucht vor Krieg, Terror und Verfolgung gibt es keine Obergrenze. Niemand darf in einer Situation zurückgewiesen werden, in der ihm Folter, unmenschliche Behandlung und Gefahr für Leib und Leben drohen. Das garantiert die Europäische Menschenrechtskonvention.

Die Welt: Ja, das ist die geltende Norm. Doch könnte bei dauerhaft 450 000 Asylbewerbern pro Jahr irgendwann eine Belastungsgrenze erreicht sein, ab der diese Norm zur unbedingten Aufnahme von den Gesellschaften abgelehnt wird?

Burkhardt: Das Entscheidende ist nicht, wie viele Flüchtlinge kommen, sondern ob es gelingt, sie zu integrieren, ihnen die Sprache zu vermitteln, sie in den Arbeitsmarkt zu integrieren. Deutschland überaltert und braucht Zuwanderung. Es ist möglich, mehr Menschen aufzunehmen, wenn man sich als Gesellschaft darauf einstellt und Integration organisiert. […]

Jeder Mensch, der an den Grenzen Europas ankommt, muss ein rechtsstaatliches Asylverfahren bekommen.

Dieser kurze Abschnitt aus Burkhardts Interview mit dem Blatt *Die Welt* zeigt nichts anderes, als dass es sich beim Asyllobbyismus mittlerweile um eine knallharte Ideologie handelt, die es nicht kümmert, dass das Asylrecht zu Tode geritten und faktisch in ein Recht für alle auf freie Niederlassung in der EU umgewidmet wird – denn »kein Mensch ist illegal«.

Der Migrationslobbyismus von weiten Teilen der Parteienlandschaft bis Kirchen, Gewerkschaften und PRO ASYL will ein anderes Land, einen anderen Staat.

Die Gesetze unseres Landes und das Gemeinwohl der Bevölkerung stehen der »grenzenlosen Ideologie« dabei nur (noch ein wenig) im Wege.

Forderung nach dem totalen Asylstaat

Burkhardt fordert eine unbegrenzte und unbeschränkte Einreise von Migranten über den Weg des Asylverfahrens nach Europa und Deutschland und im Ergebnis den totalen Asylstaat, der sich bei einer Einwanderung »ohne Obergrenze« nur noch um die Organisation der Integration kümmern kann bzw. muss. Alle anderen staatlichen Aufgaben müssen aus dieser Sicht diesen »humanitären Verpflichtungen« den Vorrang geben. Diese Vision ist mittlerweile offizielle Regierungspolitik geworden.

Kapitel 24

PRO ASYL und das ECRE-Netzwerk an der Balkan-Fluchtroute

> Die andauernde Invasion unseres Landes ist auf der einen Seite angetrieben von Menschenschleusern und auf der anderen von denjenigen Aktivisten, die alles unterstützen, was den Nationalstaat schwächt.[92]
>
> — VIKTOR ORBÁN, UNGARISCHER MINISTERPRÄSIDENT

Der PRO-ASYL-Konzern ist extrem gut im europäischen Ausland vernetzt: Er hat neunzig Partnerorganisationen in dreißig europäischen Ländern und ist beim »European Council on Refugees and Exiles« (ECRE)[93] in Brüssel Mitglied, der von George Soros' Stiftungsnetzwerk EPIM finanziell unterstützt wird.

Forscht man nach den ECRE-Partnerorganisationen, so ergibt sich mit Blick auf die Landkarte eine perfekte NGO-Infrastruktur in den Ländern der Balkanroute inklusive der Ausweichrouten nach Mittel- und Nordeuropa:[94]

In *Deutschland* sind neben PRO ASYL die Caritas, das Deutsche Rote Kreuz, die Diakonie und der Paritätische Gesamtverband als ECRE-Mitglieder gelistet.

Allein entlang der Hauptfluchtroute nach Deutschland finden sich von der Türkei über Griechenland, Bulgarien, Serbien, den Kosovo, Ungarn und schließlich Österreich rund dreißig ECRE-Mitgliedsorganisationen! Wir werden uns nun die einzelnen Länder anschauen.

ecre
European Council
on Refugees and Exiles

Soros/EPIM-finanziert: der Europäische Rat für Flüchtlinge und Menschen im Exil

Türkei

In der Türkei sind es zwei Flüchtlingshilfsorganisationen, Mülteci-Der und Refugee Rights Turkey.

Mülteci-Der: »Refugees Welcome« und Forderungen nach »Open Borders«. Mülteci-Der ist an den See- und Landesgrenzen der Türkei zu Europa präsent und informiert Flüchtlinge über ihre Rechte.

Griechenland

In *Griechenland* gibt es drei ECRE-Mitglieder: den Greek Council for Refugees, Aitima und Klimaka.

Auf der Website des Griechischen Flüchtlingsrates grüßen uns zwei alte Bekannte und ein neuer »Player«.

OPEN SOCIETY FOUNDATIONS	Epim European Programme for Integration and Migration	world jewish relief
Monitoring of Entry Points, Asylum and Reception Conditions and Procedures for Refugees in Greece	Promoting alternatives to detention	Immediate Refugee Relief

Der Griechische Flüchtlingsrat wird unterstützt von George Soros' Open Society Foundations, dem Spendennetzwerk der Zwölf EPIM und World Jewish Relief.

- George Soros' Open Society Foundations finanziert dem Griechischen Flüchtlingsrat ein groß angelegtes, griechenlandweites Überwachungsprojekt (Laufzeit März 2015 bis September 2016), das das Verhalten der Behörden und der die Flüchtlinge aufnehmenden Ge-

meinden protokollieren soll. Ziel ist, die Aufnahme von Flüchtlingen zu verbessern, ihre Akzeptanz in der griechischen Bevölkerung zu erhöhen und für die Zukunft mittels Lobbyarbeit Verbesserungen durchzusetzen.
- Ein EPIM-finanziertes Projekt (Laufzeit: September 2015 bis Mai 2016) will beim griechischen Flüchtlingsrat NGO-Personal schulen, um Lobbyarbeit dahingehend zu betreiben, dass Festnahmen bei illegalem Grenzübertritt in Zukunft nicht mehr durchgeführt werden.
- *World Jewish Relief zahlt Flüchtlingen den Transport nach Deutschland:* World Jewish Relief, eine jüdische Hilfsorganisation mit Sitz in London, finanziert normalerweise vor allem jüdischen Gemeinschaften in Not (vor allem in Staaten der ehemaligen UdSSR) eine entsprechende Hilfe. Ausnahmen bildeten in der Vergangenheit vier Projekte in Übersee in Ländern, die von Naturkatastrophen heimgesucht wurden.

Interessant ist hierbei, dass sich die jüdische Hilfsorganisation im letzten Quartal 2015 auch für Flüchtlinge in Griechenland und in der Türkei engagierte. Neben Essen, warmer Kleidung, Schlafsäcken, Unterbringung und medizinischer Hilfe bezahlte man den Flüchtlingen auf dem »langen und mühseligen« Wege nach Zentraleuropa auch Gutscheine für den Transport. (»*Access to shelter and transportation needs*«).[95]

Auf der Website von World Jewish Relief wird quasi als Begründung für das Engagement stellvertretend die anrührende Geschichte einer syrischen Flüchtlingsfamilie geschildert.

Eine notfallmäßige Unterstützung der Bevölkerung des Gaza-Streifens mit Essen, warmer Kleidung, Schlafsäcken, Unterbringung und medizinischer Hilfe durch die wohltätige Charity World Jewish Relief ist nicht bekannt.

Das umfangreiche (»*extensive*«) Engagement von World Jewish Relief für syrische Flüchtlinge stimmt nachdenklich. Die Unterstützung der Massenflucht aus Syrien und die Entleerung der grenznahen syrischen Flüchtlingslager der Türkei in Richtung Europa stellt faktisch eine nicht unbedeutende Unterstützung der Gegner des syrischen »Regimes« dar, zu denen bekanntlich auch der Langzeitgegner Syriens, Israel, und seit 2011 die Türkei gehören, um Großbritannien nicht zu vergessen, das sich direkt zu Beginn des »Arabischen Frühlings« als einer der entschiedensten Gegner des syrischen »Diktators« positionierte.

Die Flüchtlinge, in ihrer großen Mehrheit junge Männer im wehrfähigen Alter, die mittlerweile nach Zentraleuropa verpflanzt wurden, können nunmehr weder zum Militärdienst noch zum Wiederaufbau Syriens herangezogen werden, was auf eine Schwächung des strategischen Gegners hinausläuft.

Die Balkan-Route

Aitima[96] kooperiert neben ECRE mit PICUM (Platform for International Cooperation on Undocumented Migrants) und ENAR (European Network Against Racism), die ebenfalls allesamt Soros-gesponsert sind.

Die Nichtregierungsorganisation Klimaka stellt psychosoziale Hilfe für Flüchtlinge bereit und wird neben ECRE (Soros/EPIM-gesponsort) vom Sozialfonds der EU und dem griechischen Gesundheitsministerium finanziert.

Bulgarien

Als nächstes Land an der Fluchtroute (Ersatzroute) liegt *Bulgarien* mit zwei Flüchtlingshilfsorganisationen, die sich vollumfänglich dem Thema »Flüchtlinge und Asyl« widmen (Lobbyarbeit, [Rechts]beratung, Kampagnen).

Es sind das Bulgarian Helsinki Committee und das Bulgarische Rote Kreuz. Das Bulgarische Helsinki-Komitee ist angeblich eine »unabhängige Nichtregierungsorganisation«, bei näherem Hinsehen grüßen uns jedoch als Sponsoren alte Bekannte, aber auch einige neue Financiers: Das Komitee ist völlig von »*donations*« abhängig, die größten Sponsoren waren:

- Die Leon Levy Foundation, New York, die sich normalerweise um die Kultur der Alten Welt und jüdische Museen bemüht, aber auch Flaggschiffe amerikanischer Werte wie die American Civil Liberties Union und Freedom House finanziert, beide mit Soros-Geldern ausgepolstert. Letztere Organisation gibt als moralische Weltinstanz, als die sie sich fühlt, jährlich Benotungen aller Staaten der Erde hinsichtlich Pressefreiheit etc. heraus. Nun also auch Engagement für die Flucht nach Europa.
- Weiter treten als Hauptfinanciers[97] des bulgarischen Helsinki-Komitees George Soros' Open Society Foundations auf sowie das EPIM-Mitglied OAK Foundation. Hinzu kommt schließlich noch der Hohe Flüchtlingskommissar der UNO und der EU (Agentur für Grundrechte).

Kosovo

Im *Kosovo* ist das Civil Rights Program Kosovo aktiv, das neben seiner ECRE-Mitgliedschaft mit dem Western Balkan Legal Aid Network (WeBLAN) kooperiert. Diese Organisation gibt, wie bereits der Name vermuten lässt, Flüchtlingen legale Hilfestellung auf ihrem weiteren Weg nach Norden: in Serbien (Praxis), in Bosnien und Herzegowina (Vasa Prava BiH), in Montenegro (Legal Centre), in Mazedonien (Young Lawyers Association, MYLA) und in Kroatien (Information Legal Centre).

Serbien

Serbien ist neben Praxis mit weiteren fünf ECRE-Organisationen an der Fluchtroute vertreten: der Grupa 484, dem Serbischen Roten Kreuz, dem Asylum Protection Center und dem Belgrade Centre for Human Rights.

Die Grupa 484 ist ebenfalls ein Gewächs aus dem Soros-Treibhaus. Die NGO wird in einer Liste von Soros' Open Society Foundations als einer von 47 Partnern und Ausrichtern (»*host*«) von Schulungspraktika im Namen seiner Stiftung aufgeführt.[98]

Das Asylum Protection Centre in Belgrad wird über seine ECRE-Mitgliedschaft aber auch von Open Society Foundations und einer ganzen Reihe weiterer Hilfsorganisationen (USAID, Schweizer Eidgenossenschaft uvm.) gefördert.

Das Belgrade Centre for Human Rights ist vollständig aus dem Ausland gesponsert. Ein Programm des Soros Open Society Fund, das bis 2017 läuft, widmet sich der Forderung nach der Abschaffung von Inhaftierungen von illegal Einreisenden und entsprechender Lobbyarbeit zur Sensibilisierung der serbischen Gesellschaft.

Kroatien

In *Kroatien* sind die ECRE-Mitglieder Croatian Law Centre und das Centre for Peace Studies aktiv, beide sind EU-gefördert.

Ungarn

In *Ungarn* ist das Hungarian Helsinki Committee ECRE- und EPIM-gesponsert und betreibt umfassende Lobbyarbeit und (rechtliche) Hilfestellung für Asylsuchende und Flüchtlinge bei gleichzeitiger Kritik an staatlichen Behörden. Die NGO ist zudem im European Network on Statelessness mit Sitz in London organisiert. Letztere NGO promotet neben einem Grundrecht auf Staatsangehörigkeit auch ein Grundrecht auf Wechsel der Staatsangehörigkeit.

Eine weitere Organisation, Menedék, wird von George Soros' Open Society Foundations finanziert.

> Neben der Unterstützung von Einwanderern und Asylfachleuten ist es für uns sehr wichtig, die Mehrheitsgesellschaft offener für die Ausländer zu machen, die in unserem Land ankommen, denn dies ist eine unverzichtbare Bedingung für die erfolgreiche Integration von Migranten.

Menedék möchte mit Vorurteilen und Klischees in Europa bzw. in der sogenannten populären Kultur aufräumen, die Migranten und Minderheiten mit bestimmten Charakteristika und diskriminierenden »Stereotypen« belegt, welche diese Gruppen noch immer daran hindern, volle Bürgerrechte zu genießen. Verschiedene Projekte wollen solche Stereotype als rassistisch und fremdenfeindlich entlarven. Unter der helfenden Hand von George Soros soll offensichtlich Ungarn verstärkt der Weg in die »Political Correctness« gewiesen werden, wie sie in der restlichen EU schon lange in Anwendung ist.

Kapitel 25

Welcome to Europe – W2EU

> Die ganze Welt hat gesehen, dass Europa keine Grenzen hat und weder willens noch in der Lage ist, die Menschenmassen aufzuhalten, sondern im Gegenteil für sie Fähren, Busse und Bahnen bereitstellt.[99]
>
> — »DIE LAWINE KOMMT INS ROLLEN«, *BAYERNKURIER*, 21.1.2016

Eines der bestorganisierten Netzwerke für die Flucht nach Zentral- und Nordeuropa ist das PRO-ASYL-unterstützte Projekt W2EU.

Bereits Mitte September 2015 erregte ein Bericht des US-Fernsehsenders Sky News Aufsehen.

Reporter Jonathan Samuels hatte am Strand der griechischen Insel Lesbos zwischen zurückgelassenen Überlebenswesten und kaputten Schlauchbooten ein kleines Büchlein entdeckt. Ein detaillierter Migranten-Ratgeber mit Tipps, Landkarten, wichtigen Telefonnummern von Hilfsorganisationen, um Europa besser und sicherer erreichen zu können. Der Ratgeber enthielt sogar eine 24-Stunden-Notrufnummer für Flüchtlinge, um ihre Position an Aktivisten der Gruppe Watch The Med durchzugeben, die dann die entsprechende Küstenwache mit Details über das Boot alarmierten.

Dem Sky-News-Reporter gelang es, eine Arabisch sprechende Österreicherin namens »Sonja« aufzutreiben, die Mitarbeiterin bei Watch The Med ist. Diese mochte ihren Familiennamen nicht nennen, erzählte dem Reporter aber, dass Aktivisten ihrer Organisation die Ratgeber kostenlos in der Türkei, auf den Ägäischen Inseln, in Athen und anderen griechischen Städten an Flüchtlinge verteilen.

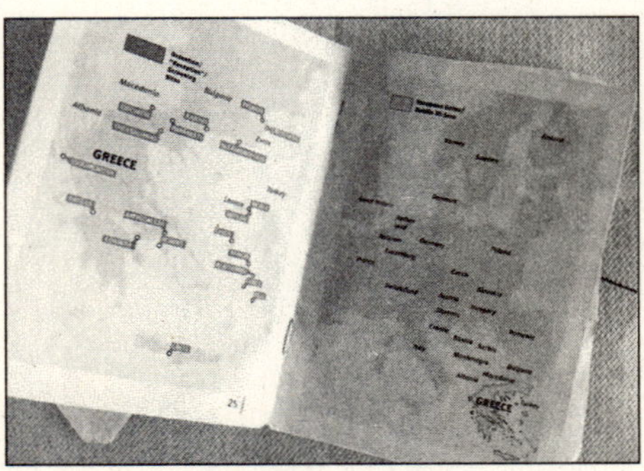

Der Migranten-Ratgeber, der auf Lesbos gefunden wurde

Die Österreicherin erzählte dem Reporter weiterhin:

Wir sind eine große Gruppe von ungefähr 100 Leuten. Wir haben Stützpunkte in Europa und Nordafrika.

Mann mit einem Flüchtlingsratgeber *Welcome to Europe* in Händen

Ein paar Tage später griff auch die deutsche *Tagesschau* das Thema der Organisation W2EU auf. Am 19. September 2015 machte Jan Lukas Strozyk ein Interview unter dem Titel »Orientierung in der Fremde ›Welcome 2 Europe‹« mit Nevroz Duman, einer Aktivistin und Mitgründerin der Organisation. Was Nevroz Duman der *Tagesschau* verschwieg: Sie sitzt in der Bundesarbeitsgemeinschaft PRO ASYL.

> ***tagesschau.de:*** W2EU hat in Griechenland fast 25 000 Broschüren mit Tipps für Flüchtlinge verteilt. Warum?
> **Nevroz Duman:** Darin sind Informationen zu allen europäischen Ländern gesammelt. Man kann nachlesen, wie die Asylverfahren ablaufen, was die jeweiligen Gesetze sind oder welche Menschenrechtsorganisationen oder medizinische Hilfe es dort gibt. Auch Kontakte zu Beratungsstellen in verschiedenen Ländern gibt es dort. Menschen können uns aber auch in verschiedenen Sprachen direkt fragen, zum Beispiel, wenn sie einen Anwalt suchen. Wir versuchen dann, Kontakte zu vermitteln. Auf unserer Webseite[100] gibt es weiteres Informationsmaterial, zum Beispiel Warnungen zur Flucht über das Meer.

Duman hebt das Stichwort »Warnungen« hervor, dabei gehen die Informationen weit über das hinaus. Es ist davon auszugehen, dass die

Aktivistin weiß, dass sie sich in einer Grauzone bewegt, wo es nicht selten eher um Anleitung bzw. Beihilfe zum illegalen Grenzübertritt geht, und wählt ihre Worte daher sehr geschickt.

> ***tagesschau.de:*** Ihre Broschüren könnten auch als eine Anleitung zur Flucht missverstanden werden. Haben Sie keine Sorge, dass Sie ungewollt Schlepper unterstützen?
> **Nevroz Duman:** Menschen kommen nach Europa, weil sie leben wollen und nicht wegen eines Stückes Papier. Es ist menschenrechtsverachtend, zu behaupten, dass so etwas Schleppern hilft. Was wir bieten, sind Informationen für Menschen in Not, die ein Anrecht auf dieses Wissen haben. Flüchtlinge haben ein Recht darauf, zu erfahren, welche Gesetze und Regelungen in den jeweiligen Ländern existieren. Die Menschen kommen in Panik, sie wissen nicht, wie es mit ihnen weitergeht.

Duman reagiert mit einer typischen Strategie: Sie geht sofort zum Angriff über. Wer behauptet, dass W2EU Beihilfe zu Schlepperei leistet, ist sofort »menschenverachtend«. Die Frage ist jedoch äußerst berechtigt. Denn faktisch handelt es sich um eine Arbeitsteilung: Die Schlepper stellen die Boote, gefälschte Papiere usw. zur Verfügung und W2EU einen Service, der vom Alarmphone auf See bei Problemen im Schlepperboot bis Telefonnummern von auf Asylrecht spezialisierte Anwälte geht. Jeder, der sich heute auf die Flucht macht, ist mit einem Smartphone unterwegs.

Daher kann von »Panik« wohl nicht immer die Rede sein. Denn die Servicenummern und Informationen stehen jedermann in einer ganzen Reihe gängiger Sprachen der Herkunftsländer zur Verfügung – jedem, der weiß, wie man ein Smartphone benutzt.

W2EU auch gegen geltendes Recht

Duman führt weiter aus, dass unter den europaweit tätigen Aktivisten viele ehemalige Flüchtlinge seien.

> Uns eint, dass wir an ein Recht auf Bewegungsfreiheit glauben. Und wenn Flüchtlinge sich dieses Recht nehmen möchten, trotz geschlossener Grenzen und Zäune, *dann unterstützen wir sie* dort, wo sie uns brauchen. *Auch gegen geltendes Recht.*

Nevroz Duman von der Bundesarbeitsgemeinschaft PRO ASYL e. V. und die von dort unterstützte Initiative W2EU nehmen sich einfach das Recht, zugunsten ihres Glaubens an unbegrenzte »Bewegungsfreiheit« gegen geltendes Recht zu verstoßen. Das Geständnis wird von der *Tagesschau* unkommentiert hingenommen.

Es hat sich seit Jahren schon im Umfeld von PRO ASYL eine Kultur der Geringschätzung des Rechtsstaates und des offenen Gesetzesbruchs breitgemacht, die dem Motto »Wir haben die bessere Moral, wir sind die besseren Menschen« und »Was Recht ist, bestimmen wir«, folgt. Diese Haltung wird von staatlichen Institutionen ebenfalls bereits seit Jahren offen goutiert und mit Fördergeldern und Preisen belohnt. Würde sich irgendein anderer gemeinnütziger Verein derart über geltendes Recht stellen, hätte man ihm – mindestens – längst die Gemeinnützigkeit aberkannt.

> ***tagesschau.de:*** Wie finanziert sich die Initiative? [Jetzt hätte auch ein Hinweis auf PRO-ASYL kommen müssen. Er kommt aber nicht. Warum?]
> **Nevroz Duman:** Wir leben von Spenden und ehrenamtlicher Hilfe. Den Druck der Broschüre »Welcome to Greece« mit den Informationen für die ankommenden Flüchtlinge hat zum Beispiel die Menschenrechtsorganisation »medico international« finanziert.

Anschließend macht die *Tagesschau* noch kostenlos Werbung für die Organisation:

> ***tagesschau.de:*** Wie kann man »W2EU« unterstützen?
> **Nevroz Duman:** Wer mitmachen oder spenden möchte, findet alle Informationen auf *w2eu.info.*
> Das Interview führte Jan Lukas Strozyk (NDR).[101]

W2EU – eine Gebrauchsanweisung zur Flucht nach Europa

Geht man auf die Website von »Welcome to Europe«, so findet man sie mehrsprachig organisiert.[102] Es werden Informationen in Deutsch, Englisch, Französisch, Russisch, Farsi, Urdu, Arabisch, Tigrinisch, Kurdisch und Türkisch angeboten.

W2EU informiert über eine Vielzahl von Themen, die für Flüchtlinge interessant sind:

Kontakte, Überblick, Sicherheit auf See, Dublin III, Asyl, Gender, Minderjährige, Vorschriften Verhaftung, Abschiebung, Leben, Familie, medizinische Versorgung, Arbeit.

Der Stichpunkt »Safety at Sea« (Sicherheit auf See) wendet sich an Migranten, die übers Mittelmeer nach Europa kommen wollen. Es wird die Nummer eines Alarmtelefons angeboten:

LINKS Aus dem Online-Ratgeber von W2EU: »Safety at Sea« bietet die Rufnummer eines Alarmtelefons

UNTEN Verhaltensregeln bei Gefahr oder drohender Abweisung

ALARMPHONE WWW.WATCHTHEMED.NET

THIS IS NOT A RESCUE NUMBER! But an ALARM NUMBER to support rescue!

DISTRESS AT SEA

1. Call coast guard for rescue.
2. Call our Alarm Phone. We inform & watch the coast guard.
3. If you are not quickly rescued, we inform media & politics to make pressure.

(DANGER OF) PUSHBACK

1. Call our Alarm Phone.
2. We try to intervene, we witness & document.
3. We inform media & politics to make pressure.

If possible, call in English or French | wtm-alarm-phone01@antira.info

Es folgen ausführliche Anweisungen, wie man sich in einer Notsituation oder bei Gefahr einer Zurückweisung (*pushback*) zu verhalten hat.

Dann folgen weitere detaillierte Hinweise für Flüchtlinge, wie sie sich auf ihrer Flucht am geschicktesten zu verhalten haben:

Illegaler Grenzübertritt: Der legale Grenzübertritt für Nicht-EU-Bürger erfordert ein Visum. Ohne das werden Flüchtlinge kriminalisiert. Wenn sie dich fangen, während du aus der Türkei ohne Papiere und ohne Erlaubnis ausreist, wirst du angeklagt wegen illegaler Ein- oder Ausreise aus bzw. in die Türkei. Die offizielle Strafzahlung dafür liegt zwischen 1000 und 2000 Türkischen Lira gemäß Artikel 102/a des Ausländergesetzes und des internationalen Schutzgesetzes. Wenn du dich entscheidest, doch zu gehen, lies das hier […]:

Nun folgen genaueste Anweisungen, wie die illegale Einreise nach Europa zum Erfolg wird:

- Kauf dir eine Rettungsweste und Proviant.
- Stell sicher, dass es auf dem Boot genug Rettungswesten für alle gibt. Du kannst eine im Voraus für 30 türkische Lira kaufen. Zieht sie an, sobald euer Boot ablegt, und behaltet sie die ganze Zeit an.
- Die Gefahr, ins Meer zu fallen oder nass zu werden, ist sehr groß. Wickle all deine Wertsachen in einen Plastikbeutel und trage sie bei dir. Beachte, dass alles, was du nicht bei dir trägst, Gefahr läuft, dass du es verlierst, wenn das Boot kentert. Da deine persönlichen Habseligkeiten verloren gehen oder gestohlen werden können, mach Kopien von allem Wichtigen, wie Dokumente, die du als Beweis in deinem Asylfall brauchst.
- Nimm Wasser und etwas zu essen mit.
- Trage für die Jahreszeit angemessene Kleidung, aber vergiss nicht, warme Kleidung und eine wasserfeste Jacke einzupacken.
- Stell sicher, dass Notfall- und Warnsignale an Bord sind! Raketen für den Notfall und Rauchkanister können dein Leben retten. Auf jeden Fall kann alles nützlich sein, was dazu hilft, die Aufmerksamkeit von anderen zu erlangen: Pfeifen, leuchtende, farbige Kleider, Plastiktaschen, Spiegel, Mobiltelefone oder Kamerablitze, eine Taschenlampe etc.

Prüfe dein Mobiltelefon

- Die meisten Gebiete der Ägäis haben Mobiltelefonempfang. Handys können daher wichtige Instrumente werden, um Hilfe zu rufen oder Zurückweisungsfälle zu dokumentieren.
- Nimm Nummern von Verwandten und Bekannten mit, die in der Türkei und/oder in Europa wohnen, und informiere sie über deine Reise vor

der Abfahrt, sodass sie Rettungsdienste anrufen können, wenn sie nach einer bestimmten Zeit nichts von dir hören.

- Wenn du ein Smartphone hast, kannst du Apps herunterladen, die dir ermöglichen, deine Koordinaten mit einer vorher gewählten Nummer mit einem Klick mitzuteilen (zum Beispiel One Touch SOS).

One Touch SOS

Der W2EU-Ratgeber gibt einen Link an,[103] mit dem man vor der Überfahrt nach Europa die »One Touch SOS«-App für Android installieren kann:

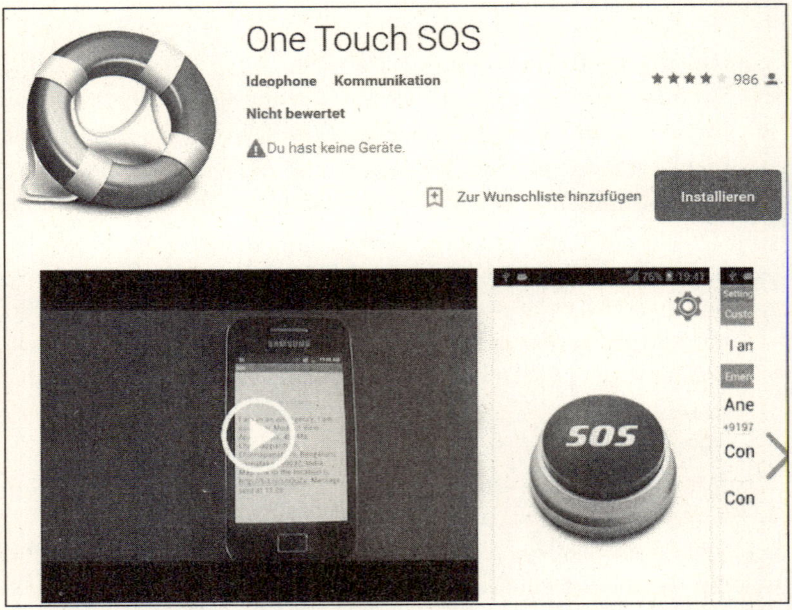

Diese App ist eine ultraschnelle Ein-Klick-SOS. Wird sie auf der Smartphoneanzeige gedrückt, so wird die vorher eingegebene Nummer angewählt und automatisch der Standort der Person, die in Gefahr ist, generiert. Ein weiterer Klick liefert das nötige Kartenmaterial von *Google Maps*.

Einen ähnlichen Service bietet die App »SOS locate me« (rechte Seite oben). Diese generiert nach einem Notruf automatisch den Längen- und Breitengrad, wo sich die in Not befindliche Person gerade aufhält, für iPhone. Andere Apps schicken gleich noch Fotos des Standorts mit.

Der W2EU-Ratgeber beschreibt ferner:

> Man kann seinen Standort auch über WhattsApp und Viber schicken. Du kannst deine Koordinaten an diese Nummer schicken: (+49 163 5024825), wenn du in Nöten bist, wenn du ein Opfer von Zurückweisung bist (illegales Zurückschicken durch die griechische Küstenwache in die Türkei). Unter dieser Nummer werden keine Telefonanrufe entgegengenommen. Wenn du anrufen willst, ruf beim Alarmphone an: 0033 486 517 161.

Es fällt auf, dass die deutsche Servicenummer (Koordinaten) eine deutsche Vorwahl hat. Das ist nachvollziehbar, da das ganze W2EU-Projekt ja aus Deutschland stammt.

> **Was tun, wenn die griechische Küstenwache kommt?**
> Wenn du schon von der griechischen Küstenwache lokalisiert wurdest, kannst du dein Telefon nutzen, falls es die Situation zulässt. Falls du meinst, du kannst es benutzen trotz der Gegenwart der griechischen Küstenwache, ruf so viele zur Verfügung gestellte Nummern wie möglich und informiere so viele Organisationen wie möglich über deinen Aufenthaltsort.
>
> **Die Wettervorhersage beachten!**
> Prüfe die Wettervorhersage für den Abfahrts- und Ankunftsort. Vergewissere dich im Internet oder Fernsehen, dass das Wetter für die nächsten beiden Tage am Abfahrts- und Zielort gut ist.

W2EU gibt sodann die Links zweier Wetterdienste an. Eine beliebte Informationsquelle ist: *http://meteo.gr/meteoplus/sailingmaps.cfm.*

Der griechische Meteo-Service ist ein Wetterdienst für die griechischen Küsten. Sie sind in Quadranten eingeteilt. Klickt man auf einen, zum Beispiel auf die Insel Kos, erscheinen detaillierte Wetterangaben über Windrichtung, Luftdruck, Temperatur etc. Siehe hierzu die beiden Abbildungen auf der folgenden Seite.

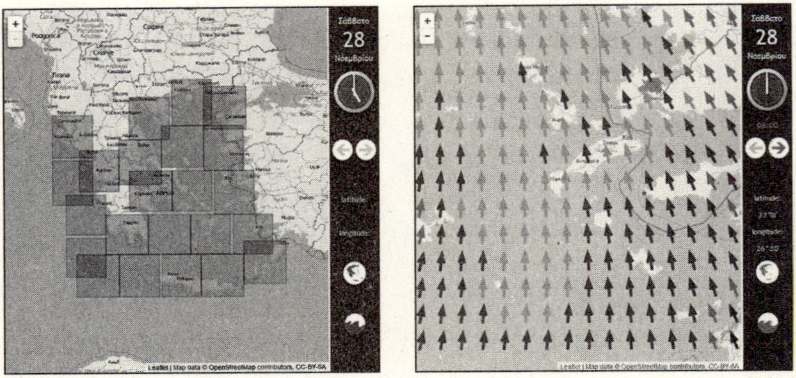

Zwei Screenshots von *meteo.gr*

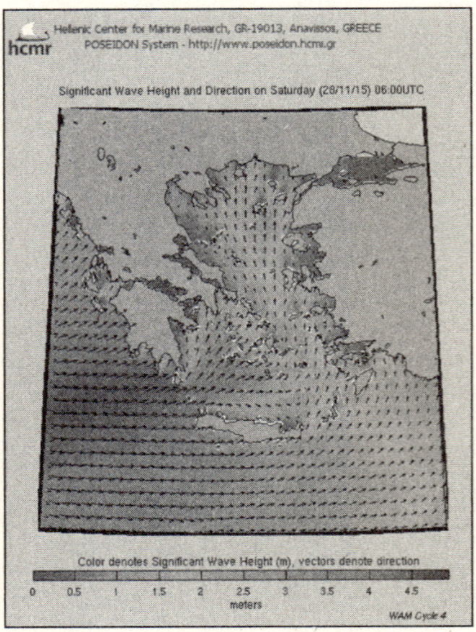

Screenshot von *poseidon.hcmr.gr*

Ein weiterer oftmals genutzter Dienst ist Poseidon: *http://poseidon.hcmr.gr/waves_forecast.php?area_id=aeg.*

Der Link führt zur Website des griechischen Zentrums für Seeforschung. Diese zeigt z. B. genaue Wellenhöhen auf der Serviceseite an, aber auch andere Wetterparameter. Auf einer Farbskala von blau bis rot ist sehr einfach, die vorhergesagte Wellenhöhe für einen bestimmten Küstenabschnitt abzulesen. Dadurch sind die nach Europa Reisenden in der Lage, sich Tage mit niedrigem Wellengang auszusuchen.

Bei Gefahr oder Notlage auf See ruf Hilfe!

Wenn du in unmittelbarer Gefahr bis (zum Beispiel, wenn die See rau ist, wenn das Boot kaputt oder verloren ging, wenn jemand über Bord gegangen ist), ruf die Küstenwache sofort an. Egal welche Nationalität oder Rechtssituation du hast – Menschen in Not zu retten ist eine obligatorische Pflicht der Kapitäne aller Schiffe der Umgebung und auch der Küstenstaaten.

Kontaktiere die Rettungsteams über folgende Nummern und versuche jemanden an Bord zu finden, der die örtliche Sprache oder Englisch spricht. Erkläre ihnen …

- dass du in Seenot bist;
- deine GPS-Position;
- die Anzahl der Menschen an Bord (Männer, Frauen und Kinder);
- den Gesundheitszustand der Menschen, die krank sind;
- die Größe und den Zustand des Bootes (Läuft Wasser herein? Läuft der Motor, wie er sollte?).

Greece: +30 210 41 12 500
Turkey:
+ 90 312 231 91 05
+ 90 312 425 33 37
+ 90 312 417 50 50 (wenn du einen türkischen Anrufbeantworter hörst, drücke »0«!)
Die internationale Notrufnummer: 112
Falls ihr ein VHF-Radio an Bord habt, sendet MAYDAY (Anweisungen, wie man das macht, gibt es hier:
www.wikihow.com/Call-Mayday-from-a-Marine-Vessel).

W2EU wünscht eine sichere Reise

Im Normalfall endet die Reise jedoch sicher in Griechenland, auch wenn sie illegal war. Der Ratgeber:

> Du hast inoffiziell eine Grenze überquert, was nach dem Gesetz verboten ist. Doch hast du in jedem Fall das Recht, jederzeit einen Asylantrag zu stellen.

Es folgt eine Aufzählung der Orte der Asylbehörden auf Lesbos, Rhodos, Süd- und Nord-Ebros, in Athen, Amygdaleza, Thessaloniki und Patras sowie verschiedene griechische Hilfstelefone für Flüchtlinge. Falls die Fahrt unerwarteterweise mit einer Zurückweisung in die Türkei endete, bietet W2EU Telefonnummern für Rechtsbeistand in Izmir und Istanbul.

Live-Feed für alle europäischen Grenzübergänge mit ständiger Aktualisierung

W2EU ist nach eigener Aussage ein Netzwerk, das verschiedene »Dienste« für Flüchtlinge anbietet. Einer davon ist der »Live-Feed« *http://live.w2eu.info/,* der permanent aktualisierte Berichte über die Lage an sämtlichen Grenzübergängen der Fluchtrouten nach Deutschland und Nordeuropa liefert. W2EU ist auch auf Twitter und Facebook präsent. Der Live-Feed ist eine logistische Meisterleistung und zeigt auch, wie viele Personen vor Ort in dem W2EU-Verbund arbeiten.

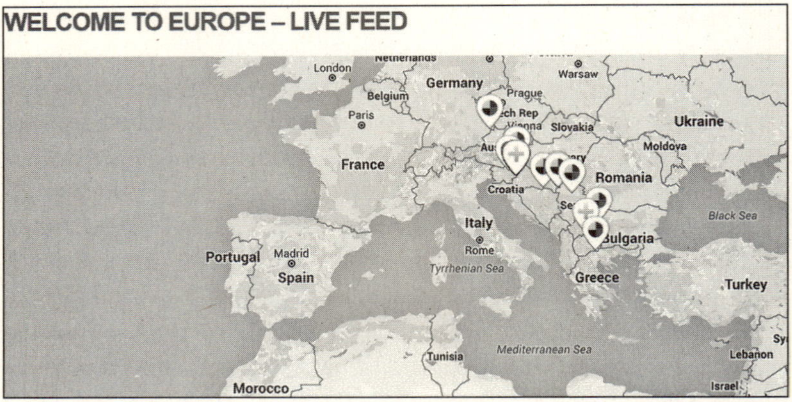

Mithilfe dieses Live-Feed kann ein Flüchtling sich rund um die Uhr mit seinem Smartphone auf die entsprechende Seite von W2EU begeben und aktualisierte Informationen abrufen. Beispielsweise lesen wir am 15. November 2015 zum Thema »Schweden«:

> Die meisten Asylsuchenden kommen in Schweden ohne Pass an. Das ist kein Verbrechen. Wenn Sie einen falschen Pass haben, versuchen Sie, ihn nicht in Schweden zu benutzen. Falls Sie ihn zeigen müssen, sagen Sie einfach, dass Sie mit ihm reisen mussten, damit Sie fliehen konnten …

Dann folgt eine minutiöse Aufklärung über das schwedische Asylrecht und Verhaltensempfehlungen, damit das Asylverfahren mit einer Anerkennung enden kann.

Über den deutsch-österreichischen Grenzübergang Neuhaus am Inn heißt es im Live-Feed am 4. November 2015:

> Migranten müssen über den Grenzübergang nicht mehr zu Fuß gehen. Busse holen sie auf der österreichischen Seite ab und bringen sie in das Lager in Neuhaus. Hier müssen Migranten üblicherweise zwei Stunden warten, bis Busse sie abholen und sie zur nächsten Stadt bringen. Die Busse kommen stündlich. Die Hilfe Freiwilliger ist groß: In einem großen, warmen Zelt stehen für jeden Essen, Trinken, Kleidung bereit.

W2EU und ihre Partnerorganisationen haben eine beeindruckende Migrationsinfrastruktur für den Weg nach Europa errichtet. Diese ist natürlich immer noch intakt, und niemand hat sich für sie und ihre Akteure bisher wirklich interessiert.

Ganz kurz zuckte man im März 2016 zusammen, als ein »Kommando Norbert Blüm« Hunderte von Migranten, die sich im Lager Idomeni an der abgeriegelten mazedonischen Grenze gestaut hatten, zum Grenzdurchbruch verführen wollte.[104] Aktivisten hatten ein Flugblatt unter dem Namen des ehemaligen Arbeitsministers drucken lassen mit einer detaillierten Karte, wie man den neuen Grenzzaun überwinden könne. Der Grenzdurchbruch scheiterte, bei der Überquerung eines Grenzflusses wurden jedoch deutlich Gruppen von deutschen Aktivisten und »Helfern« identifiziert. Offenbar wollte man dramatische Bilder erzwingen, damit die Migration auf der Balkanroute nicht zum Erliegen käme, was vorläufig nicht gelang. Norbert Blüm distanzierte sich von dem »Kommando« gleichen Namens, übte sich jedoch in der gängigen Rhetorik der Verfechter der Migrationsagenda: Die Zustände in Idomeni seien ein »Anschlag auf die Menschlichkeit, diese Art von Brutalität ist unwürdig der europäischen Kultur«, eine »Kulturschande«.

Dabei gab es immer ein griechisches Angebot an die Migranten, sich in Bussen in andere Städte Griechenlands transportieren zu lassen, das diese aber nicht annehmen wollten.

So werden Migranten zur Projektionsfläche von Empörten und Gallionsfiguren von Empörern gegen Ordnung und Gesetz, Grenzen und souveräne Nationalstaaten. Dabei könnte es so einfach sein: Asylverfahren nur noch in Konsulaten und Botschaften der Herkunftsländer erlauben, Schlepperboote mit der Marine der EU-Staaten konsequent am Ablegen hindern, Zahlungen an Flüchtlinge in Lagern in Syrien, Jordanien, Libanon, Türkei usw. massiv erhöhen, wo nötig. Wir schaffen das nicht?

Ein riesiges Netzwerk

Welcome to Europe ist nicht das einzige Projekt, das von der Bundesarbeitsgemeinschaft PRO ASYL e. V. unterstützt wird, aber ganz offensichtlich eines der effektivsten. Die Bundesarbeitsgemeinschaft ist der wichtigste Dachverband für ein umfassendes Netzwerk, das weit bis ins linksextreme Lager hineinreicht. Auf der Plattform der antirassistischen Bewegung AntiraKompass heißt es dazu:

> Die Beteiligung von Pro Asyl an den Bleiberechtskampagnen oder ihre Projekte an den Außengrenzen zeigen, dass auch Kooperationen mit aktivistischen oder radikaleren Gruppen möglich und erwünscht sind.

Die »Antira-Plattform« sagt über sich selbst:

> Was bieten wir? Diese Plattform bietet einen Überblick über wichtige Termine und Mobilisierungen sowie über unterschiedliche Gruppen und Netzwerke im Feld von Flucht, Migration und Antirassismus.[105]

Als »Antirassistische Vernetzungen« sind auf der Plattform folgende Organisationen bzw. Projekte einsortiert:

- »Kein Mensch ist illegal« (kmii)[106], ein antirassistisches Netzwerk, das sich 1997 mit diesem Aufruf gründete. Kmii-Gruppen sind aktuell an mehreren Außengrenzenprojekten und auch bei »Welcome to Europe« beteiligt.

Welcome To Europe (W2EU) entstand laut der Antira-Plattform aus den sogenannten Nobordercamps im Sommer 2009 auf der griechischen Insel Lesbos. An diesem antirassistischen Netzwerk sind unter anderem beteiligt:

- Die Karawane und The Voice
- Jugendliche ohne Grenzen (JoG)
- Netzwerk Kritische Migrations- und Grenzregimeforschung (kritnet)
- Flüchtlingsräte und PRO ASYL
- Welcome to Europe Network (W2EU)
- Afrique-Europe-Interact
- Abschiebehaft-Vernetzung

Kapitel 26

EU-Kommission und Privatstiftungen ziehen an einem Strang

Um nicht den etwas einseitigen Eindruck zu erwecken, die gesamte Migrationsagenda werde von den Soros-Stiftungen zu uns getragen, wollen wir gegen Ende des Buches unseren Blick noch einmal auf die EU richten.

Wie eng die Politik, insbesondere die Brüsseler EU-Clique, mit schwerreichen Stiftungen verbandelt ist, zeigt ein Blick auf die Netzseite der EU-Kommission. Unter dem Stichwort »Integration« listet die Kommission alle Stiftungen auf, bei denen man sich als Verfechter der Migrationsagenda um Fördergelder bewerben kann.[107] Per Link (hier nicht angegeben) kann man nutzerfreundlich abfragen, ob man die Bedingungen für eine Förderung auch erfüllt.

NAME	**Amadeu Antonio Stiftung**
LAND	Deutschland
WIRKEN	Integration von Migranten, kämpft gegen Rechts. Bietet Beratung und finanzielle Hilfe an.

NAME	**Anna Lindh Foundation**
LAND	Polen
WIRKEN	Fördert Initiativen. Interkultureller und interreligiöser Dialog.

NAME	**Atlantic Philanthropies**
LAND	Irland
WIRKEN	Vorwiegend Förderung von Organisationen in Australien, Bermuda, Nordirland, Republik Irland, Südafrika, USA, Vietnam.

NAME	**Barrow Cadbury Trust**
LAND	England
WIRKEN	Der Trust finanziert Graswurzelorganisationen, die mit Flüchtlingen, Asylsuchern, Migranten ohne Papiere und anderen marginalisierten Migranten arbeiten. Der Trust will Migranten ermächtigen und sicherstellen, dass sie aus der Debatte über Migration nicht ausgegrenzt werden.

NAME **Compagnia di San Paolo**
LAND Italien
WIRKEN Öffnung gegenüber einer europäischen und internationalen Dimension auf dem Gebiet der Forschung.

- Außerdem engagiert sich die Compagnia auf dem Bildungssektor, und zwar sowohl auf Universitätslevel als auch im normalen Schulbetrieb und im Vorschulbereich. Ziel ist auch die Chancengleichheit in der Bildung.

NAME **Diana, Princess of Wales Memorial Fund**
LAND England
WIRKEN Rechte von Flüchtlingen und Asylsuchern in Großbritannien, Ziele:
1) Änderung von Einwanderungsgesetzen besonders im Hinblick auf Kinderrechte.
2) Ermutigung der fairen und humanen Behandlung von Flüchtlingen und Asylsuchern.

NAME **Egmont Fonden**
LAND Dänemark
WIRKEN Kinder und Jugendliche im Fokus.

NAME **ENAR Foundation**
LAND Belgien
WIRKEN Die Vision der ENAR Foundation ist, das European Network Against Racism (ENAR) zu unterstützen, Einsatz von möglichst vielen finanziellen und menschlichen Ressourcen, Ziel eines rassismusfreien Europas mit Maximierung der Vorteile einer multikulturellen Gesellschaft.

NAME **Esmée Fairbairn Foundation**
LAND Niederlande
WIRKEN Will Politik beeinflussen, Verhaltensänderungen erreichen.

NAME **European Cultural Foundation**
LAND England
WIRKEN Unterstützt Künstler, Kulturarbeiter, Kunstprojekte.

NAME **Evens Foundation**
LAND Belgien
WIRKEN Bildung, Vermittlung von Fähigkeiten, Einstellungen und kognitiven Charakteristika, die Menschen erwerben, um mit Multikulturalismus in einer aktiven, angemessenen und flexiblen Weise umzugehen. Gemeint ist Diversität bei jeder sozialen Interaktion, auch Lerninhalte im Klassenzimmer.

NAME **F. C. Flick Stiftung gegen Fremdenfeindlichkeit, Rassismus und Intoleranz**
LAND Deutschland
WIRKEN Die Mission der Friedrich Christian Flick Foundation gegen Fremdenhass, Rassismus und Intoleranz ist, Toleranz in allen Bereichen der Kultur zu fördern. Aktive Bekämpfung von Rechtsextremismus und Jugendgewalt. Unterstützt hauptsächlich Jugendprojekte auf dem Gebiet der ehemaligen DDR.

NAME **Ford Foundation**
LAND USA
WIRKEN Unterstützte US-Organisationen (staatliche, nationale bis lokale Ebene), die sich für Rechte von Einwanderern stark machen, Lobbyarbeit für Immigrantenrechte betreiben einschließlich Anstrengungen einer umfassenden Reform der Einwanderungsgesetze. Fördert Organisationen, die eine effektive und dauerhafte Bewegung für den Schutz von Einwandererrechten aufbauen.

NAME **Freudenberg Stiftung**
LAND Deutschland
WIRKEN Kinder und Jugendliche. Fördert Integration auf sozialem, linguistischem Gebiet bei Ausbildung und Beschäftigung.

NAME **Fundação Calouste Gulbenkian**
LAND Portugal
WIRKEN Das Gulbenkian Human Development Programme der Gulbenkian Foundation fördert Integration. Anerkennung für die Qualifizierung von eingewanderten Ärzten und Krankenschwestern und ihre Integration in das Gesundheitssystem. Inklusionsprojekte.

- Nimmt an internationalen Foren über Migration teil und hat eine spezielle Plattform gegründet: Das Gulbenkian Migrations Forum.

NAME **Gemeinnützige Hertie-Stiftung**
LAND Deutschland
WIRKEN Die Hertie Foundation fördert die Integration von Einwandererkindern und -jugendlichen in Deutschland. Die Stiftung fördert angehende Lehrer mit Migrationshintergrund und möchte Abiturienten mit Migrationshintergrund dazu motivieren, den Lehrerberuf zu ergreifen. Die Hertie-Stiftung hat als Ableger die START-Stiftung gegründet. Sie arbeitet mit 100 Partnern in Deutschland zusammen – Ministerien, Stiftungen, Konzernen, Gesellschaften. Das Fördergeldprogramm unterstützt Schüler mit Einwanderungshintergrund, um bessere Qualifikationen zu bekommen und ihre Chancen für eine erfolgreiche gesellschaftliche Teilhabe zu verbessern.

NAME **Fondation Bernheim**
LAND Belgien
WIRKEN Strategie der Teilhabe, fördert Verständnis und Integration von verschiedenen Kulturen.

NAME **New Eurasia Foundation**
LAND Russland
WIRKEN NEF, nichtkommerzielle NGO, gegründet in Moskau 2004. Fördert soziale, wirtschaftliche Entwicklung in Russland auf lokaler und regionaler Ebene, setzt dabei internationale Expertise und innovative Technologien ein.

NAME **German Marshall Fund of the United States**
LAND USA
WIRKEN Fördergelder zu vergeben, ist die Hauptmission des GMF. Empfänger sind vielfältige Institutionen und Einzelpersonen, die im Sinne transatlantischer Politik arbeiten. Unterhält sechs große Fördergeldprogramme, darunter eins zum Thema »Einwanderung«. Immigrationsfördergelder werden nur auf Einladung vergeben.

NAME **International Visegrad Fund**
LAND Slowakei
WIRKEN Der International Visegrad Fund, Bratislava, gegründet durch die Visegrad Gruppe (V4) – die Tschechische Republik, Ungarn, Polen und die Slowakei. Förderung der Zusammenarbeit mit anderen Ländern, EU-Länder, westlicher Balkan und Südkaukasus, Kultur-, Bildungsprojekte grenzüberschreitend.

NAME **Joseph Rowntree Charitable Trust**
LAND England
WIRKEN Dieser Trust fördert Rassengerechtigkeit und Chancengleichheit als Basis einer harmonischen multikulturellen und multiethnischen Gesellschaft. Unterstützt Projekte und Politik auf dem Gebiet Flüchtlinge und Asylsuchende. Arbeitet auf nationaler und europäischer Ebene.

NAME **King Baudouin Foundation**
LAND Belgien
WIRKEN Die King Baudouin Foundation will zu einer informierten Migrations- und Integrationsdebatte beitragen, sie unterstützt Organisationen und Einzelpersonen (zum Beispiel Journalisten), welche der belgischen Gesellschaft dabei helfen, den Herausforderungen der Einwanderung zu begegnen.

NAME **La Caixa**
LAND Spanien
WIRKEN Wachsende soziokulturelle Diversität durch zunehmende Einwanderung in den letzten Jahren hat zu den Welfare-Projekten von »la Caixa« geführt. Ziel sind Förderung der interkulturellen Beziehungen und ordentliches Management von Diversität.

NAME **Fondatione di Venezia**
LAND Italien
WIRKEN Kulturförderung.

NAME **Migration Foundation**
LAND England
WIRKEN Sammelt Beweise darüber, wie Migration funktioniert, indem sie in Graswurzelbewegungen vor Ort investiert. Praktiken werden in zahlreichen Gemeinden getestet, evaluiert und wo möglich wiederholt. Offen für Finanzierungsmöglichkeiten mit anderen Partnern im Feld »Neue Migration«. In Kontakt mit über 2500 neuen Migranten und ihren Communities. Mit dieser Feldforschung soll Migration Sinn machen. Schwerpunkte sind Arbeit und Integration, Gesundheit und Wohlergehen, Wohnen und Nachbarschaft.

NAME **Nadace VIA**
LAND Tschechische Republik
WIRKEN Unterstützt Kulturarbeit, Umweltarbeit, Entwicklung, Jugendprojekte.

NAME **OAK Foundation**
LAND Schweiz
WIRKEN Die Programme konzentrieren sich auf drei Rechte aus dem internationalen Recht: Recht auf Freiheit und Sicherheit der Person, Recht auf Freiheit vor Folter und Recht auf Asyl.

- Verbesserung des Flüchtlingsschutzes im globalen Süden und in Europa mittels Stärkung der Garantien für Nichtzurückweisung in Europa, faire und unparteiische Verfahren am Zielort und Flüchtlingsbeteiligung bei dauerhaften Lösungen.
- Aufbau von Kapazitäten von lokalen Menschenrechtsaktivisten, Gemeinschaften und Netzwerken.

NAME **Open Society Foundations**
LAND USA
WIRKEN Die OSF arbeitet zur Förderung von Menschenrechten und Gleichheit auf der ganzen Welt bei Gesetzen, Regierung und Gesellschaft mittels Programmen, welche die Rechte von Minderheiten stärken.

NAME **Open Society Fund Prag / Nadace**
LAND Tschechische Republik
WIRKEN Der Open Society Fund (OSF) Prag, gegründet 1992, ist Mitglied des internationalen Netzwerks der Soros-Stiftungen. Erhält finanzielle Unterstützung von einem privaten internationalen Spender. Kann ein gesundes Risiko eingehen, wenn er Projekte unterstützt. Langzeitprojekte, die zum Systemwechsel anregen sollen. Systematische Unterstützung für internationale Zusammenarbeit Tschechiens.

NAME **Oranje Fonds**
LAND Niederlande
WIRKEN Der größte Sozialfond der Niederlande. Er fördert die Teilhabe an der Gesellschaft, bringt Menschen zusammen, fördert Integration in kleinen Projekten und Sprachprogramme für junge Menschen.

NAME **Robert Bosch Stiftung**
LAND Deutschland
WIRKEN Die Förderprogramme zielen auf eine erfolgreiche Integration von Migranten ab, insbesondere Kinder und Jugendliche.

- Der Fokus liegt bei Migration und Integration. Finanzielle Unterstützung für die besten Praktiken auf diesem Gebiet, speziell im lokalen Bereich. Finanzielle Unterstützung gibt es nicht nur im Zusammenhang mit spezifischen Programmen, sondern auch für ausgewählte individuelle Programme.
- Das Förderprogramm »Talent im Land« bietet Förderstipendien für Schüler mit Migrationshintergrund in Baden-Württemberg.

NAME **Stavros Niarchos Foundation**
LAND Griechenland
WIRKEN Die Stavros Niarchos Foundation fördert weltweit von Kultur bis Bildung.

NAME **Stefan Batory Foundation**
LAND Polen
WIRKEN Fördert NGO-Koalitionen in den Visegrad-Ländern (Tschechien, Ungarn, Polen, Slowakei). Ziel: Änderung der öffentlichen Politik.

NAME **Stiftung »Erinnerung, Verantwortung und Zukunft«**
LAND Deutschland
WIRKEN Fördert Bildungsprojekte, die mit Menschenrechten und historischen und aktuellen Migrations- und Integrationsthemen zu tun haben. Unterstützt die internationale Zusammenarbeit zwischen europäischen Ländern und Israel bei Bildungsprojekten zum o.g. Thema.

NAME **Stiftung Mercator**
LAND Deutschland
WIRKEN Die Stiftung Mercator unterstützt Initiativen zur Bildungsförderung, Integration und internationalen Kooperation.

- Das Programmfeld »Integration« soll speziell die Ungleichheiten eliminieren, welche zwischen Menschen mit Migrationshintergrund und deutscher Abstammung existieren (Schule, Universitätsabschlüsse).

NAME **Netzwerke für Bildungspartner e.V.**
LAND Deutschland
WIRKEN Netzwerke für Bildungspartner ist eine Initiative der Landesregierung von Baden-Württemberg, der Robert Bosch Stiftung und der Breuninger-Stiftung. Sie unterstützt die Kooperation von Bildungseinrichtungen und Eltern mit Migrationshintergrund.

NAME **Vodafone Stiftung**
LAND Deutschland
WIRKEN The Vodafone Foundation Germany fördert eine bessere Ausbildungsperspektive. Förderstipendien für private Universitäten für Studenten mit Migrationshintergrund.

NAME **Stiftung Interkultur**
LAND Deutschland
WIRKEN Die Stiftung Interkultur will neues Verständnis von sozialer Integration, reagiert auf Impulse der Immigranten-Gemeinde, die Gesellschaft zu gestalten. Projekt Interkulturelle Gärten. Dort treffen sich Deutsche und Einwanderer verschiedener Lebensstile und sozialer Milieus.

NAME **Francesc Candel Awards for Integration**
LAND Spanien
WIRKEN Preisverleihung für Immigranten nach Katalonien, die beigetragen haben zu einem harmonischen Zusammenleben und die die Kultur und Sprache des Landes kennen. Fördert Kontakte zwischen Immigranten und Katalanen sowie eine positive Darstellung von Einwanderung in den Medien.

NAME **Oeuvre Nationale de Secours Grand Duchesse Charlotte**
LAND Luxemburg
WIRKEN Seit 1944 Finanzierung von Wohltätigkeit und Solidarität in Luxemburg. Die Ressourcen stammen hauptsächlich aus der Nationalen Lotterie.

NAME **The Luxembourg Private Foundation**
LAND Luxemburg
WIRKEN Berät bei privaten philanthrophischen Projekten in Europa und weltweit.

NAME **The Swedish Inheritance Fund**
LAND Schweden
WIRKEN Fördert Projekte für Kinder, Jugendliche und Behinderte. Priorität. Gender-Gleichheit, Integration, Multikulturalismus.

NAME **NOS-OSF East – East Programme – Partnership without Borders**
LAND Slowakei
WIRKEN Unterstützt Programme für internationalen Austausch und Treffen. Teil des Soros-Netzwerkes.

NAME **Workshop for Civic Initiatives Foundation**
LAND Bulgarien
WIRKEN Fördert lokale Initiativen, die verschiedene Communities dazu ermutigen, Verantwortung zu übernehmen und gemeinsam für soziale Entwicklung zu arbeiten.

NAME **America for Bulgaria Foundation**
LAND Bulgrien
WIRKEN Zielgruppe unterprivilegierte, arme Schichten in Bulgarien, Verbesserung der Ausbildungs-, Arbeits-, Wohnungssituation. Öffentliche Gesundheit.

NAME **Metropolitan Migration Foundation**
LAND England
WIRKEN Die Metropolitan Migration Foundation hilft Migranten und den Kommunen, wo sie leben, einschließlich Flüchtlingen und Asylsuchenden.

NAME **European Programme for Integration and Migration (EPIM)**
LAND verschiedene Länder
WIRKEN EPIM hat das Ziel, NGOs zu stärken, die sich mit dem Thema »Migration und Integration« befassen und Lobbyarbeit für eine europäische Agenda machen, die Migranten und aufnehmende Gemeinden begünstigt.

- Die erste Phase des Programms wurde erfolgreich abgeschlossen und die zweite Phase lanciert. Fördergelder möglich für kurze oder längere Projekte (bis 3 Jahre).

NAME	**Delhaize Group Fund**
LAND	Luxemburg und Belgien
WIRKEN	Fördert nicht-kommerzielle Privatinitiativen, um das nachbarschaftliche Zusammenleben zu verbessern.
NAME	**XminY**
LAND	verschiedene Länder
WIRKEN	XminusY unterstützt soziale Bewegungen, Aktionsgruppen und Veränderer, die für eine faire demokratische, nachhaltige und tolerante Welt kämpfen. Fördergelder für eine große Breite von Themen.

Diese Liste, welche der Internetpräsenz der EU-Kommission entnommen wurde, ist ein weiterer Beweis dafür, dass Migration mit Milliardenbeträgen gefördert wird. Eine politische Hygiene scheint in Brüssel nicht zu existieren, sonst würde es irgendjemandem aufgefallen sein, wie merkwürdig die Brüsseler Empfehlung ist, die finanziellen Förderungen dieser Stiftungen in Anspruch zu nehmen.

Die von der globalen Elite, personifiziert durch Repräsentanten in EU-Gremien und Stiftungen, verfolgte Migrationsagenda stellt eine historisch beispiellose Revolution von oben dar, die tyrannisch durchgedrückt wird und Machtverfilzungen mit privaten superreichen Stiftungen ausdrücklich fördert. Diese Revolution von oben »transformiert« unser aller Leben auf immer, ohne dass irgendein Bürger Europas für diese Transformation gestimmt hätte.

Kapitel 27

Der Sachverständigenrat deutscher Stiftungen für Migration und Integration

Es gibt in Deutschland eine Institution, die zum Thema des Buches nicht unerwähnt bleiben darf: den Sachverständigenrat deutscher Stiftungen für Migration und Integration. Unter »Aufgaben und Ziele« nennt dieser Sachverständigenrat »unabhängige Politikberatung«. Er begreift sich als »unabhängige Institution«.

Seine Aufgabe ist unter anderem, ein Jahresgutachten zu erstellen, das mit einem »Integrationsbarometer« ausgestattet ist. Dazu …

> werden Personen mit und ohne Migrationshintergrund befragt, sodass die Einschätzungen und Bewertungen beider Seiten der Einwanderungsgesellschaft sichtbar werden. Das Integrationsbarometer misst das Integrationsklima in Deutschland.

Der Sachverständigenrat huldigt ebenfalls der Migrationsagenda, dem Multikulturalismus und der *»diversity«*.

> Deutschland ist ein Einwanderungsland. Integration und Migration sind zentrale Zukunftsthemen, die Politik und Gesellschaft auch in den nächsten Jahren vor erhebliche Herausforderungen stellen. Als unabhängige Institution der wissenschaftlichen Politikberatung bietet der Sachverständigenrat politischen Entscheidern handlungsorientierte Empfehlungen und kritische Politikbegleitung in den Themenfeldern Integration und Migration.

Der Sachverständigenrat deutscher Stiftungen für Migration und Integration geht auf eine Initiative der Stiftung Mercator und der Volkswagen-Stiftung zurück. Ihr gehören sieben Stiftungen an:

- Stiftung Mercator,
- Volkswagen-Stiftung,
- Bertelsmann Stiftung,

- Freudenberg Stiftung,
- Robert Bosch Stiftung,
- Stifterverband für die Deutsche Wissenschaft und
- Vodafone Stiftung Deutschland.

Wie unabhängig kann der Sachverständigenrat sein, wenn er von Stiftungen finanziert wird, die ganz massiv für Migration werben?

Und wie unabhängig können Studien sein, die von der Bertelsmann Stiftung bezahlt werden? Das 1967 innerhalb der damaligen Bundesanstalt für Arbeit (BA) gegründete Institut für Arbeitsmarkt- und Berufsforschung, heute eine Forschungseinrichtung der Bundesagentur für Arbeit, ließ sich eine Studie* zur Frage der Notwendigkeit von Migration für den deutschen Arbeitsmarkt von Bertelsmann bezahlen, die 2015 zum Ergebnis kam, dass es spätestens ab 2025 jährlich eine Nettoeinwanderung von 533 000 Personen vor allem aus nichteuropäischen Ländern geben müsse, damit die dann abtretenden geburtenstarken Jahrgänge ersetzt werden könnten. Ohne Zuwanderung werde das Erwerbspersonenpotenzial in Deutschland bei gleichbleibenden Erwerbsquoten bis zum Jahr 2050 um 36 Prozent zurückgehen.

Und was ist mit dem technologischen Fortschritt, der Digitalisierung etc.?

Die IAB/Bertelsmann-Studie gibt sich einsilbig und wortkarg. Sie stellt nur einen nicht weiter begründeten Satz in den Raum: »Es ist nicht zu erwarten, dass der technologische Fortschritt (zum Beispiel zunehmende Digitalisierung) allein den demografiebedingten Rückgang der Erwerbspersonen auffangen kann.« Das war's!

Wenn dieser Rückgang nicht ausgeglichen werden könne, »drohen vielfältige volkswirtschaftliche Konsequenzen.« Was droht? Unternehmen, die nicht genug Arbeitskräfte fänden, müssten ihr Gewerbe einschränken oder im internationalen Vergleich erheblich höhere Gehälter zahlen, was natürlich ganz, ganz furchtbar wäre, oder Arbeitsplätze ins Ausland verlagern – als ob das nicht schon seit Jahren geschehen würde. Und schließlich wären da noch die Kosten für die sozialen Sicherungssysteme, die vermutlich steigen müssten.[108]

Was sind Studien wert, die mit keinem Wort ein Interesse für den japanischen Weg zeigen, wo der Bevölkerungsrückgang schon vor

---

* »Zuwanderungsbedarf aus Drittstaaten in Deutschland bis 2050«.

Jahrzehnten einsetzte? Die japanische Wirtschaft ist bekanntlich hoch effizient; ihre Stärken liegen besonders im internationalen Handel und der forschungsintensiven Hochtechnologie; die Arbeitslosenquote ist im Verhältnis zu anderen Industriestaaten sehr niedrig, die Migrantenquote gleich null, die Lebenserwartung ist die höchste der Welt. Die Gesundheitsausgaben betrugen im Jahr 2008 in Japan weniger als 8,5 Prozent des Bruttoinlandsproduktes, im Kontrast zu 16,4 Prozent in den USA und 10,7 Prozent in Deutschland«.[109] Natürlich hat auch Japan, ähnlich wie die europäischen Länder, steigende Sozialabgaben. Für 2025 wird erwartet, dass 27 Prozent des Nationaleinkommens für Sozialausgaben ausgegeben werden, eine Quote, die bereits jetzt von vielen EU-Ländern übertroffen wird.

In Deutschland ist man mittlerweile aufgrund der allgegenwärtig und andauernd als alleiniges Heilmittel gepredigten Migrationsagenda auch in der Wissenschaft völlig abgekoppelt davon, dass andere Länder andere Wege als den der Masseneinwanderung gehen. »Die japanische Seite verfolgt in einigen Bereichen des demografischen Wandels ganz andere Strategien, als wir es bisher in Deutschland tun«[110], konstatiert Prof. Dr. Ing. Matthias Kleiner, Präsident der Leibniz-Gemeinschaft, der vom 20. bis 22. Juni 2016 in Tokio einen wissenschaftlichen Kongress besuchen wird, bei dem es auch um Wissenstransfer geht.

Kapitel 28

2015: Die Festung Europa wurde geschleift!

Dass es den Organisationen PRO ASYL, Kein Mensch ist illegal (kmii), Die Karawane, The Voice, Jugendliche ohne Grenzen (JoG), den Flüchtlingsräten, dem Netzwerk Kritische Migrations- und Grenzregimeforschung (kritnet), dem Welcome to Europe Network (W2EU), Afrique-Europe-Interact und der Abschiebehaft-Vernetzung, die sich im bereits vorgestellten »Netzwerk der Antirassisten« zusammengeschlossen haben, keineswegs nur um humanitäre Anliegen geht, wird in dessen aktuellem Newsletter (Dezember 2015 / Januar 2016) im Rückblick auf das erfolgreiche vergangene Jahr deutlich, worin im Stile eines hochgemuten Feldherrn vermeldet wird:

> *Die Festung Europa wurde 2015* mehr denn je an seinen [sic] Außengrenzen *geschleift*, die *massenhaften Überfahrten* in der Ägäis haben sich zunächst in Durchbrüche auf der Balkanroute und dann weiter in Korridore bis in die Zentren der EU verlängert. Auf der gesamten Strecke haben sich spontane Welcome-Initiativen gebildet, vieles hat sich zu stetigen Unterstützungsstrukturen weiterentwickelt. Sicherlich: der »lange Sommer der Migration« erreichte im September seinen dynamischen Höhepunkt und ist nun zunehmend mit »einem Winter der Reaktion« konfrontiert.
>
> Doch die Ankunftszahlen in der Ägäis sind selbst Mitte Dezember vergleichsweise hoch, Tausende bewegen sich nach wie vor täglich *durch den (kontrollierten) Korridor* nach Norden, und wie die jüngsten Kämpfe an der griechisch-mazedonischen Grenze zeigen, bleibt die *Balkanroute ein hart umkämpfter Raum.* Es ist mehr als offen, wie es dort weitergeht in den kommenden Wochen und dann im Frühling 2016, wenn die Anzahl der Flüchtenden aller Voraussicht nach wieder zunehmen wird …

Das antirassistische Netzwerk hatte Folgendes erreichen wollen:

> Unsere zentralen Forderungen nach globaler Bewegungsfreiheit und gleichen Rechten für alle stehen in dieser Perspektive, in der es rassistische Spaltungen zu bekämpfen und das sogenannte Migrationsmanagement sowie jegliches Grenzregime abzuschaffen gilt.

Wohl selten konnte man zu einem vollständigeren Sieg gratulieren! Und selten waren die Ziele der übelsten Finanzfeudalisten und Ausbeuter unseres Planeten wohl mehr in Übereinstimmung mit denen linker, antirassistischer Aktivisten, PRO ASYL, über Kirchen bis hin zu Wohlfahrtsverbänden!

Der ungarische Premierminister Viktor Orbán beschuldigte George Soros kürzlich, das prominenteste Mitglied eines Kreises von Aktivisten zu sein, die versuchten, die europäischen Nationen zu unterminieren, indem sie Flüchtlinge unterstützten, die aus Nahost und darüber hinaus mit Ziel nach Europa unterwegs seien.

Orbán sagte in einem Interview mit dem öffentlichen Radiosender Kossuth:

> Sein Name ist vielleicht das stärkste Beispiel für diejenigen, die alles unterstützen, was die Nationalstaaten schwächt. Sie unterstützen alles, was den traditionellen europäischen Lebensstil verändert. Diese Aktivisten, die Einwanderer unterstützen, werden unbeabsichtigt zu einem Teil dieses internationalen Menschenschmuggelnetzwerks.[111]

Soros antwortete in einer Stellungnahme, seine Stiftung helfe dabei, »europäische Werte hochzuhalten«, während Orbáns Handlungen »diese Werte unterminieren«.

»Sein Plan hat den Schutz nationaler Grenzen zum Ziel, unser Plan dagegen hat den Schutz von Flüchtlingen zum Ziel und sieht nationale Grenzen als Hindernis an«, so *Bloomberg News* am 30. Oktober 2015.

Ausblick

Man muss kein besonders befähigter Zukunftsseher sein, um zu erkennen, dass unsere Welt massiv bedroht ist. Das internationale Recht geht von souveränen Nationalstaaten aus. Je mehr diese abgetragen werden, desto mehr wird sich das Recht der Stärkeren wieder durchsetzen. Einige dieser »Stärkeren« wurden in diesem Buch im Originalton und unter sich diskutierend wiedergegeben. Es sind genau die, welche heute bereits einen Großteil der finanziellen und sonstigen Ressourcen unseres Planeten unter ihre Kontrolle gebracht haben.

Mit dem Abräumen der Grenzen, den Schutzräumen, welche nationale Besonderheiten, Gesetze und Traditionen bieten, wird uns bald ein rauerer Wind um die Nase wehen. Die brutale Zerstörung von gewachsenen Strukturen, die ungeheure Respektlosigkeit, mit der die europäischen Völker und ihre ethnischen und kulturellen Besonderheiten für Abfall der Geschichte, ja für nie existent erklärt werden, lässt Böses ahnen.

Die Migrationsagenda, die mit zuckersüßen Worten voller Humanität, Menschlichkeit und Wohltäterei daherkommt, ist neben dem Krieg eine der destruktivsten Waffen gegen die Menschheit. Ihre vollständige Umsetzung wird den Stiefelabdruck der Globalisten auf unserer Stirn vergrößern.

Der Verrat der politischen und anderen Eliten in Deutschland und Europa an den ihnen anvertrauten Völkern ist in der Geschichte wohl einmalig. Ihr verlässlichster Verbündeter heißt Dummheit. Die Hauptvertreter der Migrationsagenda gleichen Wölfen im Schafpelz, die fest auf ihre Schafe zählen können, die als Mitläufer, Wiederholer und Verbreiter die Formeln und Losungen der Migrationsagenda tagaus, tagein daherblöken. Als Belohnung gibt es saftigstes Gras zu knabbern. Spaß beiseite.

In der gesamten EU ist das Recht auf Familiennachzug anerkannt. Auf der Basis dieses Rechts können Bürger aus Nicht-EU-Staaten mit legalem Status Ehegatten, Personen aus eheähnlichen Partnerschaften, erwachsene abhängige Kinder, minderjährige Kinder, abhängige ältere Familienangehörige und Kinder ihrer Gatten in die EU bringen. Diese Angehörigen erhalten, einmal in der EU, eine Aufenthaltsgenehmigung mit Zugang zu Bildung, Arbeit und Gesundheitswesen wie EU-Bürger auch.

Mit welchem Faktor darf man 1 Million multiplizieren? Niemand weiß es. Zu der Million an Migranten von 2015 können jetzt legal 2, 3, 4 ,5 ,6 Millionen hinzukommen.

Zur Versorgung der Flüchtlinge wird der Bund bis 2020 insgesamt rund 93,6 Milliarden Euro bereitstellen. Das geht aus einer Aufstellung des Bundesfinanzministeriums für die Verhandlungen mit den Ländern hervor, die der *Spiegel* veröffentlichte.[112]

Wer das wohl bezahlt?

Was hätte man für einen Bruchteil dieses Geldes alles in den Herkunftsländern der Migranten, z.B. in Syrien, wiederaufbauen können?

Das Haus von Wolfgang Schäuble unterstellt bei seiner Schätzung, dass 2016 rund 600 000 Flüchtlinge ins Land kommen, nächstes Jahr

400 000 und in den Folgejahren jeweils 300 000 und dass 55 Prozent der anerkannten Flüchtlinge nach 5 Jahren einer Arbeit nachgehen würden.

Die Basis für diese Schätzung ist, um das Mindeste zu sagen, äußerst brüchig.

Den herrschenden Eliten gebührt die Ehre, unser Land und unseren Kontinent einer ungewissen Zukunft ausgeliefert zu haben.

Quellennachweise

Teil 1: Das große Versagen der EU

1 Asylgesetz in der Fassung der Bekanntmachung vom 2. September 2008 (BGBl. I S. 1798), das zuletzt durch Artikel 2 des Gesetzes vom 11. März 2016 (BGBl. I S. 394) geändert worden ist; auch unter *http://www.gesetze-im-internet.de/asylvfg_1992/BJNR111260992.html*.

2 *Wikipedia.de: https://de.wikipedia.org/wiki/Flüchtlingskrise_in_Europa_ab_2015*.

3 *Focus Online*: »Polizei-Gewerkschaft: ›Derzeit werden nur zehn Prozent der Flüchtlinge registriert‹«, 24.01.2016, *http://www.focus.de/politik/deutschland/hat-der-innenminister-bewusst-gelogen-polizei-???dokument-belegt-de-maizieres-fluechtlingszahlen-sind-voellig-falsch_id_5234675.html*.

4 Ebd.

5 *Focus Online*: »›Etwa die Hälfte der Flüchtlinge nicht erfasst‹: Das große Registrierungs-Chaos«, 03.11.2015, *http://www.focus.de/politik/deutschland/gabriel-schockiert-mit-hoher-zahl-etwa-die-haelfte-der-fluechtlinge-nicht-erfasst-das-grosse-registrierungs-chaos_id_5060441.html*.

6 *Welt.de*: »De-Maiziere spricht von ganz vielen Nachregistrierungen«, 05.04.2016, *http://www.welt.de/politik/deutschland/article154001458/De-Maiziere-spricht-von-ganz-vielen-Nachregistrierungen.html*.

7 *Merkur.de*: »Wie viele Flüchtlinge kommen 2016 nach Deutschland?«, 04.01.2016, *http://www.merkur.de/politik/wie-viele-fluechtlinge-kommen-2016-nach-deutschland-6004062.html*.

8 UNHCR: »Worldwide displacements hits all-time high as war and persecution increase«, 18.06.2015, *www.unhcr.org/558193896.html http://www.unhcr.org/558193896.html*.

9 Auswärtiges Amt: »Deutschland unterstützt die syrische Opposition«, 11.07.2013, *www.auswaertiges-amt.de/DE/Aussenpolitik/Laender/Aktuelle_Artikel/Syrien/130711_Verbindungsbüro-syrische-Opposition.html*.

10 Eurostat: »Zahl der Asylbewerber in der EU im Jahr 2014 sprunghaft auf mehr als 625 000 gestiegen«, 20.03.2015, *http://ec.europa.eu/eurostat/documents/2995521/6751783/3-20032015-BP-DE.pdf*.

11 *Welt.de*: »Erst zehn Prozent der Fluchtwelle angekommen«, 10.01.2016, *http://www.welt.de/politik/deutschland/article150814404/Erst-zehn-Prozent-der-Fluchtwelle-angekommen.html*.

12 *Newsweek*, Titelgeschichte: »Mastermind – The evil genius behind the migrant crises«, 19.06.2016: *http://europe.newsweek.com/mastermind-evil-genius-behind-migrant-crisis-328471*.

13 Ebd.

14 *www.corrierequotidiano.it:* 20. April 2015.

15 Europäische Kommission, Pressemitteilung vom 04.12.2013: »Lampedusa und die Folgen: Konkrete Maßnahmen sollen Verlust von Leben im Mittelmeer verhindern

und Bewältigung von Migrations- und Asylströmen verbessern«, *http://europa.eu/rapid/press-release_IP-13-1199_de.htm.*

[16] Europäische Kommission: Mitteilung and das Europaparlament und den Rat vom 04.12.2013, *http://ec.europa.eu/dgs/home-affairs/what-is-new/news/news/docs/20131204_communication_on_the_work_of_the_task_force_mediterranean_en.pdf.*

[17] Europäische Kommission: »Global Approach to Migration and Mobility«, *http://ec.europa.eu/dgs/home-affairs/what-we-do/policies/international-affairs/global-approach-to-migration/index_en.htm.*

[18] Europäische Kommission, siehe Endnote 15.

[19] Europäische Kommission, Pressemitteilung vom 11.11.2015, *http://europa.eu/rapid/press-release_IP-15-6050_en.htm?locale=EN.*

[20] Europäische Kommission: »Mitteilung der Kommission an das Europäische Parlament und den Rat über die Arbeit der Mittelmeer-Task Force«, 04.12.2013, *eur-lex.europa.eu/legal-content/DE/TXT/HTML/?uri=CELEX:52013DC0869&from=en.*

[21] Hein de Haas, 28.05.2011, *http://heindehaas.blogspot.de/2011/05/development-leads-to-more-migration.html.*

[22] Europäischer Rat, Verlautbarung vom 03.06.2013, *http://ec.europa.eu/dgs/home-affairs/what-is-new/news/news/2013/docs/20130607_declaration_conjointe-maroc_eu_version_3_6_13_en.pdf.*

[23] Pro Asyl: »Europas Schande: ›Triton‹ und ›Mare Nostrum‹ im Vergleich«, *http://www.proasyl.de/de/news/detail/news/europas_schande_triton_und_mare_nostrum_im_vergleich/.*

[24] *Analisidifesa.it:* »La demenziale convivenza tra Triton e Mare Nostrum«, *http://www.analisidifesa.it/2014/11/triton-e-mare-nostrum-un-mese-di-demenziale-convivenza/.*

[25] *Migrantsatsea.org:* »Satellite Imagery Used by Frontex to Detect and Rescue Migrant Boats«, 12.10.2015, *https://migrantsatsea.org/2015/10/12/satellite-imagery-used-by-frontex-to-detect-and-rescue-migrant-boats/.*

[26] Frontex: »Eurosur«, *http://frontex.europa.eu/intelligence/eurosur/.*

[27] BPOLP: *BRD_BMI_VS_Lagebericht_210116.pdf.*

[28] *FAZ.net*: »Paris: Anti-Schleuser-Mission nur begrenzt wirksam«, 21.01.2016, *http://www.faz.net/aktuell/politik/fluechtlingskrise/paris-anti-schleuser-mission-der-eu-nur-begrenzt-wirksam-14025855.html.*

[29] SOS Mediterranee: *http://sosmediterranee.org/?lang=de.*

[30] Sea-Watch*: http://sea-watch.org/das-projekt/*

[31] *Novinite.com*: »Bulgarian Red Cross: 3-4 Million Refugees Expected to Reach Europe in Spring«, 23.01.2016, *http://m.novinite.com/articles/172772/Bulgarian+Red+Cross%3A+3-4+Million+Refugees+Expected+to+Reach+Europe+in+Spring.*

[32] Europäische Kommission, Pressemitteilung vom 04.12.2013: »Lampedusa und die Folgen: Konkrete Maßnahmen sollen Verlust von Leben im Mittelmeer verhindern und Bewältigung von Migrations- und Asylströmen verbessern«, *http://europa.eu/rapid/press-release_IP-13-1199_de.htm.*

[33] Verordnung (EU) Nr. 1052/2013 des Europäischen Parlaments und des Rates vom 22. Oktober 2013 zur Errichtung eines Europäischen Grenzüberwachungssystems (EUROSUR), *http://eur-lex.europa.eu/LexUriServ/LexUriServ.do?uri=OJ:L:2013:295:0011:0026:DE:PDF.*

34 Frontex: Eurosur, *http://frontex.europa.eu/intelligence/eurosur/.*

35 Vgl. *Wikipedia: https://de.wikipedia.org/wiki/Eurosur.*

36 Euractiv: »Parlament sagt ja zu Überwachungssystem EUROSUR«, *http://www.euractiv.de/soziales-europa/artikel/parlament-sagt-ja-zu-ueberwachungssystem-eurosur-008106.*

37 Ebd.

38 *Blick:* »Jagd auf den Chef-Schlepper«, 17.08.2015, *http://www.blick.ch/news/ausland/ermias-ghermay-verdiente-schon-70-millionen-am-elend-der-mittelmeer-fluechtlinge-jagd-auf-den-chef-schlepper-id4075793.html.*

39 *taz:* »Das Mittelmeer wird zum Friedhof«, 12.10.2013, *http://www.taz.de/Neues-Schiffsunglueck-vor-Lampedusa/!5057304/.*

40 Ebd.

41 Ebd.

42 *tagesschau.de:* »Straftatbestand: Illegale Einwanderung«, 07.10.2013, *https://web.archive.org/web/20140901151301/http://www.tagesschau.de/ ausland/lampedusa498.html.*

43 Ebd.

44 Vivienne Walt: »ISIS Makes a Fortune From Smuggling Migrants Says Report«, *Time Online,* 13.05.2015, *http://time.com/3857121/isis-smuggling/.*

45 Das Norwegian Center for Global Analysis wurde gegründet, um die UN in Bezug auf drohende Gefahren für Umwelt, Entwicklung, Frieden und Sicherheit mit der Fähigkeit zur Krisenreaktion und zeitiger Information und Analyse zu unterstützen.

46 The Global Initiative against Transnational Organized Crime: »Libya: Criminal economies and terrorist financing in the trans-Sahara«*12.05.2015, http://www.globalinitiative.net/libya-criminal-economies-and-terrorist-financing-in-the-trans-sahara/*

47 Vivienne Walt, *Time Online,* a. a. O.

48 *Zeit Online*: »Billigfleisch für Afrika«, 20.01.2015, *http://www.zeit.de/wirtschaft/2015-01/exporte-gefluegel-afrika.*

49 *EurActiv.de:* »Merkels Afrika-Beautragter: ›EU-Freihandelsabkommen EPA macht Entwicklungshilfe zunichte‹«, *http://www.euractiv.de/sections/entwicklungspolitik/afrika-beautragter-nooke-freihandelsabkommen-epa-macht.*

50 *Wikipedia: https://de.wikipedia.org/wiki/Union_für_den_Mittelmeerraum.*

51 Vgl. *https://de.wikipedia.org/wiki/Parlamentarische_Versammlung_der_Union_für_den_Mittelmeerraum.*

52 *Jewish Business News:* »Peter Sutherland: Migration Opportunity«, 02.03.2015, *http://jewishbusinessnews.com/2015/03/02/peter-sutherland-the-migration-opportunity/.*

53 Project Syndicate: »Europas Herausforderung durch die Immigration«, 20.07.2012, *https://www.project-syndicate.org/commentary/europe-s-immigration-challenge?version=german.*

54 *The New York Times:* »Italy to pay Libya $5 billion«, 31.08.2008, *http://www.nytimes.com/2008/08/31/world/europe/31iht-italy.4.15774385.html?_r=0.*

55 *Migrants at Sea:* »Gadhafi Suggests EU-Funded Program to Combat Illegal Immigration«, 04.05.2010, *http://migrantsatsea.org/tag/moammar-gadhafi/.*

56 »EU keen to strike deal with Muammar Gaddafi on immigration«, 01.09.2010, *http://www.theguardian.com/world/2010/sep/01/eu-muammar-gaddafi-immigration.*

[57] Ebd.

[58] Council of the European Union: »The Joint Report by EUROPOL, EUROJUST and FRONTEX on the State of Internal Security in the EU«, 07.05.2010, *http://www.statewatch.org/news/2010/aug/eu-council-eurojust-europol-frontex-int-sec-9359-10.pdf.*

[59] European Commission: »The 2015 Ageing Report«, *http://ec.europa.eu/economy_finance/publications/european_economy/2014/pdf/ee8_en.pdf.*

[60] a.a.O., siehe Endnote 58.

[61] The Global Initiative against Transnational Organized Crime: »Libya: Criminal economies and terrorist financing in the trans-Sahara«*12.05.2015, http://www.globalinitiative.net/libya-criminal-economies-and-terrorist-financing-in-the-trans-sahara/*

[62] *BBC News:* »Libya conflict: Black African migrants caught in backlash«, 18.09.2011, *http://www.bbc.com/news/world-africa-14965062.*

[63] The Global Initiative against Transnational Organized Crime: »Lybia: A growing hub for criminal Economies and Terrorist Financing in the Trans-Sahara«, 11.05.2015, *http://www.ac-grenoble.fr/lycee/berthollet.annecy/IMG/pdf/libya_criminal_economies_in_the_trans-sahara_-_may_2015.pdf.*

[64] Ebd.

[65] Ebd.

[66] Ebd.

[67] *Die Welt Online:* »IS-Terrormiliz hat starken Zulauf in Libyen«, 04.02.2016, *http://www.welt.de/politik/ausland/article151861011/IS-Terrormiliz-hat-starken-Zulauf-in-Libyen.html.*

[68] Europäisches Parlament: »Europas demographisches Defizit«, 02.06.2008, *http://www.europarl.europa.eu/sides/getDoc.do?pubRef=-//EP//TEXT+IM-PRESS+20080414FCS26499+0+DOC+XML+V0//DE.*

[69] Ebd.

[70] Ebd.

[71] Ebd.

[72] European Commission: *Europe's demographic future: Facts and figures on challenges and opportunities; ke8007123_en.pdf* (*ec.europa.eu/social/BlobServlet?docId=2053&langId=en*)

[73] European Parliament: »As Europe Ages, how can we tackle its demographic decline?«, 14.04.2008, *http://www.europarl.europa.eu/sides/getDoc.do?pubRef=-//EP//NONSGML+IM-PRESS+20080414FCS26499+0+DOC+PDF+V0//EN&language=EN*

[74] *Winston S. Churchill, His complete Speeches, Vol 7: 1943-1949, New York 1974, pp. 7483-8; excerpts in United Europe. Speeches at the Royal Albert Hall on the creation of a united Europe 14 May 1947, London 1947, pp. 4-13;* R.R. James (ed.) Churchill speaks.

[75] *faz:* »Es lebe die Europäische Republik!«, 28.03.2013, *http://www.faz.net/aktuell/wirtschaft/eurokrise/zukunft-europas-es-lebe-die-europaeische-republik-12126084-p2.html.*

[76] *faz:* »Vertrauen erneuern – Verbindlichkeit stärken«, 22.02.2013, *http://www.faz.net/aktuell/politik/inland/gauck-rede-im-wortlaut-vertrauen-erneuern-verbindlichkeit-staerken-12090513.html.*

[77] Ebd.
[78] *https://www.youtube.com/watch?v=y4TbyelZXBQ*
[79] Ebd.
[80] re-publica: *https://re-publica.de/uber-republica.*
[81] *https://www.youtube.com/watch?time_continue=118&v=3DMi5hIRBkQ*
[82] *Deutschlandfunk:* »Lassen wir Flüchtlinge eigene Städte nachbauen«, 25.02.2016, *http://www.deutschlandfunk.de/integration-lassen-wir-fluechtlinge-eigene-staedte-nachbauen.694.de.html?dram:article_id=346590.*
[83] Der Bundespräsident: »Deutschlands Rolle in der Welt: Anmerkungen zu Verantwortung, Normen und Bündnissen«, 31.01.2014, *http://www.bundespraesident.de/SharedDocs/Reden/DE/Joachim-Gauck/Reden/2014/01/140131-Muenchner-Sicherheitskonferenz.html*
[84] Bundesministerium der Finanzen: »Unser Rendevouz mit der Globalisierung«, 04.02.2016, *http://www.bundesfinanzministerium.de/Content/DE/Interviews/2016/2016-02-04-PNP.html.*
[85] MDR.de, *MDR-aktuell:* »Deutschland will globale Führung übernehmen«, 27.05.2016, *www.mdr.de/nachrichten/politik/inland/weissbuch-globale-bundeswehr-einsaetze-ausland-aussenpolitik-100.html.*
[86] *The Telegraph:* »Angela Merkel's paying a high price to get her way«, 21.09.2015, *http://www.telegraph.co.uk/news/worldnews/europe/germany/angela-merkel/11880279/Angela-Merkels-paying-a-high-price-to-get-her-way.html.*
[87] *Werra Rundschau:* »EU: Die Türkei muss noch viel tun«, 05.05.2016.
[88] European Commission: Annual Colloquium on Fundamental Rights 2015 – »Tolerance and respect: preventing and combating antisemitic and anti-Muslim hatred in Europe« *http://ec.europa.eu/justice/events/colloquium-fundamental-rights-2015/files/colloquium_agenda_18_september_web_en.pdf.*
[89] Ebenda und auch: *https://www.youtube.com/watch?v=q94syUDDhxA.*
[90] *Focus Online:* »Die Balkanroute ist dicht? Diese Zahlen beweisen das Gegenteil«, 25.05.2016, *http://www.focus.de/politik/videos/fluechtlingskrise-die-balkanroute-ist-dicht-diese-zahlen-beweisen-das-gegenteil_id_5566321.html.*
[91] *Handelsblatt:* »Der nächste Ansturm kommt aus Libyen«, 14.04.2016, *http://www.handelsblatt.com/my/politik/international/neue-suedroute-der-fluechtlinge-der-naechste-ansturm-kommt-aus-libyen/13445250.html.*
[92] Thomas Gutschker: »Keine Kontrolle über die Außengrenzen«, *faz* vom 02.02.2016, *http://www.faz.net/aktuell/politik/fluechtlingskrise/griechenland-hat-keine-kontrolle-mehr-ueber-die-europaeischen-aussengrenzen-14043580.html?printPagedArticle=true#pageIndex_2.*
[93] *dw.com:* »Schleuserroute Südost: das Geschäft mit den Flüchtlingen«, 13.11.2015, *http://www.dw.com/de/schleuserroute-s%C3%BCdost-das-geschäft-mit-den-flüchtlingen/a-18847838.*
[94] *Tagesanzeiger:* »Schnelles Geld auf Kosten der Migranten«, 27.08.2015, *http://www.tagesanzeiger.ch/ausland/europa/schnelles-geld-auf-kosten-der-menschen/story/19266603.*
[95] *Handelsblatt:* »Zäune helfen Schleppern«, 30.12.2015, *http://www.handelsblatt.com/politik/international/fluechtlinge-und-grenzen-zaeune-helfen-schleppern/12777130.html.*

[96] *Merkur.de:* »Die Schleuser machen ihr Geschäft – und die türkische Polizei schaut weg«, 19.07.2016, *http://www.merkur.de/politik/interview-schleuser-machen-geschaeft-tuerkische-polizei-schaut-weg-6185762.html.*

[97] *Zeit Online:* »Steinmeier kritisiert möglichen Nato-Einsatz gegen Schlepper«, 10.02.2016, *http://www.zeit.de/politik/ausland/2016-02/frank-walter-steinmeier-kritisiert-plan-nato-kuestenschutz.*

[98] NATO OTAN: »Assistance for the refugee and migrant crisis in the Aegean Sea«, 27.06.2016, *http://www.nato.int/cps/en/natohq/topics_128746.htm?selectedLocale=en.*

[99] *taz:* »Halber Einsatz im Ägäischen Meer«, 15.04.2016, *http://www.taz.de/!5292741/.*

[100] *http://dipbt.bundestag.de/doc/btd/18/082/1808248.pdf.* Am 27.4.2016 beantwortete die deutsche Bundesregierung eine kleine Anfrage einiger Abgeordneter der Fraktion DIE LINKE. Deutscher Bundestag, Drucksache 18/8248, 18. Wahlperiode, 27.04.2016. Antwort der Bundesregierung auf die Kleine Anfrage der Abgeordneten Dr. Alexander S. Neu, Andrej Hunko, Ulla Jelpke, weiterer Abgeordneter und der Fraktion DIE LINKE.

[101] Ebd.

[102] Ebd.

[103] Thomas Wiegold: »NATO und europäische Flüchtlingskrise: ›Hilfe für Partner und die EU bei wichtigster Aufgabe‹«, in: *Augen geradeaus!*, 26.02.2016, *http://augengeradeaus.net/2016/02/nato-und-europaeische-fluechtlingskrise-hilfe-fuer-partner-und-die-eu-bei-wichtigster-aufgabe/.*

[104] Ebd.

[105] *Kronenzeitung:* »28 Schleppermafia- Bosse planen neuen Sturm auf EU«, 20.05.2016, *http://www.krone.at/Welt/28_Schleppermafia-Bosse_planen_neuen_Sturm_auf_EU-Geheimdienst-Bericht-Story-511085.*

[106] *Handelsblatt:* »Erdogan bringt Flüchtlingspakt mit der EU ins Wanken«, 06.05.2016, *http://www.handelsblatt.com/politik/international/tuerkei-erdogan-bringt-fluechtlingspakt-mit-der-eu-ins-wanken/13562036.html.*

[107] *derStandard.at:* »EU will eine Million Flüchtlinge legal aus Türkei aufnehmen«, 28.01.2016, *http://derstandard.at/2000029964724/Illegale-rigoros-abschieben-Fluechtlinge-legal-holen.*

[108] *DiePresse.com:* »Der geheime, zweite Deal mit der Türkei«, 16.03.2016, *http://diepresse.com/home/politik/eu/4947863/Der-geheime-zweite-Deal-mit-der-Turkei?_vl_backlink=/home/index.do.*

[109] Ebd.

[110] Ebd.

[111] Ebd.

[112] *www.esiweb.org.* The author noted that "gratitude for the host country pervades the camp." There is electricity, schools and low crime rates.

[113] ESI: »The Merkel Plan: Restoring control; retaining compassion«, *http://www.esiweb.org/pdf/ESI%20-%20The%20Merkel%20Plan%20-%20Compassion%20and%20Control%20-%204%20October%202015.pdf.*

[114] *Die Welt Online:* »Das Geld aus Europa ist kein schmutziger Deal«, 16.03.2016, *http://www.welt.de/politik/deutschland/article153370532/Das-Geld-aus-Europa-ist-kein-schmutziger-Deal.html.*

115 Mary Caldor: »Can Intervention Work? by Rory Stewart and Gerald Knaus: book review«, in: Open Democracy, 19.10.2011, *https://www.opendemocracy.net/mary-kaldor/can-intervention-work-by-rory-stewart-and-gerald-knaus-book-review.*

116 International Crisis Group: »Financial Statements for 2014«, *http://www.crisisgroup.org/~/media/Files/misc/crisis-group-financial-statements-year-ended-june-30-2015.ashx.*

117 *faz:* »Kühle Ironie der Geschichte«, 08.04.2014, *http://www.faz.net/aktuell/feuilleton/debatten/die-krim-und-das-voelkerrecht-kuehle-ironie-der-geschichte-12884464.html.*

118 The German Marshall Fund of the United States: »The Refugee Crisis: Perspectives from Across Europe and the Atlantic«, 11.09.2015, *http://www.gmfus.org/publications/refugee-crisis-perspectives-across-europe-and-atlantic.*

119 *unzensuriert.at:* »Grünes Licht vom Höchstgericht: Viktor Orbán lässt die Bürger über Flüchtlingsquote abstimmen«, 04.05.2016, *https://www.unzensuriert.at/content/0020676-Gruenes-Licht-vom-Hoechstgericht-Viktor-Orban-laesst-die-Buerger-ueber.*

120 ESI: *http://www.esiweb.org/index.php?lang=en&id=65.*

121 ALDA: *http://www.alda-europe.eu/newSite/.*

122 *http://www.sensoa.be/.*

123 *http://www.zanzu.de/de.*

124 *http://www.zanzu.de/de/geschlechtsverkehr.*

Teil 2: Die Rolle der UNO bei der Durchsetzung der Migrationsagenda

1 UNric: »Migration – eine Chance für mehr Wohlstand / von Ban Ki-moon – Gastbeitrag in der *Berliner Zeitung*«, *https://www.unric.org/de/migration-pressemitteilungen/11270.*

2 Hatune Dogan, Tonia Riedl: *Ich glaube an die Tat. Im Einsatz für Flüchtlinge aus Syrien und dem Irak*, Brunnen Verlag, 2014.

3 *http://womanalone.unhcr.org/mobile/.*

4 *http://www.theguardian.com/world/2015/sep/06/refugee-crisis-un-agencies-broke-failing.*

5 *http://www.wfp.org/emergencies/syria.*

6 *http://www.theguardian.com/global-development/2015/dec/14/syrian-children-lack-of-food-irreversible-health-issues-un-world-food-programme.*

7 *http://www.sueddeutsche.de/politik/aerztepraesident-fluechtlinge-sind-ueberdurchschnittlich-gesund-1.2802209.*

8 *http://www.dailystar.com.lb/News/Middle-East/2015/Nov-20/323964-un-to-hold-march-summit-to-resettle-place-millions-of-syrians.ashx.*

9 *https://jungefreiheit.de/politik/ausland/2016/vereinte-nationen-wollen-millionen-fluechtlinge-umsiedeln/.*

10 Anselm von Feuerbach: *Die Weltherrschaft ist das Grab der Menschheit,* (1814), S. 14 f.

11 Globales Forum für Migration und Entwicklung: *http://www.gfmd.org/.*

12 Ebd.

[13] *http://gfmdcivilsociety.org/wp-content/uploads/2014/01/The-5-year-Action-Plan-EN.pdf.*

[14] *http://gfmdcivilsociety.org/gfmd-csd-2015overview/.*

[15] *http://gfmdcivilsociety.org/wp-content/uploads/2014/10/List-of-registrations-GF-MD-Civil-Society-Days-2015-as-of-9-October.pdf.*

[16] Definition auf der eigenen Website: *http://www.globalmigrationgroup.org/.*

[17] *http://www.consilium.europa.eu/de/meetings/international-summit/2015/11/11-12/.*

[18] Quelle: *https://www.youtube.com/watch?v=RgSsM3MGLuk.*

[19] *http://jewishbusinessnews.com/2015/03/02/peter-sutherland-the-migration-opportunity/.*

[20] *http://www.irishtimes.com/life-and-style/people/peter-sutherland-moral-merkel-fragile-europe-sneering-ireland-1.2454732.*

[21] *https://www.youtube.com/watch?v=ON73jvzqC6M.* Peter Sutherland wird von Journalisten beim Bilderbergertreffen in Telfs abgepasst und durch den Ort »begleitet«.

[22] *http://www.globalpolicyjournal.com/sites/default/files/pdf/Sutherland%20Essay%20 2012.pdf.* »The Age of Mobility: Can we make migration work for all?«

[23] *http://www.deutschlandfunk.de/demografie-babyboom-in-russland.795.de.html?dram:article_id=291094.*

[24] Quelle: Statistisches Bundesamt, *https://www.destatis.de/DE/Publikationen/STATmagazin/VolkswirtschaftlicheGesamtrechnungen/2012_04/PDF2012_04.pdf?__blob=-publicationFile.*

[25] *http://www.un.org/apps/news/story.asp?NewsID=52126.*

[26] *http://www.cfr.org/migration/global-response-mediterranean-migration-crisis/p37057*

[27] *https://www.knightstemplarinternational.com/sick-beyond-belief-little-aylans-body-was-moved-to-stage-better-shots-for-media-jackals/*

[28] *http://www.express.co.uk/news/world/604535/Aylan-Kurdi-father-people-smuggler-refugee-crisis*

[29] *http://www.sligotoday.ie/details.php?id=11036*

[30] *http://germany.iom.int/#1*

[31] *http://publications.iom.int/system/files/pdf/german_book.pdf,* S. 58.

[32] Ebd., S. 59.

[33] *http://publications.iom.int/system/files/pdf/german_book.pdf*

[34] *http://www.iom.int/world-migration-report-2015*

[35] *rg/wiki/Vermögensverteilung*

[36] *http://germany.iom.int/en/veranstaltungen-en*

[37] *http://www.cfr.org/migration/global-response-mediterranean-migration-crisis/p37057*

Teil 3: No border, no nation: Die grenzenlose Agenda und ihre Vertreter

[1] *Die Welt Online:* »Europa ist eine Festung – und muss das auch bleiben«, 18.05.2015, *http://www.welt.de/debatte/kommentare/article141026268/Europa-ist-eine-Festung-und-muss-das-auch-bleiben.html.*

[2] *zeitzuleben.de:* »Vom Setzen und Durchsetzen persönlicher Grenzen«, *http://www.zeitzuleben.de/2310-vom-setzen-und-durchsetzen-personlicher-grenzen/2/.*

[3] Knehr Seminare: »Was zu viel ist, ist zu viel« – Die Kunst Grenzen zu setzen und zu akzeptieren!«, *http://www.knehr-seminare.de/blog/grenzen/.*

[4] *http://www.zeitzuleben.de/vom-setzen-und-durchsetzen-personlicher-grenzen/*

[5] *http://www.tz.de/muenchen/stadt/g7-gipfel-elmau-ere164127/g7-gipfel-2015-schloss-elmau-kontrollen-asylbewerber-aufgegriffen-5056553.html.*

[6] *http://www.handelsblatt.com/politik/international/davos/george-soros-in-davos-das-ist-nicht-die-richtige-zeit-zum-kaufen/12865568.html.*

[7] *https://en.wikipedia.org/wiki/Quantum_Group_of_Funds.*

[8] *http://sorosfiles.com/soros/2011/10/obamas-master-george-soros-supporting-americas-enemies-at-home-and-abroad.html.*

[9] *http://www.breitbart.com/london/2015/09/15/hungarian-pm-slams-soros-funded-advocacy-groups-they-are-drawing-a-living-from-the-immigration-crisis/.*

[10] *https://www.project-syndicate.org/commentary/refugee-reform-europe-by-mohamed-a--el-erian-2015-09.*

[11] Konkret wirft Brüssel demnach den Mitgliedstaaten vor, die bestehenden europäischen Gesetze zur Anerkennung von Flüchtlingen (RL 2011/95/EU), über die Mindestnormen für Asylverfahren (RL 2013/32/EU) und über die Aufnahmebedingungen von Asylbewerbern (RL 2013/33/EU) nicht in nationales Recht umgesetzt zu haben. Quelle: *http://www.euractiv.de/section/eu-innenpolitik/news/asylrecht-eu-kommission-leitet-vertragsverletzungsverfahren-gegen-deutschland-ein/.*

[12] *http://www.georgesoros.com/essays/rebuilding-the-asylum-system/.*

[13] *https://zeitgeist-online.de/exklusivonline/dossiers-und-analysen/880-avaazorg-und-der-geheime-informationskrieg-um-syrien.html.*

[14] *https://www.opensocietyfoundations.org/people/simon-cox.*

[15] *https://www.opensocietyfoundations.org/about/programs/international-migration-initiative.*

[16] *https://twitter.com/opensocietyjobs.*

[17] *http://polscijobs.info/program-officer-migration-open-society-initiative-for-europe/?ckattempt=1.*

[18] *http://gfmd.info/en/site/mediadevjobs/813/Open-Society-Foundation-Program-Officer-%28Migration%29---London.htm.*

[19] *http://www.discoverthenetworks.org/viewSubCategory.asp?id=1237.*

[20] *http://info.kopp-verlag.de/hintergruende/enthuellungen/j-d-heyes/planned-parenthood-mordet-wahrscheinlich-lebend-geborene-babys.html.*

[21] *https://www.opensocietyfoundations.org/about/programs/us-programs/grantees/amnesty-international-usa-0.*

[22] Man gehe dazu einmal auf folgenden Link: *http://www.undueinfluence.com/open_society_institute.htm.*

[23] *http://sorosfiles.com/soros/2011/10/open-society-institute-top-150-grantees.html.*

[24] *http://pasos.org/wp-content/uploads/2012/09/RoadtoanOpenEurope_PASOSPKaz2012.pdf.*

[25] *http://pasos.org.*

[26] *http://picum.org/de/.*

[27] *http://www.medecinsdumonde.org/.*

[28] *http://www.ecre.org/.*

[29] *http://www.epim.info/migreurop/.*

[30] *http://www.migrantwomennetwork.org/.*

[31] *http://www.epim.info/about-us/the-partner-foundations/* und *http://www.nef-europe.org/what-we-do/.*

[32] *http://www.atlanticphilanthropies.org/.*

[33] *http://www.barrowcadbury.org.uk/.*

[34] *http://www.fondationbernheim.be/fr.*

[35] *http://www.fondationbernheim.be/fr/36/nos-documents.*

[36] *http://www.compagniadisanpaolo.it/.*

[37] *http://www.compagniadisanpaolo.it/la-Fondazione/Gestione-del-Patrimonio.*

[38] *http://www.bosch-stiftung.de/content/language1/html/index.asp.*

[39] *http://www.gulbenkian.org.uk/.*

[40] *https://en.wikipedia.org/wiki/List_of_wealthiest_charitable_foundations.*

[41] *https://obrasocial.lacaixa.es/laCaixaFoundation/culture_en.html.*

[42] *http://www.oakfnd.org/.*

[43] *http://www.jrct.org.uk/.*

[44] *http://www.thirdsector.co.uk/diana-princess-wales-memorial-fund-awards-its-final-tranche-legacy-grants/finance/article/1161767.*

[45] *http://www.kbfus.org/.*

[46] *https://www.opensocietyfoundations.org/about/offices-foundations.*

[47] *https://en.wikipedia.org/wiki/Quantum_Group_of_Funds.*

[48] *https://philanthropy.com/article/Bring-Odd-Bedfellows-Together/191267.*

[49] *http://www.thirdsector.co.uk/diana-princess-wales-memorial-fund-awards-its-final-tranche-legacy-grants/finance/article/1161767.*

[50] *http://www.nef-europe.org/what-we-do/.*

[51] *http://www.cof.org/about.*

[52] Ebd.

[53] *http://www.stiftungen.org/fileadmin/bvds/de/Termine_und_Vernetzung/Arbeitskreise/AK_Internationales/Hamburg_2007/Vortrag__Luc_Tayart.pdf.*

[54] *http://www.bosch-stiftung.de/content/language1/html/4579.asp?version=mobile.*

[55] *https://www.youtube.com/watch?v=MLN9l6Cwg3Q.*

[56] *https://www.youtube.com/watch?v=JLL3nosmdWM).*

[57] *http://www.epim.info/2014/11/epim-discusses-changing-the-narrative-on-migration-at-europhilantopics/.*

[58] *http://www.britishfuture.org/about/funders/.*

[59] *http://www.epc.eu/about_financing.php.*

[60] *http://www.google.de/imgres?imgurl=http%3A%2F%2Fwww.epim.info%2Fwp-content%2Fuploads%2F2014%2F03%2F2014-01-29-09.43.28.jpg&imgrefurl=http%3A%2F%2Fwww.epim.info%2Fnews%2F&h=2848&w=4272&tbnid=TUeRzucU6x3RgM%3A&docid=uuayHxuLngiMeM&itg=1&ei=ujItVqulG4K_ygPRghM&tbm=isch&iact=rc&uact=3&dur=495&page=1&start=0&ndsp=42&ved=0CDEQrQMwBmoVChMIq-q12rLeyAIVgp9yCh1RwQQA.*

[61] *http://www.epim.info/wp-content/uploads/2015/10/EPIM-EPC-Update_OCTOBER2015.pdf.*

[62] *http://www.europarl.europa.eu/RegData/etudes/STUD/2015/519234/IPOL_.STU%282015%29519234_EN.pdf.*

[63] *http://www.migrationpolicy.org/.*

[64] Migration and Home Affairs: »*Integration Fund*«, *http://ec.europa.eu/dgs/home-affairs/financing/fundings/migration-asylum-borders/integration-fund/index_en.htm.*

[65] *http://www.epim.info/wp-content/uploads/2015/10/EPIM-EPC-Update_OCTOBER2015.pdf.*

[66] *http://www.theguardian.com/world/2015/sep/06/refugee-crisis-un-agencies-broke-failing.*

[67] *http://eeas.europa.eu/cfsp/sanctions/docs/measures_en.pdf.*

[68] *https://linksunten.indymedia.org/de/node/141187.*

[69] *http://www.dailymail.co.uk/news/article-3206660/The-charities-using-money-sabotage-efforts-rein-migration-cabal-tax-payer-funded-charities-waging-vicious-war-ministers-trying-solve-Calais-crisis.html.*

[70] *http://www.refugee-action.org.uk/assets/0001/2453/Annual_Report___Accounts_2013-14.pdf.*

[71] *http://www.telegraph.co.uk/news/worldnews/islamic-state/11437579/Mohammed-Emwazi-is-extremely-gentle-says-British-advocacy-group-Cage-director.html.*

[72] *http://www.dailymail.co.uk/news/article-3379572/SEBASTIAN-SHAKESPEARE-Revealed-David-Miliband-paid-staggering-425-000-boss-New-York-based-refugee-charity.html.*

[73] *http://www.jesuiten-fluechtlingsdienst.de/index.php?option=com_content&task=-view&id=1026&Itemid=51.*

[74] *http://www.epim.info/wp-content/uploads/2015/07/EPIM-grant-making-2012-2015.pdf.*

[75] *http://www.cir-onlus.org/images/pdf/ACCESS%20TO%20PROTECION-%20BRIDGES%20NOT%20WALLS_REPORT.pdf.*

[76] *https://vimeo.com/74189625.*

[77] *http://www.ecre.org/alliance/members/profiles/member/48.html.*

[78] *http://refugiados.net/1cpr/www/acesso-protecao-conferencia.pdf.*

[79] *https://www.opensocietyfoundations.org/press-releases/open-society-foundations-support-civil-society-s-response-refugee-crisis-europe.*

[80] *http://www.proasyl.de/?id=125.*

[81] *http://www.proasyl.de/fileadmin/fm-dam/b_Ueber_uns/BAG_und_FoeV/Taetigkeitsberichte/Taetigkeitsbericht_2014-2015.pdf.*

[82] *https://publixphere.net/i/salon/page/Dokumentation_Bericht_über_den_vierten_Europäischen_Salon.*

[83] *http://www.proasyl.de/de/ueber-uns/bundesarbeitsgemeinschaft/.*

[84] *http://www.tagesspiegel.de/politik/unhcr-ueber-die-fluechtlingspolitik-asyl-kann-man-nicht-quotieren/11709620.html.*

[85] *http://www.stop-g7-elmau.info/vernetzung/aufruf-unterzeichnen/.*

[86] *http://www.rheinneckarblog.de/04/interventionistische-linke-steht-laut-verfassungschutz-als-scharnier-fuer-militante-aktionsformen/57540.html.*

[87] *http://faul.blogsport.de/.*

[88] *www.enar-eu.org/.*

[89] *http://www.forum-menschenrechte.de/1/aktuelles/aktuelles-start.html.*

[90] *https://www.bundestag.de/dokumente/textarchiv/2014/kw27_pa_innen/283326.*

91 *http://www.welt.de/politik/deutschland/article143755570/Bei-Fluechtlingsaufnahme-gibt-es-keine-Obergrenze.html.*

92 *http://www.frontpagemag.com/fpm/260665/soros-national-borders-are-enemy-matthew-vadum.*

93 *http://www.ecre.org/.*

94 *http://www.ecre.org/alliance/members/profiles.html.*

95 *https://www.worldjewishrelief.org/news/refugee-crisis-analysis-update/.*

96 *http://www.aitima.gr/index.php/en/.*

97 *https://en.wikipedia.org/wiki/Bulgarian_Helsinki_Committee.*

98 *https://www.opensocietyfoundations.org/sites/default/files/OSIRG-host-institutions-20151006.pdf.*

99 *http://news.sky.com/story/1551853/sky-finds-handbook-for-eu-bound-migrants.*

100 *http://w2eu.info/.*

101 *https://www.tagesschau.de/inland/fluechtlinge-hilfe-seite-interview-101.html.*

102 *http://www.w2eu.info/.*

103 *http://tinyurl.com/lwc8pjl).*

104 *http://www.n-tv.de/politik/Idomeni-Wer-steckt-hinter-dem-Flugblatt-article17226306.html.*

105 *http://kompass.antira.info/netzwerke/fluchtlingsrate-und-pro-asyl/.*

106 *http://kompass.antira.info/netzwerke/kein-mensch-ist-illegal/.*

107 *https://ec.europa.eu/migrant-integration/funding/private-funding.*

108 *https://www.bertelsmann-stiftung.de/fileadmin/files/BSt/Publikationen/GrauePublikationen/Studie_IB_Zuwanderungsbedarf_aus_Drittstaaten_in_Deutschland_bis_2050_2015.pdf.*

109 *http://www.sueddeutsche.de/wissen/lebenserwartung-in-japan-alt-erden-oder-jung-sterben-1.1137170.*

110 *http://www.leibniz-fli.de/de/nc/institut/oeffentlichkeitsarbeit/pressemitteilungen/forschung/detailpage/?tx_news_pi1%5Bnews%5D=2733&cHash=03304cdb52f0658c5ef-c0b29fba29503.*

111 *http://www.bloomberg.com/news/articles/2015-10-30/orban-accuses-soros-of-stoking-refugee-wave-to-weaken-europe.*

112 *http://www.spiegel.de/politik/deutschland/fluechtlinge-bund-stellt-knapp-94-milliarden-euro-bis-2020-bereit-a-1092256.html.*

Bildnachweise

Seite 10: Schengen-Raum. Quelle: *Wikimedia Commons,* Autor: CrazyPhunk.
Seite 14: Nachgezeichnet gemäß UNHCR: Global Trends.
Seite 18: Asylbewerber in der EU; auf einer Grafik von Eurostat basierend.
Seite 20: Quelle: Internationale Organisation für Migration, *http://www.statewatch.org/news/2015/dec/eu-iom-med-update.pdf,* nachbearbeitet.
Seite 21: Gemäß einer Grafik der Organisation für Migration: *http://www.statewatch.org/news/2015/dec/eu-iom-med-update.pdf* (nachgezeichnet und ins Deutsche übersetzt).
Seite 22: Detailansicht eines *Newsweek*-Covers.
Seite 23 oben: Ermias Ghermay (Google-Suche).
Seite 23 unten: Schleusernetzwerke; Quelle: *http://europe.newsweek.com/mastermind-evil-genius-behind-migrant-crisis-328471#bigshot/6455,* nachbearbeitet.
Seite 31: »Entwicklung führt zu mehr Migration«; nachgezeichnet auf der Grundlage einer Grafik von Hein de Haas.
Seite 34: »Triton – Nichts hat sich geändert«. Quelle: *analisidifesa.it.*
Seite 41: »Flüchtlingsrouten nach Europa«; Quelle: iMap, Stand Mai 2014.
Seite 48 links unten: Mittelmeer-Union; Quelle: Von File:EU27-2008-Union for the Mediterranean.svg: Kolja21derivative work: NordNordWest – File:EU27-2008-Union for the Mediterranean.svg, CC BY 3.0, $3.
Seite 48 rechts unten: Euro-Mediterrane Partnerschaft; Quelle: *http://ec.europa.eu/trade/policy/countries-and-regions/regions/euro-mediterranean-partnership/.*
Seite 49: Römisches Reich zur Zeit von Kaiser Trajan. Gemeinfrei.
Seite 50: Staaten der euro-mediterranen Partnerschaft; Quelle: *Wikimedia Commons.*
Seite 57: Nettozuwanderung nach Deutschland; Quelle: *http://www.sozialpolitik-aktuell.de/tl_files/sozialpolitik-aktuell/_Politikfelder/Bevoelkerung/Datensammlung/PDF-Dateien/abbVII27.pdf,* neu gezeichnet.
Seite 93: Die Schlepper-Routen: Quelle: Krone-Grafik, *http://www.krone.at/Welt/28_Schleppermafia-Bosse_planen_neuen_Sturm_auf_EU-Geheimdienst-Bericht-Story-511085.*
Seite 106–110: *http://alda-europe.eu/newSite/.*
Seite 112: *www.zanzu.de.*
Seite 123: Quelle: *http://www.globalmigrationgroup.org/* und *http://www.globalmigrationgroup.org/.*
Seite 126: Peter Sutherland auf dem Weltwirtschaftsforum in Davos (2011); *Wikimedia Commons,* Copyright by World Economic Forum swiss-image.ch/Photo by Michael Wuertenberg.
Seite 145: »Arbeitslose Ausländer und Deutsche.« Von einer Info-Grafik in *Die Welt* abgezeichnet.
Seite 160: George Soros bei einer Rede in Malaysia (2006): *Wikimedia Commons,* Photo taken by *[http://www.lensamalaysia.com/forum/showpost.php?s=ac6be7d-441f75c012a1745d701f65d4d&p=47697&postcount=13 Jeff Ooi].* Posted to Lensa-

Malaysia.com, which licenses all images under the Creative Commons Attribution Licence unless otherwise speci CC *BY 2.5, https://commons.wikimedia.org/w/index.php?curid=1467093.*

Seite 169 oben: Screenshot »Arbeitsangebote« der Open Society Migration Initiative.

Seite 169 unten: Screenschot »Bewerbungsformular« der Open Society Initiative.

Seite 175: Nachbildung einer interaktiven Grafik, die das Soros-Netzwerk zeigt.

Seite 176: Nach einem Screenshot von The Soros Files.

Seite 178: PASOS-Broschüre, Cover; Quelle: *http://pasos.org/wp-content/uploads/2012/09/RoadtoanOpenEurope_PASOSPKaz2012.pdf.*

Seite 183: Quellen: *http://www.medecinsdumonde.org/, http://picum.org/de/, http://www.ecre.org/, http://www.epim.info/migreurop/, http://www.migrantwomennetwork.org/.*

Seite 186: EPIM-Blütengrafik; Quelle: *http://www.epim.info/about-us/the-partner-foundations/.*

Seite 199: Methoden der Finanzierung, nach eigener Angabe des NEF nachgezeichnet.

Seite 200: Screenshot, Quelle: Vimeo Still (*https://vimeo.com/64067114*).

Seite 201: Screenshot, Quelle: *http://www.epim.info/.*

Seite 202: Screenshot der EPIM-Website.

Seite 204: Screenshots eines EPIM-Werbefilms *Why engage* (*https://www.youtube.com/watch?v=HpdU72ZoXpc*).

Seite 209: Bildquelle: Screenshot: *http://www.epim.info/wp-content/uploads/2014/11/Europhilantopics-2014-2809.jpg.*

Seite 211: Screenshot einer Folienpräsentation von Sunder Katwala, nachbearbeitet.

Seite 232: Screenshot eines EPIM-Videos (*https://vimeo.com/74189625*).

Seite 236: Quelle: Ausschnitt *Schwäbisches Tagblatt«, 31.8.2011: http://www.tagblatt.de/Nachrichten/Pro-Asyl-hilft-Fluechtlingen-seit-25-Jahren--178291.html.*

Seite 238: Quelle: *Still, https://vimeo.com/74189625*

Seite 239: Quelle: »Das Asylverfahren an deutschen Flughäfen«, *https://www.proasyl.de/wp-content/uploads/2015/10/Dominik_Bender___Cir_Report.pdf.*

Seite 240 oben: Ausschnitt aus dem Tätigkeitsbericht und Finanzbericht von PRO-ASYL-Förderverein aus 2014 (*http://www.proasyl.de/fileadmin/fm-dam/b_Ueber_uns/BAG_und_FoeV/Taetigkeitsberichte/Taetigkeitsbericht_2014-2015.pdf*).

Seite 240 unten: Detail, Ausschnitt aus dem Tätigkeitsbericht 2014.

Seite 244: Quelle: *http://www.interventionistische-linke.org/beitrag/welcome-europe.*

Seite 246: PRO ASYL: Wir treten ein (Selbstdarstellung von PRO ASYL).

Seite 248: Logo auf der ENAR-Homepage.

Seite 249: Screenshot: Video EPIM-Workshop »Access to Protection – a human right«, Lissabon Juni 2013: *https://vimeo.com/74189625.*

Seite 253: *http://www.ecre.org/alliance/members/profiles.html.*

Seite 254 oben: Mülteci-Der, Selbstdarstellung.

Seite 254 unten: Logo mit Spenderliste des Griechischen Flüchtlingsrats.

Seite 256: *Quelle: http://static3.mdhl.de/storage/scl/mdhl/artikelbilder/nachrichten/podo/5337068_m3w624h416q75v21967_dpa_188E6000A059250E.jpg?version=1442417068.*

Seite 260: *http://news.sky.com/story/1551853/sky-finds-handbook-for-eu-bound-migrants.*

Seite 261: *http://www.tagesschau.de/inland/hilfe-fuer-fluechtlinge-101.html* (Ausschnitt Bildschirmkopie).

Seite 264 oben : Screenshots der Website w2eu.info: *http://www.w2eu.info/turkey.en/articles/turkey-seasafety.en.html.*

Seite 264 unten: Bildschirmkopie der Website *w2eu.info.*

Seite 266: Bildschirmkopie eines Online-Videos mit Gebrauchsanleitung: *https://play.google.com/store/apps/details?id=com.ideophone.sos.*

Seite 267: Ein weiteres Bild des W2EU-Ratgebers.

Seite 268 oben links: Screenshot von *meteo.gr.*

Seite 268 oben rechts: Screenshot von *meteo.gr.*

Seite 268 unten: Screenshot der Website *poseidon.gr.* (*http://www.poseidon.hcmr.gr/weather_forecast.php?area_id=gr*).

Seite 270: »Live-Feed«; Screenshot von *http://live.w2eu.info/.*

Friederike Beck studierte Geschichte, Slawistik und Anglistik und ließ sich in Gesang ausbilden. Sie ist Publizistin mit Rechercheschwerpunkt Elitenetzwerke, Stiftungen und Thinktanks. 2011 erschien ihr Buch *Das Guttenberg-Dossier. Das Wirken transatlantischer Netzwerke und ihre Einflussnahme auf deutsche Eliten. Aktuelle und geschichtliche Einblicke.* Friederike Beck lebt in Spanien und Deutschland.